ドイツ語再帰構文の対照言語学的研究

ひつじ研究叢書〈言語編〉

【第50巻】言語科学の真髄を求めて−中島平三教授還暦記念論文集
　　　　　　　　　　　　　　鈴木右文・水野佳三・高見健一 編
【第51巻】日本語随筆テクストの諸相
　　　　　　　　　　　　　　高崎みどり・新屋映子・立川和美 著
【第52巻】発話者の言語ストラテジーとしてのネゴシエーション行為の研究
　　　　　　　　　　　（切りぬける・交渉・談判・掛け合い）
　　　　　　　　　　　　　　　　　　　　　クレア マリィ 著
【第53巻】主語と動詞の諸相−認知文法・類型論的視点から　二枝美津子 著
【第54巻】連体即連用？−日本語の基本構造と諸相　　　　奥津敬一郎 著
【第55巻】日本語の構造変化と文法化　　　　　　　　　　青木博史 編
【第56巻】日本語の主文現象−統語構造とモダリティ　　長谷川信子 編
【第57巻】日本語会話における言語・非言語表現の動的構造に関する研究
　　　　　　　　　　　　　　　　　　　　　　　　　　坊農真弓 著
【第58巻】ニュータウン言葉の形成過程に関する社会言語学的研究
　　　　　　　　　　　　　　　　　　　　　　　　　　朝日祥之 著
【第59巻】韓日新聞社説における「主張のストラテジー」の対照研究
　　　　　　　　　　　　　　　　　　　　　　　　　　李貞旼 著
【第60巻】ドイツ語再帰構文の対照言語学的研究　　　　大矢俊明 著
【第61巻】狂言台本とその言語事象の研究　　　　　　　小林賢次 著
【第62巻】結果構文研究の新視点　　　　　　　　　　　小野尚之 編
【第63巻】日本語形容詞の文法−標準語研究を超えて　　工藤真由美 編

ひつじ研究叢書〈言語編〉第60巻

ドイツ語再帰構文の対照言語学的研究

大矢俊明 著

ひつじ書房

目 次

第1章 序論   1

第2章 強形再帰代名詞と弱形再帰代名詞   7

   2.1 オランダ語の zich と zichzelf   7
   2.2 内向的 vs. 外向的   9
   2.3 「内向的 vs. 外向的」が統御する他の現象(1)   12
   2.4 「内向的 vs. 外向的」が統御する他の現象(2)   15
   2.5 ドイツ語の強形再帰代名詞   21
   2.6 弱形再帰代名詞の意味役割   28
   2.7 本章のまとめ   35

第3章 身体をめぐる再帰構文Ⅰ—結果構文   41

   3.1 dance free 構文   41
      3.1.1 dance free 構文の特殊性   42
      3.1.2 Levin and Rappaport Hovav(1995)の分析   43
      3.1.3 Levin and Rappaport Hovav(1999)の分析   48
      3.1.4 提案—身体領域に生じる出来事   50
   3.2 ドイツ語における状態動詞からの結果構文   55
   3.3 与格の役割   59
   3.4 Boas(2003)の批判   62
   3.5 本章のまとめ   66

第 4 章　身体をめぐる再帰構文 II—移動様態動詞　71

4.1　移動様態動詞は再帰動詞か？　72
4.2　移動様態動詞の意味構造と勧誘行為交替　78
4.3　様態の「融合」とドイツ語の特性　89
4.4　本章のまとめ　99

第 5 章　外項抑制を伴う再帰構文 I—反使役化　103

5.1　再帰動詞と自動詞の使い分け　105
5.2　再帰動詞と自動詞の意味構造　114
5.3　オランダ語における使役交替　124
5.4　本章のまとめ　136

第 6 章　外項抑制を伴う再帰構文 II—中間構文　141

6.1　ステージレベル述語としての中間構文　143
6.2　二重目的語を持つ動詞からの中間構文　149
　　6.2.1　既存の研究　151
　　6.2.2　オランダ語とドイツ語における二重目的語動詞の統語構造　156
　　6.2.3　vAPPL と中間構文　172
6.3　本章のまとめ　181

第 7 章　再帰的心理動詞　189

7.1　再帰的心理動詞の非能格性　190
7.2　内在的再帰動詞としての再帰的心理動詞　195
7.3　ステージレベル述語としての再帰的心理動詞　201
7.4　本章のまとめ　204

第8章　再帰代名詞の類型　　207

   8.1　再帰代名詞の用法　　207
   8.2　Steinbach(2002)の検討　　212
   8.3　2種類の内在的再帰動詞　　224
   8.4　再帰代名詞の類型　　231
   8.5　最近の研究　　234
        8.5.1　Kemmer(1993)　　234
        8.5.2　Reinhart(2002)およびReinhart and Siloni(2004)　　236
        8.5.3　Kaufmann(2003, 2004)　　239
        8.5.4　Lekakou(2005)　　241
        8.5.5　Hasegawa(2004)　　246
   8.6　本章のまとめ　　247

第9章　結論　　253

参考文献　　257
索引　　269
あとがき　　271

略語表

ACC	対格
Cl	接語
DAT	与格
DO	直接目的語
GEN	属格
INT	強調詞(intensifier)
IO	間接目的語
lit.	文字通り(literal)の意味
NACT	(ギリシア語の)受動文および非対格動詞を形成する形態素
NOM	主格
PREP	前置詞
PRT	不変化詞(particle)
REFL	再帰代名詞

第1章　序論

　再帰構文というと、通常は「太郎は花子を嫌っている」という文における「花子」の代わりに「自分」が生じている「太郎は自分を嫌っている」というような文を思い起こすであろう。この場合、再帰代名詞「自分」は他動詞「嫌う」の直接目的語である。しかし、ヨーロッパ言語における再帰代名詞は、このような意味役割を持つ項として生起するのみならず、心理動詞や反使役化 (anticausativization) を伴う文に生起することがある。ヨーロッパ言語における再帰構文は、項の交替現象と連動していることから広義の態 (voice) をあらわす形式とされることが多い。ドイツ語も、再帰構文が発達しているゲルマン語である。

　本書は、(1) から (5) にあげたドイツ語の再帰構文ならびに再帰代名詞にみられるいくつかの特性を、おもに英語およびオランダ語と比較対照しながら明らかにすることを目的とする。本書の分析により、ドイツ語再帰構文における多くの重要な側面が示されるはずである。さらに、ドイツ語と比較することにより、英語およびオランダ語の対応ないし関連する構文についても、いくつかの提案を行う。

(1)　Peter　wusch　sich.
　　　Peter　washed　REFL
　　　'Peter washed.'

(2) Die Tür öffnete sich.
　　 The door opened REFL
　　 'The door opened.'

(3) Das Buch liest sich leicht.
　　 The book reads REFL easily
　　 'This book reads easily.'

(4) a. Peter ärgert sich.
　　　 Peter annoys REFL
　　　 'Peter is angry.'

　　 b. Peter freut sich.
　　　 Peter pleases REFL
　　　 'Peter is happy.'

(5) a. Peter beeilt sich.
　　　 Peter hurries REFL
　　　 'Peter is hurrying.'

　　 b. Peter erkältete sich.
　　　 Peter caught–a–cold REFL
　　　 'Peter caught a cold.'

(1)における再帰代名詞sichは、主語の身体に対する行為をあらわす動詞と共起しており、(2)および(3)における再帰代名詞は意味上の主語、すなわち外項が抑制(suppress)された構文に生起している。また、(4)における再帰代名詞は主語のある特定の心理状態をあらわす動詞と共起し、さらに(5)の再帰代名詞はいわゆる内在的再帰動詞(inherently reflexive verb)と共起している[1]。さらにドイツ語の再帰代名詞には(6)のような相互代名詞としての用法がある。また、もちろん(7)のような「通常の」他動詞や前置詞の目的語として用いられる用法もある。

(6) a. Peter und Maria küssen sich.
　　　　 Peter and Maria kiss REFL
　　　　 'Peter and Maria kiss each other.'
　　 b. Peter schlägt sich mit seinem Freund.
　　　　 Peter hits REFL with his friend
　　　　 'Peter and his friend hit each other.'
(7) a. Peter hasst sich.
　　　　 Peter hates REFL
　　　　 'Peter hates himself.'
　　 b. Peter spricht mit sich.
　　　　 Peter speaks with REFL
　　　　 'Peter is speaking with himself.'

本書において考察の対象とするのは(1)から(5)までの再帰構文ならびに再帰代名詞である。(7a)にみられる「通常の」他動詞の目的語としての用法は(1)の再帰代名詞と比較する必要から適宜取り上げるが、(7b)の前置詞目的語としての再帰代名詞、ならびに(6)の「お互いに」を意味する相互代名詞としての再帰代名詞については論じる余裕がない。また、本書では(1)から(5)にみられるような対格を持つ再帰代名詞のみを扱い、(8)のような与格を持つ再帰代名詞は 3.3 において若干触れる程度に留まらざるを得ない。

(8) a. Ich leihe mir einen Frack.
　　　　 I borrow myself–DAT an evening–dress–ACC
　　 b. Peter kauft sich ein neues Auto.
　　　　 Peter buys REFL–DAT a new car–ACC

本書では、まず第 2 章において「強形」再帰代名詞と「弱形」再帰代名詞の相違を議論し、さらに意味役割を持つ再帰代名詞と意味役割を持たない再帰代名詞の区別を行う。その際、ドイツ語の弱形再帰代名詞には意味役割を持

つものから持たないものまで混在することを指摘する。続く第3章では、弱形再帰代名詞に関する議論から、ドイツ語と英語およびオランダ語の結果構文(resultative construction)にみられるいくつかの相違を導く。第4章では、runやwalkなどのいわゆる移動様態動詞(verbs of manner of motion)を使役の意味を含む再帰動詞とみなす分析を検討し、さらに英語にみられるいわゆる勧誘行為交替(induced action alternation)を議論する。また、Talmy(1985)における移動動詞の類型を検討し、ドイツ語と日本語における移動様態動詞を含む構文の相違に関して若干の指摘を行う。第5章では、いわゆる外項抑制を伴う(2)のような起動的(inchoative)な出来事をあらわす再帰構文を扱い、同様に起動的な出来事をあらわす自動詞構文と比較する。そこでは、フランス語を対象とした研究で主張されているような自動詞と再帰動詞の使い分けはドイツ語では見出し難い点を指摘し、再帰動詞と自動詞には同一の意味構造を付与すべきであることを主張する。また、オランダ語の弱形再帰代名詞zichは外項抑制という操作と馴染まないことを指摘する。第6章では、(3)のようないわゆる中間構文(middle construction)を扱い、既存のいくつかの分析と異なり、中間構文はいわゆるステージレベル述語(stage-level predicate)であることを主張する。さらに、英語やオランダ語ではいわゆる二重目的語を持つ動詞から中間構文を形成できないのに対して、ドイツ語ではそれが可能である点を論じる。続く第7章では、sich ärgern 'be angry' やsich freuen 'be happy' のような主語の心理状態をあらわす再帰動詞を扱う。既存の分析とは異なり、これらの動詞は対応する他動詞から反使役化によって派生されているわけではないことを指摘し、さらにこれらの心理動詞と共起する再帰代名詞のステータスについて議論する。また、これらの心理動詞はステージレベル述語であることを指摘する。第8章では、既存の分析を批判的に検討しながら、(2)および(3)にみられるような外項が抑制されている構文に生起する弱形再帰代名詞について議論する。このタイプの再帰代名詞は、外項と同じ位置に生起することにより、外項の統語的な生起を阻む働きをしていることを指摘する。さらに、(1)から(5)における再帰代名詞それ自身が意味役割を持つのか、また、再帰代名詞が意味役割を持たない場

合、その再帰代名詞が含まれる連鎖(chain)が外項の意味役割を持つのか、あるいは内項の意味役割を持つのか、という観点から再帰代名詞の類型化を行う。引き続き、最近の再帰構文、もしくはいわゆる中動態(middle voice)に関する研究にみられる提案と、本書における主張の相違点を明確にする。最後の第9章では、それまでの議論を総括する。

注

1 本書で内在的再帰動詞と呼ぶ再帰動詞は、Drosdowski et al.(1995)では ‚echte reflexive Verben'(genuine reflexive verbs)、また Helbig and Buscha(1984)では ‚Reflexive Verben im engeren Sinne'(reflexive verbs in the stricter sense)と呼ばれており、再帰代名詞以外の目的語を持つことのできない動詞のことである。この場合の再帰代名詞は意味役割を持たない。

(i) Die Frau schämt sich/*das Kind.　　　(Helbig and Buscha 1984: 213)
　　The lady shames REFL/the child

第 2 章　強形再帰代名詞と弱形再帰代名詞

この章では、まず 2.1 でオランダ語にみられる強形再帰代名詞と弱形再帰代名詞の区別を概観し、その区別がドイツ語と英語ではどのように実現されるのかをみる。2.2 では、強形再帰代名詞と弱形再帰代名詞の分布を統御している意味概念を導入し、2.3 と 2.4 において、その概念が他の現象をも統御していることを指摘する。続く 2.5 では、1 つの形態しか持たないドイツ語の再帰代名詞がどのような場合にオランダ語の強形再帰代名詞に対応するのかを考察し、2.6 ではドイツ語の弱形再帰代名詞には意味役割を持つものと持たないものがあることを論じる。2.7 は本章のまとめである。

2.1　オランダ語の zich と zichzelf

ドイツ語は sich という単純な形式を備えた再帰代名詞しか持たないが、オランダ語には形態的に単純な形式を持つ再帰代名詞 zich と、形態的に複合的な再帰代名詞 zichzelf の 2 種類が存在し、両者は例えば次のような分布を示す。

(1) a.　Hij　waste/schoor　　zich/zichzelf.
　　　　He 　washed/shaved　REFL
　　b.　Hij　haatte/sloeg 　　*zich/zichzelf.
　　　　He 　hated/hit 　　　　REFL

(1)にみるように、zich は wassen 'wash' や scheren 'shave' という動詞とは共起するが、haten 'hate' や slaan 'hit' とは共起できない。また、zichzelf はこれらすべての動詞と共起できるが、zichzelf が例えば wassen 'wash' と用いられた場合、「主語は他人の体ではなく、自分の体を洗う」というような対照の含意を伴うとされている[1]。また、(1)を英語で表現すると、(2)のようになる。

(２)a. He washed/shaved(himself).
　　b. He hated/hit himself.

英英辞典の記述などにもみられるように、英語において「主語が自分の体を洗う」という出来事を表現する際には再帰代名詞 oneself は生起しないのが普通であり、wash が oneself と共起した場合、「洗う」という行為を遂行する際にある種の困難が伴うとされる[2]。また、(1)に対応するドイツ語は(3)であり、(3a)と(3b)の両方において再帰代名詞 sich が生起しなければならない。

(３)a. Er　wusch/rasierte　sich.
　　　　He　washed/shaved　REFL
　　b. Er　hasste/schlug　sich.
　　　　He　hated/hit　　　REFL

一般にオランダ語の zichzelf は強形(strong)の再帰代名詞、zich は弱形(weak)の再帰代名詞と呼ばれるが、(1)から(3)にみられる分布から、おおよそ英語の oneself は強形再帰代名詞 zichzelf に対応し、形態を持たないゼロ形が弱形再帰代名詞 zich に対応することがわかる。この場合、ゼロ形の再帰代名詞を仮定できることは、(4)が有界(telic)の解釈を持つことから示される。通常、他動詞構文が有界の解釈を持つためには、直接目的語が定性を備える、ないし量化されている必要があるとされるので、(4)ではゼロ形

の弱形再帰代名詞が直接目的語として生起していると想定できる[3]。

(4) I shaved in 5 minutes.　　　　　　　　(McIntyre 2001: 157)

また、(1)と(3)の対比から、ドイツ語の再帰代名詞 sich は強形と弱形の両方の用法を備えているということになり[4]、オランダ語、英語、およびドイツ語の対応関係は次のようにまとめることができる。

(5)　　　　　　強形　　　　弱形
　　Dutch　　　zichzelf　　 zich
　　English　　 oneself　　　ø
　　German　　 sich　　　　sich

2.2　内向的 vs. 外向的

前節では強形再帰代名詞と弱形再帰代名詞の区別を概観したが、これら2種類の再帰代名詞の分布はどのような要因により決定されているのであろうか。

　Haiman(1983)は、内向的(introverted)動詞と外向的(extroverted)動詞を区別している。Haiman(1983: 803)によれば、内向的動詞とは「通常は自分自身に向けられる行為(actions which one generally performs upon one's self)をあらわす動詞」であり、外向的動詞とは「通常は他人に向けられる行為(actions which the subject usually performs towards others)をあらわす動詞」である。すると、(6a)の「(自分の体を)洗う」「髭を剃る」という動詞は、内向的動詞であり、(6b)の「憎む」「殴る」という動詞は、外向的動詞といえるであろう。

(6)a.　Hij　waste/schoor　　zich/zichzelf.　(= 1a)
　　　 He　 washed/shaved　 REFL

b. Hij haatte/sloeg　　*zich/zichzelf.　(= 1b)
He　hated/hit　　　REFL

　この観点から、オランダ語における強形再帰代名詞と弱形再帰代名詞の分布を再びみてみると、(6a)の「体を洗う」「髭を剃る」のような「通常は自分自身に向けられる行為」をあらわす動詞は弱形再帰代名詞 zich と共起し、(6b)の「憎む」「殴る」のような「通常は他人に向けられる行為」が主語自身に向けられた場合には強形再帰代名詞と共起するといえる。また、「体を洗う」「髭を剃る」といった動詞が強形再帰代名詞 zichzelf と共起した場合は、もはや「通常は自分自身に向けられる行為」をあらわさず、前述のように「他人ではなく自分自身」に対して行為がなされたという対照の意味が含意されることになる。
　再帰代名詞の形態が行為ないし述語の種類と相関しているという指摘は他の研究においてもみられる。例えば、König and Siemund(2000: 60)が行っている「自らに向かう状況」(non-other-directed situation)と「他者に向かう状況」(other-directed situation)の区別は、Haiman が指摘した「通常は自分自身に向けられる行為」と「通常は他人に向けられる行為」という区別とほぼ同じものである。彼らは述語の意味と再帰代名詞の形態の関連性に関する(7)の一般化を主張し、さらに「自らに向かう状況」と「他者に向かう状況」の具体例として(8)をあげている。(7)では、概略、他者に向かう状況であれば強形再帰代名詞が用いられ、また自らに向かう状況であれば弱形再帰代名詞が用いられることが指摘されている。

(7)　Correlation between predicate meaning and reflexivization strategies:
　　　The more complex strategy tends to be used for the more remarkable (i.e. other-directed) situation; the less complex strategy tends to be used for inherently reflexive verbs and for non-other directed situations.

(König and Siemund 2000: 62)

(8)　　Non–other–directed situations　　Other–directed situations
　　　　Grooming　　　　　　　　　　　Violent actions (killing, destroying)
　　　　Preparing, protecting　　　　　 Emotions (love, hate)
　　　　Defending, liberating　　　　　 Communicating
　　　　Be proud/ashamed of　　　　　　Be jealous of/angry with/pleased with
　　　　　　　　　　　　　　　　　　　　　　　　(König and Siemund 2000: 61)

さらに Kemmer (1993: 72) は、再帰 (reflexive) と中相 (middle) を区別し、その相違を "The reflexive implies a conceptual differentiation of a referential entity into discrete conceptual subparts, whereas the middle is lacking in this differentiation." と述べている。Haiman のいう外向的な状況は、参与者が（例えば意味役割の相違により）概念的に区別されうるために（Kemmer が述べる）再帰の状況となるのに対し、自らに向けられる内向的な状況は、その区別が明確ではなくなるため、中相の状況となる[5]。また、ギリシア語などに存在する中動態 (middle voice) は能動と受動と並ぶ態の１つの形式であるが、Shibatani (1998: 118) は中動態においては "Action occurs under the subject's control and its development is confined within the sphere of the subject." と指摘している。主語自らの身体に対する行為をはじめとする「自らに向けられる行為」は、ある言語においては態の一形式である中動態で表現されるわけであり、この点からも Haiman が提案する外向的な状況と内向的な状況という対立は有意味であることが示される。

　弱形再帰代名詞は「自らに向けられる行為」をあらわす動詞と生起する用法以外にも、言語によっては他の用法も持つ。第１章で触れたように、例えばドイツ語の再帰代名詞は、(9a) のように意味上の主語、すなわち外項が抑制された構文に生起する用法、また (9b) のように主語の心理状態をあらわす動詞と共起する用法、さらに (9c) のようないわゆる内在的再帰動詞 (inherently reflexive verb) と共起する用法も持つ。

(9) a. Der Zucker löst   sich   auf.
       The sugar dissolves REFL   PRT
       'The sugar dissolves.'
    b. Dieter freut/ärgert   sich.
       Dieter pleases/annoys REFL
       'Dieter is happy/angry.'
    c. Dieter benimmt sich   gut.
       Dieter behaves REFL   well
       'Dieter behaves well.'

(9)における再帰代名詞が弱形であることは、(9a–c)に対応するオランダ語の表現では、強形再帰代名詞 zichzelf ではなく、弱形再帰代名詞 zich が用いられることから明らかである。

(10) a. De suiker lost   zich   op[6].   (Everaert 1986: 71)
        The sugar dissolves REFL PRT
     b. Dieter verheugt/ergert zich/*zichzelf.
        Dieter pleases/annoys REFL
     c. Dieter gedraagt zich/*zichzelf netjes.
        Dieter behaves   REFL   well

(9)(10)の再帰代名詞については、第5章、第7章、および第8章で議論することにする。

2.3 「内向的 vs. 外向的」が統御する他の現象（1）

前節において、「内向的」な出来事と「外向的」な出来事という区別がオランダ語における弱形再帰代名詞と強形再帰代名詞の分布を統御していることをみたが、これ以外にこの区別が有意味となる現象はあるだろうか。

まず、(11) (12) のような比較構文における意味解釈の相違があげられる。

(11) a. Aline betrachtet sich kritischer als Nicolas.
　　　　 Aline observes REFL more-critically than Nicolas
　　 b. Aline_i betrachtet sich_i kritischer als Nicolas sie_i betrachtet.
　　　　 Aline observes REFL more-critically than Nicolas her-ACC observes
　　 c. Aline_i betrachtet sich_i kritischer als Nicolas_j sich_j betrachtet.
　　　　 Aline observes REFL more-critically than Nicolas REFL observes
(12) a. Aline wusch sich gründlicher als Nicolas.
　　　　 Aline washed REFL more-thoroughly than Nicolas
　　 b. ?? Aline_i wusch sich_i gründlicher als Nicolas sie_i wusch.
　　　　 Aline washed REFL more-thoroughly than Nicolas her-ACC washed
　　 c. Aline_i wusch sich_i gründlicher als Nicolas_j sich_j wusch.
　　　　 Aline washed REFL more-thoroughly than Nicolas REFL washed

(Kaufmann 2004: 136)

(11) の動詞 betrachten 'observe' は「通常は他人に向けられる行為」をあらわすといってよいだろう。この動詞が用いられている比較構文(11a)は、「Nicolas が Aline に対してよりも、Aline は Aline 自身を批判的に観察する」といういわゆる「strict な読み」(= 11b) と、「Nicolas が Nocolas 自身に対してよりも、Aline は Aline 自身を批判的に観察する」といういわゆる「sloppy な読み」(= 11c) の両方を許す。しかし、「通常は自分自身に向けられる行為」をあらわす動詞 waschen 'wash' が用いられている(12a)は、「Nicolas が Nocolas 自身の体を洗うよりも、Aline は Aline 自身の体をより念入りに洗う」という「sloppy な読み」にほぼ限定される。このことは、当該の動詞が内向的であるのか、あるいは外向的であるかにより、比較構文における意味解釈が決定されることを示している。

さらに、内向的動詞と外向的動詞の区別が有意味であることを示す現象として、動詞が名詞化された際の解釈の相違がある。

(13) a. Wassen   is   gezond.
        Washing   is   healthy   'Washing oneself is healthy.'
    b. Haten   is   niet gezond.
        Hating   is   not healthy   'Hating someone else is unhealthy.'

(Reinhart and Reuland 1993: 666)

(14) a. John's defense was good.
    b. John's attack was vicious/good.

(König and Siemund 2000: 61)

　オランダ語の wassen 'wash' が名詞化されている (13a) は、「自分の体を洗うことは健康的である」という意味を持ち、「他人の体を洗うことは健康的である」という意味を持つことはない。これに対して haten 'hate' を名詞化した (13b) は、「他人を憎むことは不健全である」という意味しか持たず、「自分自身を憎むことは不健全である」という意味は持たない。さらに König and Siemund (2000) によれば、英語の (14a) は「John の自己弁護はよかった」という意味を持つこともできるが、(14b) は「John の他人に対する非難は悪質だった／よかった」という意味しか持たず、「John の自己批判は悪質だった／よかった」という意味にはならない。(13) と (14) にあげた事実は、'wash' などの動詞が「自分自身に向けられる」という意味を、また 'hate' などの動詞が「他人に向けられる」という意味を内在的に含み、その意味は動詞が名詞化された際にも基本的に継承されることを示している。

　さらに再帰代名詞を含むドイツ語の非人称受動文の解釈は、当該の動詞が内向的な状況を記述するのか、あるいは外向的な状況を記述するのかにより異なる。オランダ語などとは異なり、ドイツ語では再帰代名詞を残したままの非人称受動文が可能であるが、この受動文では話者の命令ないし要求のニュアンスを伴うことが多いとされる。ここで重要なことは、内向的動詞が用いられている受動文 (15) と、外向的動詞が用いられている受動文 (16) では解釈が異なることである。

(15) Jetzt wird sich gewaschen! (Drosdowski et al. 1995: 180)
　　 Now is   REFL washed
　　 'You must wash now.'

(16) a. Jetzt wird sich nicht gehasst!
　　　 Now is   REFL not hated
　　　 'Don't hate each other now.'
　　 b. Hier wird sich nicht geprügelt!
　　　 Here is   REFL not beaten
　　　 'Don't beat each other here.'

内向的動詞 waschen 'wash' が用いられている(15)は、「今、自分の体を洗いなさい」という意味を持つが、外向的動詞である hassen 'hate' および prügeln 'beat' が用いられている(16)は、それぞれ「もうお互いに憎みあうのはやめなさい」「お互いに殴りあうのはやめなさい」という意味しか持たず、「自分のことを憎むのはやめなさい」「自分のことを殴るのはやめなさい」という意味は持たない。前者における潜在的主語は単数でありうるが、後者の場合にはそれが許されず、潜在的主語は複数の解釈を強いられる。後者における再帰代名詞 sich は「お互いに」を意味する相互代名詞の解釈しか持てないわけであるが[7]、この再帰代名詞に対する解釈の相違は内向的動詞と外向的動詞という区別と相関しているわけである。

2.4 「内向的 vs. 外向的」が統御する他の現象(2)

前節では、再帰代名詞が動詞の直接目的語として生起している場合をみながら、内向的動詞と外向的動詞という区別が有意味であることをみた[8]。さらにオランダ語では、前置詞の目的語が主語と同一指示になる場合にも、(17)のように弱形再帰代名詞 zich しか許されないことがある。

(17) Jan_i had zijn portemonee bij zich_i/*zichzelf_i.　　(Smith 2004: 599)
　　　Jan had his wallet　　　on REFL

(17)の前置詞句は、動詞の目的語 zijn portemonee 'his wallet' が存在する場所について詳しく規定している。また、ここで用いられている動詞は hebben 'have' という「状態」動詞であり、「行為」動詞ではない。したがってこの動詞を、「通常は自分自身に向けられる行為」(actions which one generally performs upon one's self)をあらわす動詞と定義される内向的動詞とみなすことは妥当ではない。しかし、(17)で記述されている状況は他者へ向かうことはありえず、Shibatani(1998)が中動態の特徴として指摘した「主語の領域内」(within the sphere of the subject)に留まっているということができる。また、(18)のような内向的動詞があらわす状況も「主語の(身体的)領域」に留まっていることは明らかであり、結局、オランダ語では「他者へ向かうことがなく、主語の領域内に留まる出来事」において、主語と直接目的語、あるいは主語と前置詞の目的語が同一指示の関係になる場合には弱形再帰代名詞 zich が用いられるということになる。

(18)　Hij　waste/schoor　zich.
　　　He　washed/shaved　REFL

この観点は、英語の前置詞目的語として生起する人称代名詞と再帰代名詞の分布にも適用できるように思われる。(19)の前置詞句は、(17)の場合と同様に、目的語が存在する場所について詳しく規定していると考えられる。

(19) a.　The tramp_i had a lot of money on him_i/*himself_i.　　(Smith 2004: 596)
　　 b.　Have you_i any money on you_i/*yourself_i?　　(Quirk et al. 1985: 360)
　　 c.　He_i liked having children around him_i/*himself_i.

(Huddleston and Pullum 2002: 1489)

    d.　You$_i$ have your whole adult life before you$_i$/*yourself$_i$.

(Huddleston and Pullum 2002: 1489)

　(19a, b)は、オランダ語の(17)とほとんど同じ状況を記述しており、また(19c, d)もすべて「主語の(身体的)領域内に留まる出来事」をあらわしているといえる。すると「主語の(身体的)領域内に留まる出来事」において、主語と(直接目的語に対して叙述を行っている)前置詞の目的語が同一指示の関係になる場合、英語では再帰代名詞は許されず、人称代名詞が用いられるということになる。

　さらに次の例をみてみよう。(20)では、(19)と異なり、前置詞句は動詞によって選択されている項である。

(20) a.　Max$_i$ put the book next to him$_i$/himself$_i$.
　　 b.　Max$_i$ pulled the cart towards him$_i$/himself$_i$.

(Reinhart and Reuland 1993: 686)

Reinhart and Reuland(1993)の束縛理論によれば、ある述語の項が同一指示(co-indexed)となる場合、その述語は再帰的(reflexive)となり、その述語の項の1つはSELF形(本書では強形再帰代名詞と呼んでいる再帰代名詞のことである)によりマークされなければならない。(20)の前置詞句は場所あるいは方向をあらわしているが、Reinhart and Reulandによれば、(20)の前置詞句はそれ自体で独立した述語を形成している。すると、(20)の前置詞句は動詞に選択されてはいるが、前置詞の目的語そのものは動詞とは別の述語である前置詞の項であり、動詞の項ではないことになる[9]。したがって、これらの前置詞の目的語が動詞の項である主語と同一指示の関係にあっても、強形再帰代名詞による再帰化は必須ではないことになる。Reinhart and Reulandの束縛理論は(20)における前置詞の目的語として人称代名詞が用いられることをこのように説明するが、彼女たちは(20)で再帰代名詞が用いられた場合、それはいわゆる意識主体照応的(logophoric)な再帰代名詞であ

ると述べるに留まっている。通常、意識主体照応的な再帰代名詞とは談話における参与者の意識や思考内容、あるいは視点をあらわす表現であり、例えば(21)における再帰代名詞がその例であるとされる。(21a)の「自分」は、表現されている思考内容の担い手である主語「太郎」を指し、またよく知られている(21b)は「写真の中の大人たちはむこうを向いており、子供たちは大人たちの後ろにいる」という状況を記述しているが、ここで再帰代名詞themselves が用いられた場合、「子供たちは大人たちからみて後ろにいる」という解釈しか持たず、「子供たちは話し手からみて後ろ、つまり大人たちからみて前にいる」という解釈は持たない。再帰代名詞が用いられた場合、話し手は再帰代名詞の先行詞である「大人たち」の視点から状況を記述していることになる。また、(21c)では、経験者を目的語に持つ心理動詞に束縛現象がみられる。この場合、再帰代名詞の先行詞は目的語であり、先行詞が再帰代名詞を束縛するための構造的な条件が満たされていないようにみえる。Belleti and Rizzi(1988)は(21c)の統語構造に非対格性を想定することによりその問題を回避しようとするが、Iwata(1995)が指摘するように、(21c)の再帰代名詞は意識主体照応的な用法と分析する方が妥当であるように思われる。

(21) a. 太郎$_i$は自分$_i$が天才だと思っている。　　　　　(廣瀬 1997: 32)
   b. The adults$_i$ in the picture are facing away from us, with the children placed behind them$_i$/themselves$_i$.　　(Cantrall 1974: 146)
   c. The pictures of himself$_i$ worry John$_i$.　　　　(Iwata 1995: 14)

一般に、これらの意識主体照応的な再帰代名詞は、いわゆる束縛理論で扱うことのできない談話ないし文脈に関連する現象であるとされているが、Reinhart and Reuland(1993)によれば、(20)において再帰代名詞が用いられた場合も(21)に類する原理が働いているというわけである。この点をもう少し詳しくみてみよう。

　Kuno(1987)は、英語の再帰代名詞は行為の「直接的なターゲット」をあ

らわす場合に用いられると主張する[10]。Kuno は、(22)のような前置詞の目的語に人称代名詞と再帰代名詞の両方を許す場合についても考察している。

(22) a.　John$_i$ hid the book behind him$_i$/himself$_i$.
　　 b.　John$_i$ pulled the blanket over him$_i$/himself$_i$.

(Kuno 1987: 66)

Kuno によれば、(22a)で再帰代名詞が用いられた場合、ジョンは本を手に持って、その本を自分の後ろに置く状況をあらわすという。さらに、本はジョンの背中に接触している含意があると指摘する。これに対して(22a)において人称代名詞が用いられた場合、ジョンが本を隠そうとした意図は必ずしも必要ではなく、例えば椅子の上に本が置いてあり、たまたまジョンがその前に立ったために結果的に話者から本が見えなくなったという状況を記述するという。また、(22b)において再帰代名詞が用いられた場合、(例えば毛布の下に隠れるために)ジョンが毛布を頭の上まですっぽりかぶるという含意があると指摘されている。これに対して(22b)において人称代名詞が用いられた場合、ジョンの身体を「ターゲット」とする含意はなく、例えばジョンがすでに布団の下(under a comforter)に寝ていて、さらにその上に毛布をかけるような状況をあらわすという。また、van Valin and LaPolla (1997: 406)は、(23a)で herself が用いられた場合はその指示物に対する影響 (affectedness) が増すと指摘し、したがってこの文に all over を付加した(23b)の場合には多くの母語話者が herself を用いるという。

(23) a.　Pamela$_i$ got some spaghetti sauce on her$_i$/herself$_i$.

(van Valin and LaPolla 1997: 405)

　　 b.　Pamela$_i$ got some spaghetti sauce all over on her$_i$/herself$_i$.

(van Valin and LaPolla 1997: 406)

これらのことをふまえ、(24)における前置詞の目的語として再帰代名詞が

用いられる場合を再び検討してみよう。

(24) a.　Max_i put the book next to him_i/himself_i.　　(= 20a)
　　 b.　Max_i pulled the cart towards him_i/himself_i.　(= 20b)

Reinhart and Reuland(1993)は、(24)の前置詞目的語において再帰代名詞が用いられる場合は意識主体照応性(logophoricity)が要因であると指摘するが、ここで(21)にみられるような意識主体照応性を想定するのは難しいように思われる。むしろ前置詞目的語の指示物が強い影響を受けている、あるいは「行為のターゲット」と解釈される場合に再帰代名詞が用いられると考えるべきであろう。ちなみに、(24)に対応するオランダ語の文では前置詞目的語に弱形再帰代名詞が用いられ、強形再帰代名詞 zichzelf が許容されるのは(25b)のような「対照」の脈絡に限られる。これは、オランダ語の wassen 'wash' などの内向的動詞が強形再帰代名詞 zichzelf と共起した場合に対照の含意を伴うことと平行している。

(25) a.　Jan_i legt het boek naast　zich_i/?*zichzelf_i.　(Veraart 1996: 42)
　　　　 Jan lays the book next-to REFL
　　 b.　Jan_i legt het boek naast　zichzelf_i, niet naast　zijn teddybeer.
　　　　 Jan lays the book next-to REFL　　not next-to his　teddybear
　　　　　　　　　　　　　　　　　　　　　　　　　　(Veraart 1996: 44)

これに対して、英語の(23)や(24)において再帰代名詞が用いられた場合、必ずしも対照の含意があるわけではない。英語の oneself は対照の含意がない場合でも前置詞の目的語になれるのであるから、この場合の oneself はオランダ語の zichzelf に対応する強形再帰代名詞というより、むしろ「強調された」代名詞(ないし弱形再帰代名詞)とでも呼ぶべき存在であることになる。この観点から、再び英語の(26)を眺めてみると、これらの文における動詞 have は状態動詞であり、前置詞目的語の指示対象が出来事の「ターゲッ

ト」になる、ないし出来事により「強い影響」を受けることは考えられない。これが(26)では再帰代名詞が許されない理由であると思われる。

(26) a. The tramp$_i$ had a lot of money on him$_i$/*himself$_i$.　　(= 19a)
　　 b. Have you$_i$ any money on you$_i$/*yourself$_i$?　　(= 19b)
　　 c. He$_i$ liked having children around him$_i$/*himself$_i$.　　(= 19c)
　　 d. You$_i$ have your whole adult life before you$_i$/*yourself$_i$.　　(= 19d)

本節の議論は次のようにまとめることができる。「主語の(身体的)領域内に留まる出来事」において主語と前置詞目的語が同一指示の関係になる場合、オランダ語では前置詞目的語として弱形再帰代名詞 zich が用いられる。同様の状況を英語で表現する際、前置詞目的語には人称代名詞が用いられるが、その指示物が強い影響を受ける場合には再帰代名詞が用いられる。この場合の再帰代名詞は、強調された弱形再帰代名詞とみなすべき存在である。2.1 でみたように、「自分の体を洗う」という状況をあらわす場合、英語では再帰代名詞は具現せず、通常は自動詞形が用いられるが、本節で扱った状況を英語で表現する際には人称代名詞がオランダ語の弱形再帰代名詞に対応する点に特徴があるわけである[11]。

2.5　ドイツ語の強形再帰代名詞

これまで、オランダ語においては「自分の体を洗う」などの内向的な状況をあらわす動詞の目的語、ならびに「お金を持ち合わせている」などのような他人には向かうことがあり得ない状況において前置詞の目的語が主語と同一指示になる場合に弱形再帰代名詞 zich が用いられ、「憎む」など外向的な状況をあらわす動詞において主語と直接目的語が同一指示になる際には強形再帰代名詞 zichzelf が用いられることをみた。ドイツ語においてはこれらすべての場合に sich が用いられる。

(27) a. Peter$_i$ wusch sich$_i$/*ihn$_i$.
       Peter washed REFL/him
    b. Peter$_i$ hat Geld bei sich$_i$/*ihm$_i$.
       Peter has money on REFL/him
    c. Peter$_i$ legte das Buch neben sich$_i$/*ihn$_i$.
       Peter laid the book next-to REFL/him
    d. Peter$_i$ hasste sich$_i$/*ihn$_i$.
       Peter hated REFL/him

ドイツ語の再帰代名詞 sich は強形と弱形の両方の用法を備えることが再び確認されるわけであるが、言語的にその区別をすることは不可能なのであろうか。

　2.1 でみたように、オランダ語において wassen 'wash' が強形再帰代名詞 zichzelf と用いられると (28a) のように対照の含意が伴う。ドイツ語においてこの対照の含意を表現しようとする場合、再帰代名詞 sich が対照アクセントを伴う必要がある。((28b) 以降、アクセントを持つ名詞句を大文字で表記する。)

(28) a. Peter waste zichzelf, (niet Maria).
    b. Peter wusch SICH, (nicht Maria).
       Peter washed REFL not Maria

このことから、アクセントを持つ sich はオランダ語の zichzelf に対応するという関係を設定することができる。しかし、逆にオランダ語の zichzelf が常にアクセントを持ったドイツ語の sich に対応するというわけではない。

(29) a. Hij haatte/sloeg *zich/zichzelf.
       He hated/hit REFL

b. Er   hasste/schlug   SICH.
   He   hated/hit   REFL
c. Er   HASSTE/SCHLUG   sich.
   He   hated/hit   REFL
d. PETER   hasste/schlug   sich.
   Peter   hated/hit   REFL

外向的な状況をあらわす haten 'hate' や slaan 'hit' はオランダ語では (29a) のように強形再帰代名詞 zichzelf としか整合しないが、ドイツ語では (29b) のように sich がアクセントを持つ文の他に、文脈により (29c) や (29d) のように定動詞や主語がアクセントを持つ文も可能である。例えば (29d) は Wer hasste/schlug sich? 'Who hated/hit himself?' という疑問文に対する返答となりうるが、この場合の焦点は Peter にあるために再帰代名詞 sich はアクセントを持ち得ない。つまり、外向的な状況をあらわす動詞と共起している場合、アクセントの有無に関わりなく、ドイツ語の再帰代名詞 sich はオランダ語の強形再帰代名詞 zichzelf に対応することになる。

また、オランダ語にも再帰代名詞以外の目的語を持つことがない zich gedragen 'behave oneself' などの内在的再帰動詞があるが、このタイプの再帰動詞に強形再帰代名詞 zichzelf の生起は許されない。またドイツ語においては、内在的再帰動詞と共起する再帰代名詞がアクセントを持つことは許されない。

(30) a. Hij   gedraagt   zich/*zichzelf   netjes.
    b. Er   benimmt   sich/*SICH   gut.
       He   behaves   REFL   well

このことから、外向的な状況以外においては、オランダ語における zich はアクセントを持たない sich に対応し、また zichzelf はアクセントを持つ sich に対応するということになる。結局、これらの関係は (31) のようにまとめ

ることができる。

(31)

	内向的動詞	
Dutch	zich	zichzelf
German	sich [－accent]	sich [＋accent]
	外向的動詞	
Dutch		zichzelf
German		sich [±accent]
	内在的再帰動詞	
Dutch	zich	
German	sich [－accent]	

つまり、アクセントを持つドイツ語の再帰代名詞 sich は、必ずオランダ語の zichzelf に対応する強形再帰代名詞であり、アクセントを持たない sich は状況ないし動詞の種類、および文脈によりオランダ語の zich と zichzelf のどちらに対応するか決定されることになる。

　さらにオランダ語の強形再帰代名詞 zichzelf は、弱形再帰代名詞 zich と異なり、1)等位接続詞を用いて他の名詞句と並列可能である、あるいは 2)文頭に立てるといった性質を持つことが知られているが、ドイツ語においてもこのような環境に生起している再帰代名詞は zichzelf に対応することになる。

(32) a. Hij　heeft　*zich/zichzelf　en　zijn　hond　geschoren.
　　　　He　has　REFL　　　　and　his　dog　shaved
　　b. *Zich/Zichzelf　heeft　hij　niet　geschoren.
　　　　REFL　　　　has　he　not　shaved
(33) a. Er　hat　sich　und　seinen　Hund　rasiert.
　　　　He　has　REFL　and　his　dog–ACC　shaved

b. Sich hat er nicht rasiert.
   REFL has he not shaved

さらに、ドイツ語の sich は、3)「自分自身」を意味する強調詞 selbst が付加できる場合(34a)、4) 焦点化を行う副詞 nur 'only' や sogar 'even' の作用域に生じる場合(34b)、5) 否定詞 nicht 'not' の作用域に生じる場合(34c)、6) 他の名詞句と交換可能である場合(34d)、7) 疑問文に対して単独で返答となり得る場合(34e)は、オランダ語の zichzelf に対応する用法であると考えられる。

(34) a. Er hasst sich selbst.
       He hates REFL INT
    b. Er hasst nur/sogar sich.
       He hates only/even REFL
    c. Er hasst nicht sich, sondern seinen Sohn.
       He hates not REFL but his son–ACC
    d. Er hasst sich/seinen Sohn.
       He hates REFL/his son
    e. Wen hasst er? Sich!
       Whom hates he REFL

オランダ語の zichzelf は外向的動詞の項として意味役割を持つのであるから、zichzelf に対応する(33)(34)の再帰代名詞 sich ももちろん意味役割を持つ。つまり、(33)(34)のような環境に再帰代名詞が生起できるか否かは意味役割の有無と相関している。これに対して外項抑制に伴い生起する再帰代名詞は意味役割を持たないため、(33)(34)のように用いることはできない。例えば「ドアが開いた」という事態をドイツ語で表現する場合、(35)のように他動詞 öffnen 'open' から反使役化(anticausativization)により派生された再帰動詞を用いるが、この再帰動詞と共起する再帰代名詞は、1) 他の名詞句と並列不可(36a)、2) 文頭に立てない(36b)、3) 強調詞 selbst が付加できな

い(36c)、4)焦点化を行う副詞 nur 'only' や sogar 'even'、否定詞 nicht 'not' の作用域に生じない(36d)、5)他の名詞句と交換不可能(36e)、6)疑問文に対して単独で返答となり得ない(36f)、といった性質を持つことになる。

(35) Die Tür öffnete sich.
    The door opened REFL

(36) a. *Die Tür öffnete sich und das Fenster.
        The door opened REFL and the window–ACC
    b. *Sich öffnete die Tür.
        REFL opened the door
    c. *Die Tür öffnete sich selbst.
        The door opened REFL INT
    d. *Die Tür öffnete nur/sogar/nicht sich.
        The door opened only/even/not REFL
    e. *Die Tür öffnete das Fenster.
        The door opened the window
    f. *Was öffnete die Tür?   Sich!
        What opened the door   REFL

また、いわゆる内在的再帰動詞と共起する再帰代名詞にも同様の制約がある。

(37) a. *Dieter benimmt sich und seinen Sohn gut.
        Dieter behaves REFL and his son–ACC well
    b. *Sich benimmt Dieter gut.
        REFL behaves Dieter well
    c. *Dieter benimmt sich selbst gut.
        Dieter behaves REFL INT well

d. *Dieter benimmt nur/sogar/nicht sich gut.
   　Dieter behaves only/even/not REFL well
e. *Dieter benimmt Hans gut.
   　Dieter behaves Hans well
f. *Wen benimmt Dieter gut? Sich!
   　Whom behaves Dieter well REFL

これらのことから、内在的再帰動詞と共起する再帰代名詞も意味役割を持たないことが明らかである。すると、強形再帰代名詞は常に意味役割を持ち、弱形再帰代名詞は意味役割を持たないという(38)のような対応関係を想定することも可能かも知れない。このように考えた場合、「自分の体を洗う」などの動詞と共起する弱形再帰代名詞も意味役割を持たないと主張することになる。

(38) 　強形再帰代名詞（zichzelf/sich）　　［＋意味役割］
    　　弱形再帰代名詞（zich/sich）　　　　［－意味役割］

実際、ノルウェー語の再帰構文を扱っている Hellan(1988) は、vaske seg 'wash oneself' という再帰動詞に、skamme seg 'be ashamed' という内在的再帰動詞と同様の(39)の構造を想定している。(39)では、vaske seg 'wash oneself' という再帰動詞は動作主という意味役割を1つ持つ「自動詞」として扱われている。次節ではこのような想定が妥当であるか否かを検討する。

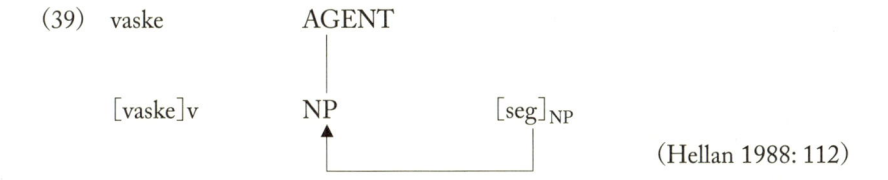

(39) 　vaske　　　　　AGENT

    　　[vaske]v　　　NP　　　　[seg]NP

    　　　　　　　　　　　　　　　　　　(Hellan 1988: 112)

2.6 弱形再帰代名詞の意味役割

ここでは、弱形再帰代名詞には、前節(36)(37)でみたような意味役割を持たないものと、意味役割を持つものが混在していることを指摘する。

再帰(reflexive)と中相(middle)を区別するKemmer(1993)は、主語自らの身体に対する行為(body action)を中相が記述する典型的な状況としている。さらに彼女は、この主語の身体に対する行為を grooming action, nontranslational motion, change in body posture, translational motion の4種類に区別している[12]。このうち最後の translational motion は、'go' や 'run' などの移動動詞があらわす状況を指すが、この状況はドイツ語やオランダ語では再帰構文とはならないため、前者3つの状況が本節の議論にとって重要である。まず、grooming action とは自らの身体あるいは身体部位に対する行為のことであり、'wash', 'shave', 'dress' がその代表例である。nontranslational motion とは、主語の身体部位の位置が変化する行為であり、'turn' や 'bow' がその例となる。この場合、主語全体の位置変化が生じるわけではない。さらに 'sit down' や 'lie down' を例とする change in body posture では、主語の身体全体が位置変化する。

次にこれら3つの身体に対する行為がドイツ語とオランダ語でどのように表現されるのかみてみよう[13]。すでに 2.1 でみたように、'wash' や 'shave' のような grooming action においては、両言語ともに弱形再帰代名詞の生起は必須である。

(40)　grooming action: 'wash', 'shave', 'dress'
 a.　Er　wusch/rasierte　*(sich).　　　(German)
  　He　washed/shaved　REFL
 b.　Er　zog　*(sich)　an.　　　(German)
  　He　dressed　REFL　PRT
 c.　Hij　waste/schoor　*(zich).　　　(Dutch)
  　He　washed/shaved　REFL

d.　Hij　kleedde　*(zich)　aan.　　　　　　（Dutch）
　　　　He　dressed　REFL　PRT

次に 'turn' や 'bow' などの nontranslational motion についてみてみよう。

(41)　　nontranslational motion: 'turn', 'bow'
　　a.　Er　drehte/wandte/verbeugte　*(sich).　　　　（German）
　　　　He　turned/turned/bowed　REFL
　　b.　Hij　draait/keert　(zich)　om.　　　　　（Dutch）
　　　　He　turns/turns　REFL　around　　　（Poutsma 1970: 146）
　　c.　Hij　buigt　(zich)　voor　zijn　meerderen.　　（Dutch）
　　　　He　bows　REFL　in-front-of　his　superiors　（Poutsma 1970: 146）

この場合、ドイツ語では再帰代名詞の生起が必須であるが、オランダ語ではそうではない。さらに、change in body posture についてみてみると、ドイツ語の場合には(42a)のようにやはり再帰代名詞は必須となる。オランダ語では(42b)の zich zetten/leggen '(lit.)set/lay oneself' の場合はドイツ語と同様に再帰代名詞が必須となるが、標準オランダ語においては「座る」「横になる」という状況は、これらの再帰動詞ではなく、(42c)のように gaan zitten 'go sit' および gaan liggen 'go lie' という複合述語を用いて表現するのが普通のようである[14]。

(42)　　change in body posture: 'sit down', 'lie down'
　　a.　Er　setzte/legte　*(sich)　hin.　　　　　（German）
　　b.　Hij　zette/legde　*(zich)　neer.　　　　（Dutch）
　　　　He　set/laid　REFF　down
　　　　'He sat/lay down.'
　　c.　Hij　ging　zitten/liggen.　　　　　　　（Dutch）
　　　　He　went　sit/lie

ドイツ語とオランダ語における身体に対する行為をあらわす動詞と再帰代名詞の分布は(43)のようにまとめることができる。ドイツ語では上で論じた3つの場合すべてに再帰代名詞が生起するが、オランダ語の場合は wassen 'wash', scheren 'shave', aankleden 'dress' といった grooming action の場合のみ再帰代名詞が必須であることになる。

(43)
	grooming action 'wash'	nontranslational motion 'bow'	change in body posture 'lie down'
German	sich	sich	sich
Dutch	zich	(zich)	(?zich)

(43)にみられるオランダ語における再帰代名詞の分布は、Kemmer(1993)が身体行為に関する中相(body action middle)について指摘している身体の参加(participation)の度合いと平行しているように思われる。Kemmer(1993: 60)は、主語が主語自身の体を洗う場合よりも、'turn' や 'bow' の場合の方がその身体自身が出来事に参加している(participate)度合いが高く、また 'sit down' や 'lie down' の場合にはその度合いがさらに高まると指摘する。これは、'wash' などの grooming action の場合には主語の身体はある程度の影響(affectedness)を受けているが、'sit down' などの change in body posture の場合には身体そのものが動的に移動するのであるから、逆に身体に対する影響は小さくなる、と言い換えることができる。すなわち、前者の場合の出来事は動作主(agent)と被動者(patient)の分離が可能であるのに対して、後者の場合ではその分離はより困難になる。この観点から再び(43)の弱形再帰代名詞の分布をみてみると、オランダ語では、身体が影響を受け被動者として認められる際に弱形再帰代名詞 zich が生起するという一般化が得られることになる。これが正しいとすると、wassen/waschen 'wash' や scheren/rasieren 'shave' などの grooming action と生起する弱形再帰代名詞 zich/sich は主語の身体を指示し、さらにその身体は被動者という意味役割を持つことになる。

また、ドイツ語では3つの場合すべてにおいて再帰代名詞が生起するのであるから、ドイツ語の弱形再帰代名詞には、影響を受ける身体をあらわすものから、そうでないものまで含まれることになる。この分析は 'wash' と共起する再帰代名詞は意味役割を持つと主張している点で、(39)の Hellan (1988) の想定とは異なるわけであるが、この主張には経験的ないし言語的根拠があるのであろうか。

　grooming action をあらわす再帰動詞 sich waschen 'wash oneself' や sich abtrocknen 'dry oneself' に副詞 teilweise 'partly' を付加した (44a, b) は、「ディーターは自分の体を部分的に洗った・拭いた」という意味を持つ。例えば、手は洗ったが顔は洗っていない、足は拭いたが腕は拭いていないという状況をあらわす。これは例えば (44c) が、「兵士たちはその町を部分的に破壊した」という意味を持つのと並行的であり、このことから (44a, b) の弱形再帰代名詞は漸次的 (incremental) に行為の影響を被る「主語の身体」という指示物を持ち、さらに意味役割を持つことになる。

(44) a. 　Dieter　wusch　sich　teilweise.
　　　　　Dieter　washed　REFL　partly
　　 b. 　Dieter　trocknete　sich　teilweise　ab.
　　　　　Dieter　dried　　　REFL　partly　　PRT
　　 c. 　Die　Soldaten　zerstörten　die　Stadt　teilweise.
　　　　　The　soldiers　destroyed　the　city　partly

これに対して change in body posture をあらわす再帰動詞に副詞 teilweise 'partly' を付加した (45) は、解釈困難な文である。

(45) a. ?? Dieter　setzte　sich　teilweise　hin.
　　　　　　Dieter　set　　REFL　partly　　down
　　 b. ?? Dieter　legte　sich　teilweise　hin.
　　　　　　Dieter　laid　REFL　partly　　down

これは、sich setzen 'sit down' や sich legen 'lie down' という表現が、「自分の体を洗う」や「町を破壊する」という行為とは異なり、「身体のある部分は座り(ないし横になり)、ある部分は座っていない(ないし横になっていない)」という状況とは馴染みにくいことを示している。これらの行為においては、「自分の体を洗う」場合とは異なり、動作主とその行為の影響を被る被動者が概念的に分離されているとは考えにくく、したがって sich setzen/legen 'sit down/lie down' における再帰代名詞は指示物を持たず、さらに意味役割を持たないことになる[15]。

　grooming action をあらわす動詞と共起する弱形再帰代名詞は意味役割を持つという主張は、いわゆる状態受動(Zustandpassiv/state passive)の解釈からも裏付けられる。ドイツ語は、いわゆる動作受動における助動詞 werden '(lit.)become' と状態受動における助動詞 sein 'be' を区別するが、(46)が示すように、内在的再帰動詞 sich benehmen 'behave oneself' や sich beeilen 'hurry' と共起する弱形再帰代名詞を状態受動の主語にすることはできない。これらの再帰代名詞はもともと意味役割を持たないのであるから、ある対象の結果的状態をあらわす状態受動の主語にならないわけである。さて、kämmen 'comb' が用いられた状態受動(47a)は、「その子は、誰かに入念に髪をとかしてもらった(結果状態にある)」という(47b)に対応する解釈と「その子は自分で入念に自分の髪をとかした(結果状態にある)」という(47c)に対応する解釈を持つ。後者の場合、(47a)の主語 das Kind 'the child' は(47c)における再帰代名詞に対応することになるが、このような主語化が可能であることは(47c)の再帰代名詞が意味役割を持つことを示している。これに対して、change in body posture をあらわす sich hinlegen 'lie down' が状態受動に用いられた(48a)は、「その子は誰かに寝かせられたままであった」という(48b)の解釈しか持てず、「その子は自分で横になったままであった」という解釈は持たない。このことは、sich hinlegen 'lie down' と共起する再帰代名詞は意味役割を持たず、したがって主語化を許さないことを示している。

(46) a. *Er ist gut benommen.
      He is well behaved
   b. *Er ist beeilt.
      He is hurried
(47) a. Das Kind war sorgfältig gekämmt.　　　(Rapp 1997: 197)
        The child was carefully combed
   b. Jemand　　　　kämmte das Kind　　sorgfältig.
      Somebody–NOM combed the child–ACC carefully
   c. Das Kind kämmte sich　　sorgfältig.
      The child combed REFL carefully
(48) a. Das Kind war hingelegt.
        The child was down–laid
   b. Jemand　　　　legte das Kind　　hin.
      Somebody–NOM laid the child–ACC down

　grooming action をあらわす動詞と共起する弱形再帰代名詞が意味役割を持つことは、他のゲルマン語における再帰構文の振る舞いからも示すことができる。例えばノルウェー語にはオランダ語と同様、強形再帰代名詞 seg selv と弱形再帰代名詞 seg があるが、Lødrup (1999) によれば、grooming action をあらわす動詞と共起する弱形再帰代名詞 seg には hele 'all' や mesteparten av 'most of' といった規定詞 (determiner) を付加することができるが、内在的再帰動詞 innfinne seg 'appear' における再帰代名詞には付加できない。この相違も、前者の再帰代名詞は主語の身体を指示するが、後者の再帰代名詞は指示物を持たないことに起因すると考えられる。

(49) a. Hun tørket hele seg.
        She dried all   REFL

b. *Hun innfant　　hele　　seg　　　på　　kontoret.
　　　　　She　appeared　all　　REFL　　at　　office–the
　　　　　　　　　　　　　　　　　　　　（Norwegian: Lødrup 1999: 367）

　また、スウェーデン語にも強形再帰代名詞 sig själv と弱形再帰代名詞 sig、またデンマーク語にも強形再帰代名詞 sig selv と弱形再帰代名詞 sig がある。これらの言語においてもいわゆる内在的再帰動詞と共起する再帰代名詞は弱形であるが、すでに触れたように、この場合の再帰代名詞は意味役割を持たない。スウェーデン語とデンマーク語においては、(50)にみるように、複数の内在的再帰動詞が1つの弱形再帰代名詞を共有することはできない。

(50) a. *Han ångrade　och　skyndade　sig.　　（Swedish: Kiparsky 2002: 212）
　　　　　He　repented　and　hurried　REFL
　　　b. *Peter soledene *(sig)　　og　boltrede　*(sig)　på　stranden.
　　　　　Peter　tanned　　REFL　and　frolicked　REFL　on　beach–the
　　　　　　　　　　　　　　　　　　　　　（Danish: Bergeton 2004: 259）

　一方、grooming action をあらわす動詞の場合、例えば「自分の体を洗う」と「自分の髭を剃る」という2つの動詞が弱形再帰代名詞を共有することができる。

(51) a. Han tvättade　och　rakade　sig.　（Swedish: Kiparsky 2002: 212）
　　　　He　washed　and　shaved　REFL
　　　b. Peter vaskede, barberede　og　tørrede　sig.
　　　　Peter washed,　shaved　　and　dried　　REFL
　　　　　　　　　　　　　　　　　　（Danish: Bergeton 2004: 272, fn.22）

　複数の動詞が目的語を共有するのは、(52)のような通常の他動詞にみられる現象であり、やはり「自分の体を洗う」や「自分の髭を剃る」といった

grooming action をあらわす動詞と共起する弱形再帰代名詞は、(52) の目的語と同様に意味役割を持つことになる[16]。

(52) a. Han hatar och slår Peter.　　（Swedish）
　　 b. Han hader og slår Peter.　　（Danish）
　　　　He hates and hits Peter

　本節の議論は次のようにまとめられる。身体に対する行為ないし身体が関与する行為をあらわす動詞は、その身体が受ける影響の大きさにより、動作主と被動者に区別できるものから、その区別ができないものまでが存在する。前者の例は、'wash', 'dry', 'dress' などの grooming action をあらわす動詞であり、これらの動詞と共起する弱形再帰代名詞は意味役割を持つ。後者の例には 'sit down' や 'lie down' があり、これらの動詞と共起する弱形再帰代名詞は意味役割を持たない。ドイツ語では、これらのすべての場合に再帰代名詞 sich が生起するが、オランダ語では 'wash' などの grooming verb の場合のように身体が影響を受けている場合に再帰代名詞 zich が生起する。

2.7　本章のまとめ

本章の議論は次のようにまとめることができる。
1) 強形再帰代名詞と弱形再帰代名詞の分布は、主語が動作主である場合、当該の動詞が外向的な状況をあらわすのか、あるいは内向的な状況をあらわすのかにより決定される。前者の場合に強形再帰代名詞、後者の場合に弱形再帰代名詞が用いられる。
2) 外向的な状況と内向的な状況の区別、ないし「主語の（身体的）領域内に留まる出来事」という概念が有効であることは、比較構文や動名詞の解釈、ドイツ語における非人称受動文の解釈、さらに英語において場所の前置詞を含む構文にみられる人称代名詞の分布からも支持される。
3) ドイツ語の再帰代名詞 sich は強形と弱形の両方の用法を持つが、sich

がアクセントを持つ場合は必ず強形再帰代名詞として用いられている。

4) 弱形再帰代名詞には、意味役割を持つものと持たないものがある。例えば「自分の体を洗う」をあらわす動詞と共起する再帰代名詞は行為の影響を受ける身体を指示しているために意味役割を持つ。これに対して、「座る」をあらわす動詞と共起する再帰代名詞、外項抑制が生じている文に生起する再帰代名詞、さらにいわゆる内在的再帰動詞と共起する再帰代名詞は意味役割を持たない。

注

1　"All verbs in group 11.17.2 [= zich aankleden (= dress), zich scheren (= shave), zich wassen (= wash)] can on occasion use **zichzelf** instead of a simple **zich**, but only when one needs to emphasize that one washed or dressed oneself and not somebody else."

(Donaldson 1997: 205)

2　Longman Dictionary of Contemporary English (3rd ed.) には、"You do not usually use the expression wash yourself unless a special effort is needed." という記述がみられ、また Cambridge International Dictionary of English には、"With verbs for the following common actions that you do to yourself, a reflexive pronoun can be used but is usually omitted: dressing, shaving, washing, bathing, showering. If a reflexive pronoun is used, this suggests that the person found it difficult to do the action." と記述されている。また、Kemmer (1993: 65) によれば、英語における dress oneself という再帰表現は、まだ自分の手足をうまく動かせない子供や、療養中の患者が服を着る場合に用いられるという。

3　なお、ここでは英語の動詞 wash や shave の場合に限ってゼロ形の再帰代名詞を想定できると指摘しているにすぎず、常にドイツ語やオランダ語の弱形再帰代名詞に対応する英語のゼロ形再帰代名詞の存在を主張しているわけではない。外項抑制を含む英語の文にも「見えない」再帰代名詞を仮定する研究があるが、この妥当性については 8.3 において論じる。

4　このような特性から、Kemmer (1993) はドイツ語を "one-form language" と呼んでいる。

5 主語の身体に対する行為においても、sich waschen「自分の体を洗う」という場合と sich setzen「座る」の場合では、主語と再帰代名詞の「概念的区別」の度合いは異なる。この点については 2.6 で議論する。

6 ただし、オランダ語の弱形再帰代名詞には反使役化に伴い生起する用法が極めて乏しく、ほんの数個の動詞に限って認められる。この点は 5.3 において論じる。

7 ただし、Kaufmann(2004)のように、(16)のような外向的動詞からの非人称受動文を完全には許容しない母語話者も存在する。
 (i) ?Jetzt wird sich aber betrachtet!　　(Kaufmann 2004: 195)
    Now is REFL but observed

8 さらに、廣瀬(1997: 82ff.)や Hirose(2002: 391f.)で論じられている日本語における次の例も、内向的と外向的という区別から扱うことが可能である。
 (i) *自分を／体を洗う
 (ii) *自分を／体を伸ばす
 (iii) *自分を／腰をおろす
 (iv) 自分を嫌う／誉める
 (v) ?*自分を殴る／*自分を殺す
日本語では、内向的な状況を他動詞により表現する場合、「自分」を用いることができず、(i)–(iii)のように身体部位が目的語となる。また、外向的な状況については、(iv)のような非物理的ないし精神的な領域をあらわす動詞の目的語として「自分」を用いることはできるが、(v)のような物理的な領域をあらわす動詞の目的語として「自分」を用いることはできない。

9 Reinhart and Reuland(1993)は、Marantz(1984: 32)が示した put に対する(i)の項構造に依拠している。
 (i) 'put'(theme, location)
この項構造にしたがえば、put は theme と location という 2 つの「項」を持つことになり、その location を実現するのが前置詞句である。このことから、theme は put の項であるが、前置詞句の目的語は put の項ではないことになる。

10 この点について、Kuno(1987: 67)は次のように述べている。
 (i) Reflexive pronouns are used in English if and only if they are direct recipients or targets of the actions represented by the sentences.

11 古英語では人称代名詞を(弱形)再帰代名詞として用いていた。その表現手段がこのような前置詞目的語の場合に限って現代英語に残っていることになる。

12 適切な訳語が存在しないため、以下、これらの身体に対する行為を英語のまま記していくことにする。

13　英語の場合、すでに 2.1 でみたように grooming action においては再帰代名詞が生起しないのが普通であり、また他の身体に対する行為も (i) のように自動詞により表現される。

 (i) a. He turned/bowed. (nontranslational motion)
   b. He lay/sat down. (change in body posture)

ただし、廣瀬 (1997: 82f.) が指摘するように、「人が自分の身体に働きかける」場合は、(ii) のように身体を再帰代名詞で表現することができる。

 (ii) He sat himself down on the chair.

(ii) における再帰代名詞 oneself はオランダ語の zichzelf に対応する強形再帰代名詞というより、(iii) における再帰代名詞と同様に強調された弱形再帰代名詞とみなすべきである。

 (iii) Max$_i$ put the book next to himself$_i$.

14　母語話者によると、zich zetten を用いるのは、例えば王室 (royal) の人々が着座する場合など、形式的な状況に限られるという。

15　setzen 'set' や legen 'lay' はもともと使役の意味を含む位置変化動詞であるが、再帰代名詞と結合することにより、使役の意味が消失し、さらに意味的に自動詞化すると考えられる。Kaufmann (2004: 238) も参照。

16　北欧語を対象とした研究では、虚辞 det を持つ提示文 (presentational sentence) における生起可能性をもとに再帰代名詞の性質が論じられることがある。提示文には、(i) のような他動詞は生起できず、(ii) のように新情報を担う (意味役割を持つ) 不定名詞句を 1 つ含む動詞のみが生起できるとされている。

 (i) *Det sparket ballen en mann. (Norwegian: Hellan 1988: 109)
    It/There kicked ball–the a man
 (ii) Det åpnet seg en dør. (Norwegian: Lødrup 1999: 368)
    It/There opened REFL a door

change in body posture をあらわす再帰動詞については、一般に (iii) のように提示文に生起可能であるとされている。

 (iii) a. Det satte seg en katt på trappen. (Norwegian: Hellan 1988: 109)
     It/There set REFL a cat on stairs–the
   b. Det satte seg en dame på trappen. (Norwegian: Lødrup 1999: 368)
     It/There set REFL a lady on stairs–the

しかし、Lødrup (1999) が指摘するように、grooming action をあらわす再帰動詞が提示文に生起可能か否かについては、判断に揺れがみられる。Lødrup (1999) 自身はノルウェー語の (iv) を容認しないが、Kiparsky (2002) はスウェーデン語の (v) は容認可

能であると指摘している。
(iv) *Det tørket/pyntet/pisket seg en dame på badet.
　　 It/There dried/dressed–up/flogged REFL a lady in bathroom–the
　　　　　　　　　　　　　　　　　　　　　　　　　(Norwegian: Lødrup 1999: 367)
(v) Det tvättade sig en grupp soldater vid stranden.
　　 It/There washed REFL a group–of soldiers by shore–the
　　　　　　　　　　　　　　　　　　　　　　　　　(Swedish: Kiparksy 2002: 212)
また、ドイツ語でも grooming action をあらわす再帰動詞は虚辞 es を文頭においた提示文に生起できるという指摘もあり、このことから Kaufmann(2004) は grooming action をあらわす再帰動詞は意味的には自動詞に近いと考えている。
(vi) Es wuschen sich Menschen am Strand. (Kaufmann 2004: 196)
　　 It/There washed REFL people on–the beach
しかし、ドイツ語やオランダ語においては、(vii) のように他動詞もこの構文に生起できるという指摘もある。
(vii) a. Es essen einige Mäuse Käse in der Küche.
　　　　 It/There eat some mice cheese in the kitchen
　　　　　　　　　　　　　　　　　　　　　　　　　(German: Felser and Rupp 2001: 301)
　　 b. Er heeft iemand een appel gegeten.
　　　　 It/There has someone an apple eaten
　　　　　　　　　　　　　　　　　　　　　　　　　(Dutch: Felser and Rupp 2001: 301)
容認性の判断にかなりの揺れがみられ、また、このテストが本当に自動詞の存在を確認するのに有効か否か明らかではないため、本書では提示文における生起可能性は再帰代名詞の意味役割の有無に対する直接的な証拠とはみなさない。

第3章　身体をめぐる再帰構文 I
―結果構文

　本章では、主語の身体領域に生じる出来事をあらわす結果構文にみられる英語・ドイツ語・オランダ語の相違を、弱形再帰代名詞という観点から議論する。まず、3.1 では She danced/wriggled free. のように非能格動詞が用いられていながら、目的語の位置が埋められておらず、結果構文に対する一般的制約に違反しているとされる英語の結果構文を考察する。おもにドイツ語との比較を通じて、なぜこの構文では目的語の位置が空いているのかを論じる。続く 3.2 ではドイツ語における Der Kranke lag sich wund. '(lit.)The patient lay himself sore.' のような状態動詞から作られる結果構文を考察する。ドイツ語ではなぜこのような結果構文が可能であるのかを検討する。3.3 では、liegen 'lie' のような状態動詞から作られるドイツ語の結果構文において、Der Kranke lag sich den Rücken wund. '(lit.)The patient lay his back sore.' のように身体部位をあらわす名詞句が直接目的語の位置に生起できる理由を考察する。3.4 では、Oya(2002)に対する Boas(2003)の批判を検討する。3.5 は本章のまとめである。

3.1　dance free 構文

　英語には、(1)のような結果構文がある。本章では、この結果構文を「dance free 構文」と呼ぶことにし、本節ではこの結果構文について、おもにドイツ語の対応する構文と比較しながら考察する。

(1) a. She danced/swam free of her captors.
　　b. ...you must jump clear of the vehicle.
　　c. They slowly swam apart.

(Levin and Rappaport Hovav 1995: 186)

3.1.1　dance free 構文の特殊性

(1)の dance free 構文では、dance, swim, jump のようないわゆる移動様態動詞が用いられている。これらの移動様態動詞は通常、非能格動詞とされている。しかし同じ移動様態動詞が用いられている結果構文(2)とは異なり、(1)では直接目的語の位置が空いている。Levin and Rappaport Hovav(1995: 187)によれば、(2)における結果句はある行為の結果として生じる「状態」を記述しているのに対して、(1)における結果句 free, clear, apart は、結果的な「位置」をあらわしているという。

(2) a. She danced herself tired.
　　b. Don't swim yourself sober!
　　c. They ran their feet sore.

(Levin and Rappaport Hovav 1995: 187)

典型的には動作主を主語に持つ非能格動詞はいわゆる外項を持つ。そのため(2)では、空いている直接目的語の位置に再帰代名詞もしくは動詞に選択されていない名詞句が生起できる。(2)における結果句はこれらの直接目的語の位置を埋めている名詞句について叙述を行っているが、(1)における結果句 free, clear, apart は主語について叙述を行っており、したがっていわゆる直接目的語制約(Direct Object Restriction)[1]を満たしていないようにみえることになる。以下、dance free 構文に関する既存の分析を概観し、その問題点を指摘する。その上でこの構文に対する独自の分析を提案する。

3.1.2 Levin and Rappaport Hovav(1995)の分析

Levin and Rappaport Hovav(1995)では(1)の dance, swim, jump を非対格動詞と分析している。彼女たちが提案する英語の項連結規則(argument linking rule)によれば、動作主を典型とする「出来事を直接引き起こす対象」を表示する項は外項として主語位置に生成され、状態変化や位置変化のような「方向性を持った変化を被る対象」を表示する項は内項として直接目的語の位置に生成される[2]。この規則により、自動詞の主語が「方向性を持った変化を被る対象」を表示する場合、その自動詞は非対格動詞と分析されることになり、その主語はいわゆる D–構造において直接目的語の位置に生成される。さらに、彼女たちは英語においては、「方向性を持った変化を被る項は内項となる」という項連結規則が「出来事を直接引き起こす対象をあらわす項は外項となる」という項連結規則よりも優先的に適用されると想定している。したがって、彼女たちによれば、dance や run などのいわゆる移動様態動詞の主語は「出来事を直接引き起こす対象」を表示するために本来は非能格動詞であるが、方向をあらわす語句を伴った場合にはその主語が位置変化を被る対象をあらわすため非対格動詞に鞍替えすることになる。(1)においても、主語の結果的「位置」が表現されるのであるから、その主語は「方向づけられた変化」を被ることになり、dance, swim, jump は非能格動詞から非対格動詞に転じるとされる。(1)の dance, swim, jump が非対格動詞であるなら、その主語は D–構造において直接目的語の位置に生成され、その結果 D–構造において直接目的語制約が満たされることになり、結果句の叙述に対する一般化が保たれることになる。Levin and Rappaport Hovav(1995)の(1)に対する分析は、移動様態動詞はその主語が「方向づけられた変化」を被る場合に非対格動詞に鞍替えするという想定に依拠しているわけであるが、彼女たちはその根拠として、1)ヨーロッパ言語における完了の助動詞選択、2)いわゆる勧誘行為交替(induced action alternation)、3)(1)の文に再帰代名詞が生起しないことをあげている。以下、これらの点を検討していこう。

1)の完了助動詞選択とは、おもに Perlmutter(1978)以降、非対格動詞に対

する診断法(diagnostic)の1つとされるものであり、ヨーロッパ言語において完了形を形成する場合に助動詞として 'be' を用いる動詞は非対格動詞であると想定されることが多い。Levin and Rappaport Hovav(1995)は、(3)のオランダ語の例において移動様態動詞 lopen 'run' が方向をあらわす語句を伴うと完了助動詞は hebben 'have' から zijn 'be' へと変更されることから、(3b)の lopen 'run' は非対格動詞であると指摘する。

(3) a.　Hij　heeft/*is　gelopen.
　　　　He　has/is　　run　　　　　　　　'He ran.'
　　b.　Hij　is/?heeft　naar　huis　gelopen.
　　　　He　is/has　　to　　home　run　　'He ran home.'
　　　　　　　　　　　　　(Levin and Rappaport Hovav 1995: 186)

移動様態動詞が方向をあらわす語句を伴う場合にみられる完了助動詞の変更は、(4)にみるようにドイツ語にも存在する。しかし、移動様態動詞が方向をあらわす語句を伴う場合でも、(5)のように非人称受動文を形成できることは注目に値する。

(4) a.　Er　hat/*ist　getanzt.
　　　　He　has/is　　danced
　　b.　Er　*hat/ist　ins　　Zimmer　getanzt.
　　　　He　has/is　　into-the　room　danced
(5) a.　Es　wurde　sogar　in　die　Küche　hinein　getanzt.　(Fagan 1992: 123)
　　　　It　was　　even　into　the　kitchen　in　　danced
　　　'They even danced into the kitchen.'

b. weil aus Umweltgründen nicht mehr ans Ufer
   since for reasons-of-environment not more to-the shore
   geschwommen werden darf　　　（Fanselow 1992: 283）
   swum be may
   'since you may not swim to shore for environmental reasons'
c. wei endlich wieder mit Dampfloks auf den Brocken
   since at-last again by steam-locomotives to the Brocken
   gefahren werden darf　　　（Fanselow 1992: 283）
   gone be may
   'since you may go to the Brocken by train again'
d. Danach wurde auch an den Strand gerannt.
   After-that was also to the beach run
   'After that, they ran to the beach as well.'

　いわゆる受動形態素 –en は外項の意味役割を吸収ないし抑制する働きを持つことは広く認められており[3]、したがって受動文形成のためには外項の存在が前提となる。(5)の受動文は、tanzen 'dance', schwimmen 'swim', rennen 'run' などの移動様態動詞が方向をあらわす語句を伴った場合でも非対格動詞に鞍替えすることなく、外項を持つ非能格動詞であることを示している[4]。このことから、非能格動詞が方向をあらわす語句を伴うと非対格動詞に交替するという Levin and Rappaport Hovav(1995) の主張は妥当とは言い難いことになる。つまり、(1)の dance free 構文において目的語の位置が空いていることを、非対格性に基づいて説明することはできないわけである。
　方向規定詞を伴う移動様態動詞は非対格動詞になると Levin and Rappaport Hovav(1995) が主張する際の2つ目の根拠は、(6)のような勧誘行為交替 (induced action alternation) の存在である。

(6)a.　The general marched the soldiers to the tents.
　　 b.　We ran the mouse through the maze.
(Levin and Rappaport Hovav 1995: 111)
(7)a.　??The general marched the soldiers.
　　 b.　*We ran the mouse.
(Levin and Rappaport Hovav 1995: 111)

Levin and Rappaport Hovav(1995)によれば、方向をあらわす語句を含まない(7)の許容度は低く、(6)のように移動様態動詞が使役の意味を備えた他動詞として用いられる場合には方向規定詞が必要であるという。このことから彼女たちは、移動様態動詞に方向をあらわす語句が加わるとその主語は内項となり、その結果、本来の主語位置が空くために(6)の用法が可能になると考える。ここでは(6)の動詞は非対格動詞に使役者を付加した他動詞と分析されているわけである。しかし、ドイツ語やオランダ語にはこの移動様態動詞の使役用法は存在しないことに注意する必要がある。

(8)a.　*Der General marschierte die Soldaten zu den Zelten.　(German)
　　　　　 The general marched   the soldiers to the tents
　　 b.　*Wir rannten die Maus durch den Irrgarten.
　　　　　 We ran the mouse through the maze
(9)a.　*De generaal marcheerde de soldaten tot de tenten.　(Dutch)
　　　　　 The general marched   the soldiers to the tents
　　 b.　*Wij renden de muis door de doolhof.
　　　　　 We ran the mouse through the maze

すると、Levin and Rappaport Hovav(1995)が主張する「移動様態動詞に方向をあらわす語句が付加されると非対格動詞となるため、空いている主語位置に使役者を付加できる」という論理関係は英語のみに妥当するものであり、一般性には乏しいと言わざるを得ない[5]。Levin and Rappaport Hovav

(1995)の議論を受け入れると、同じ移動様態動詞に方向規定詞が付加された構造が英語では非対格性を持ち、ドイツ語やオランダ語では非対格性を持たないという結論を導くことになってしまうわけであるが、これは不都合な結論であろう。

　Levin and Rappaport Hovav(1995)が(1)の dance free 構文に非対格性を想定する3つ目の根拠は、(11)にみるように、この文には再帰代名詞が生起できないというものである。

(10) a. 　...you must jump clear of the vehicle.　　(= 1b)
　　 b. 　They slowly swam apart.　　(= 1c)
(11) a. 　*You must jump yourself clear of the vehicle.
　　 b. 　*They swam themselves apart.
　　　　　　　　　　　(Levin and Rappaport Hovav 1995: 187)

しかし、英語と異なり、(12)にほぼ対応するドイツ語ならびにオランダ語の文(13)では再帰代名詞の生起は必須になる。

(12)　She danced free of her captors.　　(= 1a)
(13) a.　Sie　tanzte　*(sich)　von　den　Verfolgern　frei.　(German)
　　 b.　Ze　danste　*(zich)　van　de　vervolgers　vrij.　(Dutch)
　　　　She　danced　REFL　of　the　pursuers　free

さらに、ドイツ語の(13a)から非人称受動文を形成することは可能であり、このことから(13a)の主語は外項の意味役割を持つことが示される。

(14)　Endlich　konnte　sich　von　den　Verfolgern　frei　getanzt　werden!
　　　At-last　could　REFL　of　the　pursuers　free　danced　be

これらのことから(13)に非対格性を想定することは不可能であり、さらに

同じ出来事を表現しているはずの英語の(12)においても非対格性を想定することに慎重でなければならないことになる。次節では、dance free 構文に対するもう1つの分析を検討する。

3.1.3　Levin and Rappaport Hovav(1999)の分析

出来事構造(Event Structure)から統語構造への投射を重視する Levin and Rappaport Hovav(1999)は、次のすべての文を「bare XP 結果構文」(bare XP resultative)と呼ぶ。

(15) a.　The bag burst open.
　　 b.　The pond froze solid.　　　(Levin and Rappaport Hovav 1999: 204)
　　 c.　Casey waltzed out of the room.
　　 d.　Terry rustled into the room.
　　　　　　　　　　　　　　　(Levin and Rappaport Hovav 1999: 206)
(16) a.　She wriggles free.　　　(Levin and Rappaport Hovav 1999: 210)
　　 b.　A bantam chick kicks free from its shell.
　　　　　　　　　　　　　　　(Levin and Rappaport Hovav 1999: 217)

この bare XP 結果構文には、(15a, b)のようないわゆる非対格動詞から形成される結果構文のみならず、(15c, d)のような移動様態動詞ならびに音声放出動詞(verbs of sound emission)に方向をあらわす語句が付加された文、さらに(16)のような dance free 構文も含まれる。彼女たちは一連の研究において、項の具現には文があらわす出来事構造が極めて深く関与していることを指摘し、次のような項の具現条件を提案している。

(17)　Argument Realization Condition:
　　 a.　There must be an argument XP in the syntax for each structure participant in the event structure.

b. Each argument XP in the syntax must be associated with an identified subevent in the event structure.

(Rappaport Hovav and Levin 1998: 113)

この主張によれば、動詞があらわす出来事によって統語構造が決定されるのであり、laugh や work などの行為動詞や sweep や wipe などの表面接触動詞 (verbs of surface contact) は、単一の出来事 (simple event) をあらわしているために自動詞となり、break などの使役の意味を持つ状態変化動詞は使役的出来事 (causing event) と結果的出来事 (caused event) という複合的 (complex) な出来事をあらわしているために、常に他動詞でなければならない。つまり、単一の出来事は自動詞として、また複合的な出来事は義務的に他動詞として具現されなければならないわけである。この主張に基づくと、(15a, b) の結果句 open および solid は状態変化動詞 burst および freeze がもともと含意する結果状態を詳しく特定しているに過ぎず、したがってこれらの文は単一の出来事を表現しているといえるが、(15c, d) および (16) の動詞は非能格動詞であり、結果状態を含意しない。すると、(15c, d) および (16) においては、動詞があらわす出来事とは別の出来事が付加されていることになり、(17) に基づくならばこれらの出来事は他動詞として具現することが期待されることになる。しかし、彼女たちは (15c, d) および (16) においては「出来事の一体化」(Event Coidentification) が生じていると主張する。彼女たちによれば、時間軸上、平行的・同時的に進行している (unfold at the same rate) 2 つの出来事は出来事構造において合成 (compose) され、統語上は自動詞として具現することが可能になるという。例えば (15c) では、「Casey がワルツを踊る」という出来事と「Casey が部屋から出て行く」という出来事が、また (16b) では、「ヒヨコが殻を蹴る」という行為と「殻から出て free になる」という 2 つの出来事が必然的に同時進行的であるため、出来事構造において合成され、したがって目的語を備えた文ではなく、bare XP 結果構文により表現されると主張する。

しかし、出来事構造から統語構造への投射の際に「出来事の一体化」とい

う視点をとりいれる Levin and Rappaport Hovav(1999)の分析では、(16b)に
ほぼ対応するドイツ語とオランダ語の文において再帰代名詞の脱落は許され
ないことを説明できない。

(18) a. Ein Küken kickt *(sich) von seiner Schale frei. (German)
   b. Een kuiken trapt *(zich) van z'n schaal vrij. (Dutch)
      A chick kicks REFL from its shell free

ドイツ語やオランダ語でも(15c, d)に対応する文は可能であり、したがって
英語と同様に「出来事の合成」を許すタイプの言語であるのに、(18)にお
いてのみ「出来事の合成」が許されない、というのは考えにくい。結局、出
来事構造から統語構造への直接的なマッピングを主張するだけでは言語間の
相違は扱えず、そのためには英語とドイツ語、ならびにオランダ語の再帰代
名詞の特性を理解する必要がある。

3.1.4　提案—身体領域に生じる出来事

本節では、英語の dance free 構文に対して独自の分析を提案する。

(19) a. She danced free of her captors. (= 1a)
   b. A bantam chick kicks free from its shell. (= 16b)
   c. She wriggles free. (= 16a)

すでにみたように、(19a, b)にほぼ対応するドイツ語とオランダ語の文(20a,
b)および(21a, b)では再帰代名詞の生起は必須である。また、同様に(19c)
にほぼ対応するドイツ語の文(20c)でもやはり再帰代名詞の脱落は許されな
い。

(20) a. Sie tanzte *(sich) von ihren Verfolgern frei.
      She danced REFL of her pursuers free

b.　Ein　Küken　kickt　*(sich)　von　seiner　Schale　frei.
　　　　A　　chick　kicks　REFL　from　its　　shell　free
　　c.　Sie　strampelte　　　　*(sich)　frei.
　　　　She　wriggled/struggled　REFL　free
(21) a.　Ze　danste　　　*(zich)　van　haar　vervolgers　vrij.
　　　　She　danced　REFL　of　her　pursuers　free
　　b.　Een　kuiken　trapt　*(zich)　van　z'n　schaal　vrij.
　　　　A　　chick　kicks　REFL　from　its　shell　free

　この再帰代名詞の生起に関する英語とドイツ語およびオランダ語の対立は、第2章でみたように、「体を洗う」「髭を剃る」などのようなgrooming actionを表現する場合、ドイツ語とオランダ語では再帰代名詞が義務的に生起しなければならないのに対して、英語では自動詞を用いてもよいことと平行している。

(22) a.　Er wusch/rasierte *(sich).　　(German)
　　b.　Hij waste/schoor *(zich).　　(Dutch)
　　c.　He washed/shaved.

　このことから、英語の(19)において再帰代名詞が生起しないのは、これらの文においては主語の身体領域において生じる出来事が表現されているためであると予測される。実際、ドイツ語の(20a, c)は次のように受動化が可能であることがこの予測を裏付ける。

(23) a.　Endlich　konnte　sich　　von　den　Verfolgern　frei　getanzt　werden!
　　　　At-last　could　REFL　of　the　pursuers　　free　danced　be
　　b.　Endlich　konnte　sich　　frei　gestrampelt　werden!
　　　　At-last　could　REFL　free　wriggled　　be

ドイツ語において再帰代名詞を残したままの非人称受動文は、(24a)のような再帰代名詞が意味役割を持たない、いわゆる内在的再帰動詞、および(24b)のような waschen 'wash' などの主語の身体領域に生じる出来事をあらわす動詞からのみ可能である。また、2.3 でもみたように、再帰的に用いられている他動詞が(24c)のように非人称受動文になると、再帰代名詞は「お互いに」を意味する相互代名詞としての解釈を受けてしまう。(20a, c)に用いられている動詞 tanzen 'dance' および strampeln 'wriggle/struggle' は内在的再帰動詞ではなく、またもちろん他動詞ではない。これらのことから、(20a, c)においては他者へ向かうことのない、主語の身体領域に生じる出来事が記述されていることになり、さらに(20a, c)にほぼ対応する英語の(19a, c)も同様に身体領域に生じる出来事をあらわしていると考えられる[6]。

(24) a. Jetzt wird sich nicht beeilt!
      Now is REFL not hurried
      'Don't hurry now!'
   b. Jetzt wird sich gewaschen!
      Now is REFL washed
      'You must wash now!'
   c. Jetzt wird sich nicht mehr geprügelt!
      Now is REFL no more beaten
      'Now, don't beat each other!'

2.1 では、英語の(22c)に主語の身体を指示するゼロ形の弱形再帰代名詞を想定できることを指摘している。この場合と同様、英語の(19)においてもゼロ形の再帰代名詞が目的語の位置を占めていると想定されるが、このことは次の(25)から裏付けられるであろう。

(25)   Willy pried free/loose (of the ropes).   (Goldberg and Jackendoff 2004: 559)

これまで非能格動詞が用いられながら、直接目的語の位置が埋められていない結果構文をみてきたが、(25)においても直接目的語の位置は空のままである。OED や Cobuild English Dictionary には(25)の pry は他動詞としてのみ掲載されている。(25)における pry も他動詞であるなら、もちろん目的語は必要であり、(25)では身体を指示するゼロ形再帰代名詞がその位置を占めていると考えなければならないはずである[7]。

(19)および(25)では、身体を指示するドイツ語の弱形再帰代名詞に対応する英語の表現はゼロ形であるという理由により目的語の位置が空いていると分析した。すると、次の結果構文(26a)ではなぜ直接目的語の位置を空のままにしておくことが許されないのかという疑問が生じる。(26a)では、(19)と同様、主語の身体に対する行為をあらわす動詞が用いられているが、直接目的語の位置を空けておくことは許されない。

(26) a. *He washed ø clean.
　　 b. He washed himself clean.

これまで考察してきた dance free 構文に用いられている動詞は dance, jump, run, swim, wriggle であるが、これらの動詞は(27)にみるように、すべて前置詞句ないし不変化詞を付加することにより主語の移動を表現しうる。この点で、work, play, speak, yell など他の非能格動詞とは異なるクラスをなす[8]。

(27) a. She danced into the room.
　　 b. She jumped into the air.
　　 c. She ran to the station.
　　 d. She wriggled out of the seat.
　　 e. *She worked/played/spoke/yelled into the room.

また、Levin and Rappaport Hovav(1995: 187)は、(19)の結果句は結果的な「位置」をあらわすと指摘している。これに対して、(26)で用いられている

動詞 wash は前置詞句ないし不変化詞を付加することにより主語の移動をあらわしうるものではない。これらのことから、(19)においては「身体の移動」という点が重要な役割を果たしていることになる。また、(19)の動詞はもともと結果的な出来事を含んでいるとは考えにくく、(19)は「主語がある（身体的な）行為を行うことにより、主語の身体を free ないし loose にする」という使役の意味構造を含んでいると考えるべきである。さらに(26)において再帰代名詞が必要になるのは、やはり使役の意味を含む結果構文の意味構造(28)に基づいているからである。

(28)　[[x ACT] CAUSE [BECOME [y <i>STATE</i>]]]

(Levin and Rappaport Hovav 1999: 202)

すると考察すべき点は、(19)と(26)の双方に使役の意味構造を想定できるにもかかわらず、身体の位置変化を意味する(19)には再帰代名詞が生起しない理由は何か、ということになる。ここでは、2.6 において指摘した change in body posture の特性に着目したい。Kemmer(1993)によれば、'lie down' や 'sit down' に代表される change in body posture の場合は身体全体が動的に移動するため、'wash' のような grooming action の場合よりも身体に対する影響は小さくなる。英語の場合、2.6 でみたように、身体に対する行為をあらわす場合に再帰代名詞は生起しなくてもよいが、(26)では、主語の身体は使役的な出来事により影響を受けているために再帰代名詞が必要になる。しかし、その身体が主体的ないし動的に移動するのであれば、使役的な出来事から被る影響を減らすことができるはずである。結局、(19)においては主語が他からの抵抗なく、主体的・動的に位置変化することによりその身体に対する影響が少なくなり、その結果、再帰代名詞の生起が必須ではなくなると考えられるわけである[9]。

3.2 ドイツ語における状態動詞からの結果構文

ドイツ語ではいわゆる行為動詞のみならず、動作主性が高いとは言い難い liegen 'lie', sitzen 'sit', stehen 'stand' のような状態動詞からも(29)のような結果構文を形成できる。Levin and Rappaport Hovav(1995)によれば、これらの動詞は、主語がある空間的形状を維持する(subject's maintenance of a particular spatial configuration)という意味を持つ非能格動詞である。また(29)では、動詞があらわす出来事に結果をあらわす別の出来事が付加されており、これらの出来事の間には使役の意味関係を認めることができる。

(29) a. Der Patient lag sich wund.
      The patient lay REFL sore
   b. Er saß sich lahm.
      He sat REFL lame
   c. Er stand sich müde.
      He stood REFL tired
   d. Wir mussten uns seit einer Stunde die Beine
      We had-to ourselves-DAT since an hour the legs-ACC
      in den Leib stehen. (関口 1994: 50)
      into the body stand

これに対して、英語やオランダ語では同様の出来事を結果構文により表現することはできない。

(30) a. *He lay himself sore.
   b. *He sat himself lame.
   c. *He stood himself tired.
   d. *We stood our legs into the body.

(31) a. *De patient lag   zich   gewond.
        The patient lay   REFL   sore
    b.*/?? Hij zat   zich   lam.
           He   sat   REFL   lame
    c.*/?? Hij stond zich   moe.
           He   stood REFL   tired
    d.*/?? Wij stonden onze   benen   in   het   lijf.
           We   stood   our   legs   into the   body

ドイツ語と英語およびオランダ語にみられるこのような相違はどのように説明されるのであろうか。

　ドイツ語の(29)では、前節で扱った英語のdance free構文と同様、他者へ向かうことなく、主語の身体領域においてのみ生じる出来事をあらわしている。したがって(29)の結果句は身体的な出来事を表現するものに限定される。例えば(29c)は「彼は立ち続けて疲れた」という意味であるが、このmüde 'tired'という形容詞をやはり身体的な状態を述べるlahm 'lame'と置き換えることは可能であるが、身体的な出来事を表現するとは言い難いglücklich 'happy'やnüchtern 'sober'と置き換えることはできない。

(32) a. Er   stand sich   müde/lahm/*glücklich/*nüchtern.
         He   stood REFL   tired/lame/happy/sober
    b. Der Kranke lag   sich   wund/??gesund/*nüchtern/*glücklich.
         The patient lay   REFL sore/healthy/sober/happy
    c. Er   saß   sich   krumm/wund/müde/*glücklich/*nüchtern.
         He   sat   REFL   bandy/sore/tired/happy/sober

　また、ドイツ語の(29)では再帰代名詞がアクセントを持つことは許されず、さらに再帰代名詞に強調詞selbstを付加することは許されない。このことから(29)の再帰代名詞は弱形再帰代名詞であることが確認される。

(33) a. *Der Kranke lag SICH wund.
         The patient lay REFL sore
     b. *Der Kranke lag sich selbst wund.
         The patient lay REFL INT sore

　まず、ドイツ語とオランダ語の相違について考察しよう。オランダ語はドイツ語と同様、主語の身体を表示する弱形再帰代名詞 zich を持つのだから、(31)は許容されてもよさそうであるが、実際にはこれらはほとんど許容されない。2.6でみたように、オランダ語の弱形再帰代名詞は wassen 'wash' や scheren 'shave' のような grooming action をあらわす動詞の場合には必須であるが、buigen 'bow' や keren 'turn' のような nontranslational motion の場合には随意的となり、'sit down' や 'lie down' のような change in body posture の場合には再帰代名詞が生起しないのが普通である。つまり、オランダ語においては主語の身体領域に生じる出来事を記述する場合、身体がある程度の影響を受ける場合に弱形再帰代名詞zichが生起すると一般化することができる。(31)も主語の身体領域に生じる出来事を記述するが、ここで用いられている動詞の動作主性が低いのは明らかであり、したがって再帰代名詞が表示する身体が liggen 'lie', zitten 'sit', staan 'stand' という出来事によって高い影響を被っているとは言い難い。そのために(31)は許容されないと考えられる[10]。これに対してドイツ語の再帰代名詞は、waschen 'wash' や rasieren 'shave' のみならず、verbeugen 'bow' や wenden 'turn' のような身体がそれほど大きな影響を受けているとは考えにくい nontranslational motion をあらわす動詞の場合にも義務的になる。つまり、ドイツ語において主語の身体領域に生じる出来事を記述する場合、再帰代名詞は身体が強い影響を受けなくても生起する。この再帰代名詞の性質が(29)の文法性を支えていると考えられる。

　次に、英語の(30)について考察しよう。Levin and Rappaport Hovav(1999: 202)は2つの出来事が使役の関係で結ばれている英語の結果構文に(34)の意味表示を与えており、また Jackendoff(1997)は(36)の被動者テスト(patienthood test)を用いて、(35)の結果構文における再帰代名詞が被動者

(patient)の意味役割を担っていることを示している。つまり、非能格動詞から形成される英語の結果構文は、主語は動作主、目的語の位置に生起している名詞句は被動者という意味役割を持たなければならない。

(34)　[[x ACT] CAUSE [BECOME [y <*STATE*>]]] （= 28）

(35) a.　I coughed myself awake.
　　 b.　He sang himself hoarse.
　　 c.　He laughed himself silly.

(Jackendoff 1997: 544)

(36) a.　What I did to myself was cough myself awake.
　　 b.　What he did to himself was sing himself hoarse.
　　 c.　What he did to himself was laugh himself silly.

(Jackendoff 1997: 545)

　しかし、(30)で用いられている動詞は lie, sit, stand であり、その主語の動作主性は高いとは言い難い。このため(30)は(34)の意味表示を持てず、したがって許されないことになる。

　ここまでの議論は次のようにまとめられる。非能格動詞から形成される英語の結果構文では、主語は動作主、直接目的語の位置に生起する名詞句は被動者という意味役割を持たなければならず、したがって英語では The patient lay himself sore. のような状態動詞からの結果構文は許されない。また、オランダ語における弱形再帰代名詞 zich が生起するためには身体がある程度の影響を被らなければならない。そのためには動詞に高い動作主性が要求され、したがってオランダ語でも De patient lag zich gewond. '(lit.)The patient lay himself sore.' という結果構文は許されない。ところがドイツ語では、弱形再帰代名詞 sich は身体がそれほど強い影響を受けなくても生起できるという性質を持つため、Der Patient lag sich wund. '(lit.)The patient lay himself sore.' のような結果構文が可能になる[11]。

3.3 与格の役割

ドイツ語と英語の結果構文には、直接目的語の位置に身体部位をあらわす名詞句が生起した場合にも相違がみられる。ドイツ語では(37)のように、liegen 'lie', stehen 'stand', sitzen 'sit' という状態性を持つ非能格動詞から作られる結果構文の直接目的語の位置に身体名詞句が生起できるのに対して、英語では不可能である。ここでは、ドイツ語の(37)では対格を持った名詞句以外に与格を持つ再帰代名詞が生起していることに注意する必要がある。

(37) a. Der Kranke lag sich den Rücken wund.
       The patient lay REFL-DAT the back-ACC sore
   b. Der Demonstrant stand sich die Beine krumm.
       The demonstrator stood REFL-DAT the legs-ACC bandy
   c. Er saß sich das linke Bein lahm.
       He sat REFL-DAT the left leg-ACC lame

(38) a. *The patient lay his back sore.
   b. *The demonstrator stood his legs bandy.
   c. *He sat his left leg lame.

英語の場合、結果構文に生起する身体名詞句は再帰代名詞と交換可能であるという指摘がある。

(39) a. Bill shouted his vocal cords hoarse.　　　(Jackendoff 1997: 546)
   b. Bill shouted himself hoarse.　　　(Jackendoff 1997: 546)
(40) a. He danced his feet sore.　　　(Verspoor 1997: 119)
   b. ?He danced himself sore.　　　(Verspoor 1997: 119)

前節でみたように、英語の結果構文に生起する再帰代名詞は被動者(patient)という意味役割を持たなければならないわけであるが、身体をあらわす名詞

句がその再帰代名詞と交換可能であるならば、その身体名詞句もやはり被動者ということになる。英語の(38)が許容されないのは、(38)で用いられている動詞が動作主を選択せず、したがって身体部位が強い影響を受けることがなく、そのため被動者になり得ないからである。

　ただし、ドイツ語の場合も(37)の与格名詞句を所有代名詞に置き換えた(41)はほとんど許容されない。

(41) a. ??Der Kranke lag seinen Rücken wund.
　　　　 The patient lay his back sore
　　 b. ??Der Demonstrant stand seine Beine krumm.
　　　　 The demonstrator stood his legs bandy
　　 c. ??Er saß sein linkes Bein lahm.
　　　　 He sat his left leg lame

したがって、(37)の文法性を保証しているのは与格名詞句ということになる。(37)の与格名詞句は伝統的に「所有の与格」(dativus possessives/possessor dative)と呼ばれるものであり、おもに身体部位の所有者を表示する。また、この所有の与格は、一般に動詞があらわす出来事により身体部位が影響を被る際に生起するとされている。

(42) a. Er brach sich ein Bein.
　　　　He broke REFL–DAT a leg–ACC
　　　　'He broke his leg.'
　　 b. Er überlud sich den Magen.
　　　　He overloaded REFL–DAT the stomach–ACC
　　　　'He overate.'

　さて、所有の与格は身体部位が出来事の影響を受ける場合に生起するのであれば、与格が表示する所有者も同様にその出来事の影響を受けていると考え

てよいだろう。つまりここでは「部分」に対する影響が「全体」にも及んでいると考えられるわけである。また、所有の与格は(42)のように身体部位の状態変化を明確に含意する動詞のみならず、(43)のように hängen 'hang' や sitzen 'sit' のような状態動詞が用いられている文にも生起できる。

(43) a. Sein Bart hängt ihm über die Lippen.
　　　 His beard hangs him–DAT over the lips
　　b. Das Hemd hing ihm aus der Hose.
　　　 The shirt hung him–DAT from the trousers
　　　　　　　　　　　　　　　　　　(Wunderlich 1996: 332)
　　c. Der Schreck sitzt mir noch in allen Gliedern.
　　　 The shock sits me–DAT yet in all limbs

(43)から、ドイツ語における所有の与格は身体部位にそれほど大きな影響が及んでいなくても生起できることがわかる。例えば liegen 'lie' が用いられている(37a)においても、身体部位にそれほど大きな影響が及んでいるとは考えにくい。それにもかかわらず所有の与格が生起しているのだから、(37)ではその所有の与格の存在により、身体部位に生じた影響がその所有者にも及んでいることが示されていることになる。前節で議論した(44)においては、身体がそれほど強い影響を受けなくても生起できる弱形再帰代名詞の存在がその文法性を支えていたが、(37)においてはその役割を所有の与格が担っていることになる。

(44) a. Der Patient lag sich wund. (= 29a)
　　　 The patient lay REFL sore
　　b. Er saß sich lahm. (= 29b)
　　　 He sat REFL lame
　　c. Er stand sich müde. (= 29c)
　　　 He stood REFL tired

3.4 Boas(2003)の批判

3.1および3.2では、Oya(2002)において主張した点にいくつかの修正を加えて論じたが、このOya(2002)に対して構文文法の枠組みで英語とドイツ語の結果構文の相違を扱ったBoas(2003: 307–310)が批判を加えている。以下、拙論に対する彼の批判を概観し、検討していく。

Boas(2003)の批判は2つある。1つは、3.1で考察したdance free 構文の扱いに関するものであり、もう1つは、英語においても他者へと向かうことなく、主語の身体に対してのみなされうる行為を結果構文で表現できるというものである。

最初の批判は、(45)にみられる英独の相違を弱形再帰代名詞の相違に還元するのは適当ではないというものであり、Boas(2003: 308)は(45)の相違は両言語における動詞のフレームの相違に基づくと指摘する。

(45) a. She danced free of her captors.
   b. Sie tanzte *(sich) von ihren Verfolgern frei.
       She danced REFL   of   her   pursuers   free

Boasによれば、ドイツ語のtanzen 'dance' は(45b)のように形容詞を用いて主語の結果的位置を述べる場合も、(46)のように形容詞を用いて主語の結果的状態を述べる場合も再帰代名詞が必須であるが、英語のdanceは前者の場合にはその制約が課せられないという。彼によれば、この相違は動詞が持つフレーム(ないし下位範疇化)の相違に由来する。つまり、Boasは(45)にみられる英語とドイツ語の相違は、動詞の「用法」の相違に基づくと述べていることになる。

(46) Sie tanzte sich müde.
     She danced REFL tired

第3章　身体をめぐる再帰構文Ⅰ―結果構文　63

しかし、(45)にみられる英語とドイツ語の相違をそれぞれの動詞が持つフレームに還元することは、言語事実を他の表現に置き換えているだけのように思われ、なぜ(45)の相違が存在するのかという点に対する説明にはなっていないといわざるを得ない。Oya(2002)では、(45)の相違は(47)の相違と相関しており、英語とドイツ語では身体の表示形式が異なることが(45)にみられる相違の根底にあると論じている。

(47) a.　He washed/shaved.
　　 b.　Er wusch/rasierte　*(sich).
　　　　 He washed/shaved　REFL

また、Boas(2003)のOya(2002)に対する批判の2つ目は、英語においても他者へ向かうことなく主語自らの身体にのみ向けられる出来事、すなわち「主語の領域内でのみ生じる出来事」を結果構文で表現できるというものである。その例として、Boasは次の結果構文をあげている。

(48) a.　... she cried herself sore.
　　 b.　... she laughed herself lame.
　　 c.　Worked myself tired...
　　 d.　I had not only laughed myself sore...
　　 e.　... she continues to starve herself thin.

（Boas 2003: 309）

さらにGoldberg and Jackendoff(2004)は、再帰代名詞を他の名詞句に交換できない結果構文の例として(49)や(50)をあげている。つまり、これらの結果構文においては「主語の領域でのみ生じる出来事」が表現されていることになり、その点ではこれまで論じてきた(45)や(51)の結果構文と同様である。

(49) a. We yelled ourselves hoarse.
　　b. *We yelled Harry hoarse.

(Goldberg and Jackendoff 2004: 536)

(50) a. Harry coughed himself into insensibility.
　　b. *Harry coughed us into insensibility.

(Goldberg and Jackendoff 2004: 537)

(51) a. Der　Patient　lag　sich　　　wund.　　　　　　　(= 29a)
　　　　The　patient　lay　REFL　 sore
　　b. Der　Kranke　lag　sich　　　den　Rücken　　wund.　(= 37a)
　　　　The　patient　lay　REFL–DAT　the　back–ACC　sore
　　c. *He lay himself sore.　　　　　　　　　　　　　　(= 30a)

　Oya(2002)では(45)のような dance free 構文、および(51)のような状態動詞からの結果構文にみられる英独の相違は、ドイツ語における再帰代名詞は「主語の領域内でのみ生じる出来事」と整合的であることに由来すると論じたわけであるが、Boas が指摘するように英語においても「他者へ向かうことなく、主語の領域にのみ生じる出来事」を、再帰代名詞を含む結果構文で表現できることは認める必要がある。Oya(2002)においては、英語の再帰代名詞 oneself はオランダ語の強形再帰代名詞 zichzelf と同様の分布を示すことから、英語の oneself はもっぱら第2章で論じたような外向的な(extroverted)な状況としか整合しないと想定していたが、オランダ語のzichzelf と英語の oneself は完全な平行関係にあるわけではない。2.1 でも指摘したように、オランダ語の zichzelf と英語の oneself が例えば「自分の体を洗う」を意味する動詞と共起した場合、その含意は異なっている。

(52) a. Hij　waste　　zichzelf.
　　　　He　washed　REFL
　　b. He washed himself.

オランダ語の(52a)は、「彼は他人の体ではなく、自分の体を洗った」という対照の含意を持つのに対して、英語の(52b)では自分の体を洗う際の「困難」が含意され、必然的に対照の含意が生じるわけではない。つまり、オランダ語の強形再帰代名詞 zichzelf が wassen 'wash' などの身体領域に生じる出来事をあらわす動詞と共起した場合は、自分を「他者」と並列した上で「自分自身」を選択していると考えられるのに対して、英語の oneself がこのタイプの動詞と共起した場合には、そのような「他者と並列される自分」という含意が必然的に生じることはなく、「あえて」自らの身体にはたらきかけを行い、その結果、身体は強い影響を被ることを意味する。つまり、この場合の oneself は強形再帰代名詞というより、「強調された」弱形再帰代名詞というべき性質を持つと考えられる。結局、このような再帰代名詞の性質が、(48)や(49a)(50a)のような、他者へと向かうことなく「主語の領域内でのみ生じる出来事」をあらわす結果構文にも引き継がれていると思われる。つまり、これらの文では他者へと向かうことなく、主語の領域内でのみ生じる出来事が記述されてはいるが、身体が使役的出来事により影響を被っているために再帰代名詞が生起すると考えられる。

　結局、3.1 と 3.2 の議論もふまえ、(53)のような身体領域に生じる出来事をあらわす英語の結果構文について次のようにまとめることができる。(53a)のように主語の身体全体が主体的に移動する場合、身体が使役的出来事により被る影響が弱まり、そのために被動者を表示する再帰代名詞 oneself はその性質にしたがって生起しなくてもかまわないと考えられる。これに対して、(53b)のように身体に生じる状態変化をあらわす場合は、身体が使役的出来事により強い影響を被るため再帰代名詞が表層に生起しなければならない。また(54)は、動詞が動作主を選択していないため、再帰代名詞の有無に関わりなく許されない。

(53) a.　She danced free of her captors.　　(= 1a)
　　 b.　She cried herself sore.　　　　　　(= 48a)

(54) a. *She lay sore.
　　b. *She lay herself sore.

3.5　本章のまとめ

本章の議論は次のようにまとめることができる。

1) 英語にみられる She danced free of her captors. のような構文に再帰代名詞が生起しないのは、Levin and Rappaport Hovav(1995) が主張するように、この文が非対格性を持つためであるとも、また Levin and Rappaport Hovav (1999)が主張するように、2つの出来事が時間的に並行して進行しているためであるとも言い難い。この構文に再帰代名詞が生起しないのは、英語の再帰代名詞 oneself は主語の身体を指示する場合には生起しなくてもよいという性質に起因する。この結果構文では主語の身体が使役的出来事により影響を被っているが、主語の身体が主体的・動的に移動することにより、その影響を減少させていると考えられる。

2) ドイツ語の再帰代名詞 sich は、主語の身体的領域内で生じる出来事と整合的であり、しかもオランダ語の弱形再帰代名詞 zich と異なり、身体がある程度の強い影響を被るという条件も課せられないので、liegen 'lie', stehen 'stand', sitzen 'sit' のような状態動詞を用いた結果構文にも生起できる。

3) ドイツ語では所有の与格により、身体部位に生じた影響をその所有者も被ることが表現される。また所有の与格は、身体部位に生じる影響がそれほど大きくない場合でも生起可能である。そのために、ドイツ語では liegen 'lie', stehen 'stand', sitzen 'sit' のような状態動詞を用いた結果構文の直接目的語の位置に身体部位をあらわす名詞句が所有の与格に支えられて生起できる。

4) dance free 構文にみられる英独の相違を、動詞のフレームの差異に還元しようとする Boas(2003)の提案は受け入れ難い。ただし、英語でも主

語の領域内でのみ生じる出来事を、再帰代名詞を含む結果構文で表現できるという指摘は妥当である。

注

1 直接目的語制約とは、(i) に示すような、結果句は直接目的語に対してのみ叙述を行うことができるという制約である。
   (i) A resultative phrase may be predicated of the immediately postverbal NP, but may not be predicated of a subject or of an oblique complement.
   (Levin and Rappaport Hovav 1995: 34)

2 これらの項連結規則は、次のように定義されている。
   (i) Immediate cause linking rule: The argument of a verb that denotes the immediate cause of the eventuality described by that verb is its external argument.
   (Levin and Rappaport Hovav 1995: 135)
   (ii) Directed change linking rule: The argument of a verb that corresponds to the entity undergoing directed change described by that verb is its direct internal argument.
   (Levin and Rappaport Hovav 1995: 146)

3 Chomsky (1981)、Marantz (1984)、Washio (1995) などを参照。

4 Wunderlich (1997: 20) は、移動様態動詞 laufen 'run' に方向をあらわす語句 ins Stadion 'into the stadium' が付加されている次の受動文を許容しない。
   (i) ?? Hier wird oft   ins   Stadion gelaufen.
           Here is often into-the stadium run
   しかし、母語話者によれば同じ動詞句 ins Stadion laufen 'run into the stadium' が用いられている次の受動文は容認されるという。
   (ii) Nach dem Sieg wurde wieder mit Begeisterung ins   Stadion gelaufen.
        After the win was again with enthusiasm into-the stadium run
        'After the winning we ran into the stadium enthusiastically again.'

5 4.1 において、英語における勧誘行為交替について論じる。

6 ちなみにドイツ語における非人称受動文は、主語が「人間」である能動文からのみ形成できる。したがって「ヒヨコ」が主語である (20b) は受動化できない。

7 ところで Kratzer (2005) は (i) のようなドイツ語のデータをもとに、他動詞 (ならびに非対格動詞) から結果構文を形成できないと指摘している。

(i) a. Er hat seine Familie magenkrank gekocht.
       He has his family stomach-sick cooked
   b. Er hat *(seine Familie) bekocht.
       He has his family BE-cooked
   c. *Er hat seine Familie magenkrank bekocht.
       He has his family stomach-sick BE-cooked

(Kratzer 2005: 190)

自動詞 kochen 'cook' からは (ia) のように問題なく結果構文を形成できるのに対し、接頭辞 be- が付加され、義務的に他動詞となる bekochen 'cook' からは (ic) のように結果構文を作ることはできない。同様に義務的に他動詞である brechen 'break' に形容詞 offen 'open' を付加した (iia) は許容度が低い。しかし、形容詞 offen 'open' ではなく、不変化詞 auf 'open' を付加した (iib) は適格となる。

(ii) a. ?Sie hat die Tür offengebrochen.
        She has the door open-broken
    b. Sie hat die Tür aufgebrochen.
        She has the door open-broken

(Kratzer 2005: 190)

要するに、他動詞と非対格動詞から形容詞を持つ結果構文を作ることはできないが、これらの動詞から「結果」の意味を持つ不変化詞動詞 (particle verb) を作ることはできるわけである。この Kratzer の観察に基づくならば、他動詞 pry が用いられている (25) の free/loose は不変化詞と分析されることになる。結果的位置をあらわす free/loose が不変化詞と分析できることは次の例からも示される。

(iii) a. He threw {up} the ball {up}.
     b. I pulled free the robe.   (Bolinger 1971: 74)
     c. He pried loose the lid.   (Bolinger 1971: 73)

英語の不変化詞は、(iiia) のように直接目的語の前後に生起できるが、free/loose も同様の振る舞いをする。さらに、ノルウェー語においても同様の現象が観察される。

(iv) a. Jon sparka {ut} hunden {ut}.   (Åfarli 1985: 75)
        Jon kicked out dog-the out
    b. Jon heiste løs bilen.   (Åfarli 1985: 91)
        Jon hoisted free car-the

ノルウェー語の不変化詞動詞においても、不変化詞は直接目的語の前後に生起する。もともとは形容詞である løs 'loose' が (ivb) のように直接目的語の前に生起することは、この形容詞は不変化詞として再分析されていることを示している。

8　ちなみに、自動詞用法を持つ動詞から形成される(19)のタイプの結果構文として次の例もある。
　(i)　a.　Willy squirmed free/loose (of the ropes).

(Goldberg and Jackendoff 2004: 559)

　　　b.　Judy leaped/skated/slid clear of the rocks.

(Goldberg and Jackendoff 2004: 559)

　　　c.　At last, she struggled free from his arms.　　(LOB: P25)

これらの動詞も、前置詞句を付加することにより主語の移動を表現することができる。

　(ii)　a.　He squirmed out of the straps of his backpack.
　　　b.　The two men leaped into the jeep...
　　　c.　Dan skated up to him.
　　　d.　He slid into the driver's seat.
　　　e.　I struggled up the hill with the heavy bags.

9　Wechsler(1997: 312)が直接目的語制約の反例としてあげている(i)も同様に扱うことができる。すなわち、英語の(i)では主語の身体が移動するために再帰代名詞は生起しなくてもよいわけである。

　(i)　The cat curled into a ball.

予測される通り、(i)をドイツ語で表現すると再帰代名詞は不可欠になる。

　(ii)　Die　Katze　rollte　*(sich)　zu einer　Kugel　zusammen.
　　　 The　 cat　 rolled　 REFL　 to a　 ball　 PRT

また、出来事構造(Event Structure)に着目する Levin and Rappaport Hovav(1999)および Rappaport Hovav and Levin(2001)によれば、(iii)のように dance free 構文に再帰代名詞が生起する場合、使役的出来事と結果的出来事の間に「時間的な隔たり」があるという。身体の表示形に着目する本書の観点から言えば、(iii)においては身体が強いはたらきかけ、ないし使役的出来事の強い影響を受けており、それが２つの出来事間の時間的隔たりとして解釈されるのではないかと思われる。

　(iii)　a.　... a duckling kick itself free of its shell...

(Levin and Rappaport Hovav 1999: 217)

　　　　b.　Mr Duggan ... and wriggled himself free.
　　　　c.　I had it [the snake] pinned and when I lifted it up into the bag, it wiggled itself loose...

(Levin and Rappaport Hovav 1999: 210)

10　このことは 3.1 で扱った英語の(i)に対応するオランダ語の(ii)に再帰代名詞が不可欠

であったことと整合的である。(i)(ii)で用いられている動詞は動作主を選択するため、身体は「蹴る」という出来事により高い影響を被ることになる。

(i) A bantam chick kicks free of its shell.

(ii) Een kuiken trapt *(zich) van z'n schaal vrij.
　　 A　　chick　 kicks REFL of　 its shell　free

11　當野能之氏(p.c.)によれば、スウェーデン語でも ligga 'lie' を用いた次の結果構文が可能であるという。

(i) Patienten　 låg　 sig　　 sårig.
　　 Patient-the　lay　REFL　sore

スウェーデン語では、nontranslational motion である 'bend' を böja sig、さらに change in body posture である 'lie down' を lägga sig のように再帰動詞を用いて表現する。スウェーデン語の弱形再帰代名詞 sig も身体がそれほど強い影響を被るという制約を持たないため、(i)が可能になると思われる。

第4章　身体をめぐる再帰構文II
―移動様態動詞

英語およびドイツ語の移動様態動詞(verbs of manner of motion)である run, walk, rennen 'run', laufen 'walk/run' は、(1)のように方向をあらわす前置詞句と結びつくという点で(2)のような go/gehen や come/kommen のような本来的な移動動詞と共通性を示し、また(3)のように結果構文を形成できるという点で work/arbeiten のような行為動詞とも共通性を示す。移動様態動詞が持つこのような「二面性」はどのように扱えばよいだろうか。

(1) a. Peter ran/walked to the station.
    b. Peter rannte/lief zum Bahnhof.
       Peter ran/walked to–the station
(2) a. Peter went/came to the station.
    b. Peter ging/kam zum Bahnhof.
       Peter went/came to–the station
(3) a. Peter ran himself tired.
    b. Peter rannte sich müde.
       Peter ran REFL tired
(4) a. Peter worked himself tired.
    b. Peter arbeitete sich müde.
       Peter worked REFL tired

移動様態動詞は、本書のトピックである再帰構文とは無関係であると思われ

るかも知れないが、移動様態動詞を再帰動詞とみなす分析が提案されている。本章では、まず、4.1でこの分析を批判的に検討し、4.2では移動様態動詞に対するより適切な意味構造を提案する。さらにこの提案をもとに、英語にみられる The soldiers marched to the tents. という自動詞を含む文と The general marched the soldiers to the tents. という他動詞を含む文にみられるいわゆる勧誘行為交替(induced action alternation)を検討する。続いて4.3では日本語との比較をふまえて、英語やドイツ語における移動動詞には移動の際の様態(manner)が動詞の語義に融合(conflate)される傾向があるという Talmy(1985)の指摘について若干の考察を加える。4.4は本章のまとめである。

ところで Levin(1993: 264f.)は、英語における移動様態動詞を次の2つのクラスに分類している。

(5) a. amble, clamber, climb, crawl, creep, float, fly, gallop, glide, hop, jog, jump, march, meander, leap, run, skip, swim, walk, zigzag...
   b. bounce, drift, drop, float, glide, roll, slide, swing...

(5a)は人間を含めた生物の移動様態をあらわし、(5b)は無生物の移動様態をあらわす。(5a)は動作主を主語に持つ非能格動詞ということになるが、本章では、おもに(5a)の移動様態動詞、およびこれらに意味的にほぼ対応するドイツ語の移動様態動詞を扱うことにする。

4.1　移動様態動詞は再帰動詞か？

影山(2000)は、(6a)に対して(6b)のような使役的かつ再帰的な意味構造を想定している。

(6) a.　The horse jumped.

b. ［ x_i ACT<jumping manner> ］CAUSE ［ x_i MOVE ［ $_{Path}$ ］］

(影山 2000: 50)

この分析によれば、(6a)の jump は概略、「主語 x はジャンプをするという行為により、自分自身の身体をある場所に移動させる」という意味を持つことになる。影山(2000)によれば、(6a)に(6b)の意味構造を想定することにより、(7a)のような他動詞を含む文との交替が扱える。この交替は、Levin (1993)などにおいて勧誘行為交替(induced action alternation)と呼ばれており、(8)の動詞がこの交替を示すとされている。

(7) a. The jockey jumped the horse (over the fence).
 b. ［ x ACT<jumping manner> ］CAUSE ［ the horse MOVE ［ $_{Path}$ ］］
   ↓
  the jockey   (影山 2000: 50)

(8) canter, drive, gallop, jump, leap, march, race, run, swim, trot, walk

(Levin 1993: 31)

(6b)では使役者と被使役者は同一指示の関係にある。影山によれば、ACT の主体である使役者が統語上の主語として具現し、その主語によって「語彙的に束縛され」た MOVE の主体、つまり被使役者は統語的には具現しないという。これに対して(7b)では、使役者と被使役者の同一指示関係がはずれている。(7a)には、騎手と馬は一緒に移動するという意味的制限があるとされるが、影山によれば、この点も(6b)から(7b)へのシフトによって説明される。本来は同一指示の関係にあった使役者と被使役者が分離するのだから、その同一指示関係は騎手と馬との「一体性」に引き継がれることになるという。

勧誘行為交替に対するこの分析は、本章冒頭において指摘した移動様態動詞の二面性に対しても説明を与える。この分析にしたがうと、例えば(9)の動詞は本来的に使役の意味を含む(6b)に準じた概念構造を持ち、(10)の前

置詞句は(6b)における [_Path_] が具現したものとみなすことができる。また(11)の結果構文は、(6b)における使役の意味を基盤として形成され、概略、[x_i BECOME AT-STATE] のように表示される結果句を含む部分が(6b)における [x_i MOVE [_Path_]] の代わりに具現していると分析されるだろう。

(9) a. He ran/jumped/walked.
  b. Er rannte/sprang/lief.
    He ran/jumped/walked
(10) a. He ran/walked to the station.
  b. Er rannte/lief zum Bahnhof.
    He ran/walked to-the station
(11) a. He ran/walked himself tired.
  b. Er rannte/lief sich müde.
    He ran/walked REFL tired

しかし、3.1でも指摘したことであるが、英語と異なり、ドイツ語やオランダ語では勧誘行為交替は許されない。英語の他動詞文(12)に対応するドイツ語の(13)ならびにオランダ語の(14)は不可能であり、また(8)の canter, gallop, swim, trot に対応するドイツ語の動詞 kantern, galoppieren, schwimmen, traben ならびに gallop, swim, trot に対応するオランダ語の動詞 galopperen, zwemmen, draven を使役の意味を持つ他動詞として用いることはできない。

(12) a. The trainer jumped the horse over the fence.
  b. The psychologist ran the mouse through the maze.
  c. The general marched the soldiers to the tents.
(13) a. *Der Trainer sprang das Pferd über den Zaun.
  b. *Der Psychologe rannte die Maus durch den Irrgarten.
  c. *Der General marschierte die Soldaten zu den Zelten.

(14) a. *De trainer sprong het paard over de heining.
　　b. *De psycholoog rende de muis door de doolhof.
　　c. *De generaal marcheerde de soldaten tot de tenten.
(15) a. *Er kanterte/galoppierte das Pferd durch den Wald.
　　　　 He cantered/galloped the horse through the forest
　　b. *Er schwamm das Pferd über den Fluss.
　　　　 He swam the horse across the river
　　c. *Er trabte das Pferd über die Wiese.
　　　　 He trotted the horse over the pasture
(16) a. *Hij galoppeerde het paard door het bos.
　　　　 He galloped the horse through the forest
　　b. *Hij zwom het paard over de rivier.
　　　　 He swam the horse across the river
　　c. *Hij draafde het paard over de weide.
　　　　 He trotted the horse over the pasture

また、影山(2000)の分析では、(6b)におけるMOVEの主体x_iは主語の身体を指示するが、このx_iは「語彙的に束縛され」ているために再帰代名詞として統語的に具現しない。一方、第2章ならびに第3章の議論から明らかなように、ドイツ語においては「主語の身体」を指示する弱形再帰代名詞が存在するため、ドイツ語の移動様態動詞においてはこのMOVEの主体x_iが再帰代名詞として具現することが期待されるだろう。しかし、ドイツ語においてもMOVEの主体x_iを形態的に具現している(17)は容認されない。

(17) a. Er sprang (*sich) auf den Boden.
　　　　 He jumped REFL onto the ground
　　b. Er rannte (*sich) zum Bahnhof.
　　　　 He ran REFL to-the station

c. Er lief   (*sich) ins   Zimmer.
   He walked/ran REFL into-the room

これらの点は、移動様態動詞を含む(6a)に(6b)のような使役の意味構造を想定するアプローチが普遍的妥当性を持ちにくいことを示唆している。とりわけ勧誘行為交替という現象が(6a)に(6b)の概念構造を想定する重要な論拠なのであるから、勧誘行為交替を示さない言語の存在により、移動様態動詞に使役の意味構造を想定する根拠は希薄になってしまうと思われる。

　影山(2000)と同様に、脱再帰化(dereflexivization)という観点から勧誘行為交替を詳細に分析している丸田(1998)は、(18)と(19)の交替についても同様の観点を導入する。乗り物による主語の移動をあらわす(18)に対して、(19)では車や飛行機などの乗り物を運転ないし操縦する動作主が主語として、また乗り物に乗って移動させられる人間が直接目的語として具現している。

(18) She drove/flew/cycled/ferried/boated/sailed/motored to New York.
（Pinker 1989: 131）
(19) Captain Mars drove/flew/cycled/ferried/boated/sailed/motored her to New York.　　　　　　　　　　　　　　　　　　（丸田 1998: 194）

丸田(1998)は、(18)には(20)の概念構造を、また(19)には(21)の概念構造を付与する。

(20) [[x DO AN ACT OF VOL][1] INITIATE [x DRIVE/...]] CAUSE
     [BECOME [x AT–z]]　　　　　　　　　（丸田 1998: 195）
(21) [[x DO AN ACT OF VOL] INITIATE [x DRIVE/...]] CAUSE
     [BECOME [y AT–z]]　　　　　　　　　（丸田 1998: 195）

(20)では、概略、主語 x が運転などの行為を行うことにより、x 自身をある

場所zまで移動させるという再帰的な概念構造が示されている。また(21)では、再帰的かつ使役的な概念構造(20)にみられる使役者と被使役者の束縛関係がはずれており、xが運転などの行為を行うことによりyをある場所zまで移動させるという概念構造が示されている。ここで注目したいのは、勧誘行為交替が認められないドイツ語においても、(18)と(19)にみられる交替現象は存在することである。

(22) a. Sie　　　fuhr/flog/ruderte/segelte nach New York.
　　　　She-NOM drove/flew/rowed/sailed to 　New York
　　b. Kapitän Mars　　fuhr/flog/ruderte/segelte sie　　nach New York.
　　　　Captain Mars-NOM drove/flew/rowed/sailed her-ACC to　New York

また、(19)および(22b)における他動詞には例外なく、主語によって統御される「乗り物」を目的語として選択する用法が存在する。

(23) a. She drove a car to New York.
　　b. She flew a plane to New York.
　　c. She rowed a boat to New York.
　　d. She sailed a yacht to New York.
(24) a. Sie　fuhr　ein　Auto　nach New　York.
　　　　She　drove　a　car　to　　New　York
　　b. Sie　flog　eine　Maschine nach New York.
　　　　She　flew　a　　plane　to　　New York
　　c. Sie　ruderte　ein　Boot　nach New York.
　　　　She　rowed　a　　boat　to　　New York
　　d. Sie　segelte　eine　Jacht　nach New York.
　　　　She　sailed　a　　yacht　to　　New York

OEDならびにPaulのDeutsches Wörterbuchの記述に示されるように、例

えば fly および fliegen 'fly' という動詞は、「翼を使って鳥が飛ぶ」という自動詞用法が歴史的に最も古く、そこから(23b)(24b)のような人間が操作可能な対象を目的語とする使役的な意味を持つ他動詞形が派生され、さらにそこから(19)(22b)にみられる人間を目的語とする他動詞形が派生されたと考えられる。つまり、これらの使役的な意味を持つ他動詞は自動詞からの派生形であり、(18)の移動様態動詞の本来的な意味として再帰的かつ使役的な意味構造(20)を想定し、その再帰化がはずれることにより(19)のような他動詞を派生させる分析は歴史的事実に合致していないことになる。

結局、勧誘行為交替においても、「乗り物」による移動をあらわす動詞にみられる交替においても、移動様態動詞を本来的に再帰動詞と分析する必然性は認めにくく、移動様態動詞には再帰性ならびに使役の意味を含まない意味構造を付与する必要があることになる。次節では、移動様態動詞の意味構造を議論する。

4.2　移動様態動詞の意味構造と勧誘行為交替

本節では、移動様態動詞の意味ないし概念構造として、次の(25)を提案する。ここでは移動する主体を x とする。

(25)　[x MOVE<manner> [Path]]

(25)が前節で検討した分析と異なるのは、移動様態動詞は本来的に移動の意味を持ち、さらに <manner> の部分に主語の「意図性」を中心とする「行為性」が含まれていると考えている点である[2]。すなわち、移動様態動詞を移動と行為の両方の意味を含むハイブリッドな動詞とみなしているわけであるが、本章冒頭で指摘した移動様態動詞の特性、すなわち(26)のように移動様態動詞に方向をあらわす前置詞句を付加できること、ならびに(27)のように結果構文を形成できることの2つは(25)から単純に説明される。(26)の前置詞句は(25)における [Path] の具現であり[3]、また(27)の結果構文は

(28)に示すように、(25)において <manner> と表示される動詞の行為性を基盤とし、さらに使役の意味および結果述語を付加するという操作により形成される。

(26) a. Peter ran/walked to the station.
  b. Peter rannte/lief zum Bahnhof.
   Peter ran/walked to-the station
(27) a. Peter ran himself tired.
  b. Peter rannte sich müde.
   Peter ran REFL tired
(28) [x_i MOVE<manner>] CAUSE [x_i BECOME AT-STATE]

また、移動様態動詞においては、(25)の MOVE と <manner> のどちらかに意味的焦点があると考えられる。つまり、ある動詞では移動の意味が顕著になり、またある動詞では様態ないし行為の意味が顕著になる。ドイツ語において移動に意味的焦点がある動詞としては、rennen 'run', laufen 'run/walk', schwimmen 'swim', springen 'jump' などがあり、行為ないし様態に焦点がある動詞には robben 'crawl', hangeln 'make one's way hand over hand', schleichen 'creep', trollen 'toddle', flüchten 'escape/take refuge' などがある。移動に意味的焦点を持つ最初のクラスは、「走る」「歩く」「泳ぐ」「跳ぶ」などのように日本語にも対応する動詞を持つ。また、このクラスの動詞は、(29)にみるように、主語の移動をあらわす際に弱形再帰代名詞が生起すると不自然な文になる[4]。このことは、これらの動詞が「自分の身体をある場所に移動させる」という使役の意味構造を用いることなく、容易に主語の移動を表現できることを示している。

(29) a. Er sprang (*sich) auf den Boden.   (= 17a)
   He jumped REFL onto the ground

b. Er rannte (*sich) zum Bahnhof. (= 17b)
   He ran REFL to-the station
c. Er lief (*sich) ins Zimmer. (= 17c)
   He walked/ran REFL into-the room

これに対して、行為ないし様態に焦点がある動詞を用いて主語の移動を表現する場合には、(30)にみるように再帰代名詞の生起を許すことがある。

(30) a. Er robbt (sich) durchs Gebüsch. (Kunze 1995: 23)
     He crawls REFL through-the clump-of-bushes
   b. Er hangelt (sich) über den Fluss.
     He makes-his-way-hand-over-hand REFL over the river
     (Kunze 1995: 23)
   c. Er schleicht (sich) aus dem Zimmer. (Kunze 1995: 23)
     He creeps REFL out-of the room

(30)において再帰代名詞が生起しない場合、これらの動詞は(29)の場合と同様に(25)の意味ないし概念構造を持つものとして扱われているのに対し、再帰代名詞が生起した場合、これらの動詞は(31)の arbeiten 'work' などの行為動詞と同様の意味を持つものとして扱われている[5]。(31)の動詞は、概略 [x ACT] という意味を持ち、移動の意味を含まない。これらの行為動詞を用いて主語の(比喩的)移動をあらわそうとする場合、(32)のように使役の意味構造を付加する必要があり、その場合、(32)における MOVE の意味上の主語である x_i は再帰代名詞として具現しなければならない[6]。

(31) a. Er arbeitet *(sich) nach oben.
     He works REFL upwards
   b. Er kämpft *(sich) durch die Menschenmenge.
     He fights REFL through the crowd-of-people

c. Er bettelt *(sich) durchs Land.
　　He　begs　REFL　through-the　country
(32) 　[x_i ACT] CAUSE [x_i MOVE [_Path]]

(30)の動詞が再帰代名詞を伴って使役の意味構造にも用いられるということは、これらの動詞における行為性が(29)の動詞よりも強いことを示していると考えられる。
　さて、移動様態動詞に(25)の意味構造を想定する分析によれば、英語における(33)の他動詞は使役化により自動詞から派生され、それらはおおよそ(34)の意味構造を持つことになる。

(33) a.　The trainer jumped the horse over the fence.　　(＝12a)
　　 b.　The psychologist ran the mouse through the maze.　(＝12b)
　　 c.　The general marched the soldiers to the tents.　　(＝12c)
(34)　　[x ACT] CAUSE [y MOVE<manner> [_Path]]

前節で(33)に対応するドイツ語の文は容認されないことをみたが、いわゆる非能格動詞の使役化については英独間で同様の相違がみられることが多い。(35a)から(40a)にみられる英語の他動詞用法は、対応するドイツ語の動詞には存在しない。(33)の他動詞用法についても、英語には存在するが、ドイツ語では許容されにくい「自動詞(もしくは非能格動詞)の使役化」というパターンに基づいて形成されていることになる。

(35) a.　We grow our own vegetables.
　　 b.　*Wir wachsen unser eigenes Gemüse.
(36) a.　The coach worked us really hard this week.
　　 b.　*Der Trainer arbeitete uns diese Woche recht hart.
(37) a.　The doctor bled the patient.　(Levin and Rappaport Hovav 1995: 116)
　　 b.　*Der Arzt blutete den Patienten.

(38) a. The nurse burped the baby. (Levin and Rappaport Hovav 1995: 115)
　　b. *Die Krankenschwester rülpste das Baby.
(39) a. We beamed/shone the flashlight.
　　　　　　　　　　　　　　　　　(Levin and Rappaport Hovav 1995: 115)
　　b. *Wir strahlten/leuchteten die Lampe.
(40) a. Salt air rusted the metal pipes. (Wright 2002: 340)
　　b. *Salzige Luft verrostete die Metallrohre.

影山(2000)は、本書と同様に勧誘行為交替を自動詞の使役化により扱うBrousseau and Ritter(1991)の分析を批判している。影山が使役化分析を退けるのは、1)talk, study, playなどの非能格動詞まで使役化できるという誤った予測をする、2)多くの場合、着点が必要とされることが説明できない、3)多くの場合、主語と目的語が一緒に移動するという「随伴」の意味が生じることが説明できない、という理由による。また勧誘行為交替を脱再帰化により分析する丸田(1998)も、勧誘行為交替を自動詞の使役化とみなすLevin and Rappaport Hovav(1995)の分析を批判する。丸田は、彼女たちの分析では、1)jumpやmarchのような一部の動詞にのみ勧誘行為交替がみられ、例えば(41)の移動様態動詞は交替を示さないことが説明できない、2)使役の意味を持つ他動詞主語が人間動作主に限定され、(42)のように道具や原因が許されないことが扱えない、と指摘する[7]。以下、使役化分析に対する彼らの批判を検討していくことにする。

(41) Laura*ambled/*bounded/*cavorted/*climbed/*crawled/*dashed/?hastened/*inched/?jogged/*meandered/*plodded/*romped/*scrambled/*scurried/*shuffled/*staggered/*tramped/*raveled/*waddled/*zoomed her friend to her door.　　　　　　　　　　　　　　　　(Tenny 1995: 211)
(42) a. *The tear gas marched the soldiers to the tents.
　　b. *The lightening jumped the horse over the fence.
　　　　　　　　　　　　　　　　　(Levin and Rappaport Hovav 1995: 112)

ところで、Jackendoff(1990: 150f.)や鷲尾(1997: 81)などで指摘されているように、いわゆる語彙的使役動詞と let や make などの使役動詞を用いた迂言的使役構文の重要な相違として、前者においては使役者が被使役者に対して「直接的」な行為を行い、ある結果をもたらさなければならないという点がある。さらに Pinker(1989: 133)が "... there are no verbs that mean to cause someone to rejoice, cry, shout, drink, talk or sleep. It is as if such events are inherently noncausable directly by an external agent, since they involve an inherent internal cause that must mediate any effect of an external agent." と述べているように、内在的な原因(inherent internal cause)を含む出来事をあらわす動詞は語彙的使役になじまない。(43)のように動作主を主語に持つ典型的な非能格動詞が使役の意味を持つ他動詞用法を持たないのは、そのあらわれである。動作主は典型的には自ら行為を行う人間であるが、他動詞主語として具現する使役者がその動作主に直接的な行為を行い、被使役者となる動作主の行為を統御する状況は語彙的な使役動詞が表現できる範囲を超えているからである。

(43) a. *John laughed/smiled/cried Mary.　　　　　　　　(鷲尾 1997: 81)
　　 b. *Dieter lachte/lächelte/weinte Marie.
　　　　 Dieter laughed/smiled/cried Marie

また Dixon(1991: 294f.)は、語彙的な使役動詞を含む(44a)と make を用いた迂言的使役をあらわす(44b)の相違として、後者では例えば犬が歩こうとしないといった被使役者からの妨害(impedance)が認められる状況を記述すると指摘している。これに対して、(44a)のように語彙的な使役動詞が用いられる場合には「克服すべき妨害はなく」(no hint of an impedance which has to be overcome)、被使役者は使役者の「行為によって最も顕著に影響される」(most saliently affected by the activity)という。

(44) a. John walked the dog in the park.
　　 b. John made the dog walk in the park.　　　　　(Dixon 1991: 294)

　ところで 3.1 でも触れたように、ドイツ語における移動様態動詞は方向をあらわす語句の有無に関わらず受動化を許す。

(45) a. Gestern　 wurde　gerannt/gelaufen/geschwommen.
　　　　Yesterday　was　 run/walked/swum
　　 b. weil　aus Umweltgründen　　　nicht　mehr　ans　Ufer
　　　　since　for　reasons–of–environment　not　more　to–the　shore
　　　　geschwommen　werden　darf　　　　(Fanselow 1992: 283)
　　　　swum　　　　　be　　　may
　　　'since you may not swim to shore for environmental reasons'

Wunderlich (1997: 6) が指摘するように、ドイツ語における非人称受動文は、抑制される外項によって統御可能 (controllable) である出来事をあらわす場合に形成可能であるとされている。(45) のように、移動様態動詞から受動文が形成できることは、その主語は移動という出来事を統御していることを示している。また、(43) でみたように、英語やドイツ語では、やはり出来事を統御する動作主を主語に持つ行為動詞ないし非能格動詞は使役化に馴染まない。すると、ドイツ語における移動様態動詞が勧誘行為交替を示さないのは Pinker が指摘している一般的制約にしたがっているとみなすことができるのに対し、英語ではいわば無理矢理に移動様態動詞を使役化していることになる。本節では、英語の勧誘行為交替にみられる特性のほとんどが、被使役者には「克服すべき妨害」はなく、また被使役者は使役者の行為に「最も顕著に影響される」という語彙的使役動詞に課せられる制約から説明できることを主張する。

　まず、なぜ (46) の移動様態動詞のみが使役的な意味を持つ他動詞を持ち、talk, study, play などの非能格動詞が他動詞化できないのかを考えてみよう。

(46)　canter, drive, gallop, jump, leap, march, race, run, swim, trot, walk　　(＝ 8)

丸田(1998: 9)では、語彙的使役動詞の「雛形」として(47)が提案されている。

(47)　［x ACT on y］CAUSE［BECOME［y STATE/AT–PLACE］］

(47)は概略、語彙的使役動詞は使役者(x)、被使役者(y)、結果(STATE/PLACE)の3項を含んでいなければならないことを示している。しかし、talk, study, play のような非能格動詞は結果(STATE/PLACE)の意味を含まず、したがって他動詞用法を持たないと考えられる。
　また、(46)の動詞 jump, run, swim, walk は日本語にも対応する単一の動詞があり、本章の分類にしたがえば移動に意味的焦点がある移動様態動詞といえる。これに対して交替を示さない(41)の動詞のほとんどは対応する単一の動詞が日本語に見当たらず、行為ないし様態に意味的焦点がある動詞であると思われる。つまり、(41)の動詞は(46)の動詞に比べて(Pinker が指摘する)内在的な原因(inherent internal cause)を含む出来事をあらわしており、したがって(41)の動詞があらわす複雑な移動様態は他人には統御しにくくなる。例えば、英語における amble, bound, climb という動詞で表現される様態を他人である使役者が統御することは考えにくい。移動様態が特殊ないし複雑になると、移動の主体が持つ独立性は高くなり、他者から「最も顕著に影響される」ことは考えにくくなるわけである。
　また(46)にあげられている動詞のうち、canter, gallop, trot は動物の移動様態をあらわすものであり、また(33a, b)の他動詞 jump, run の目的語もやはり動物である。さらに人間を目的語とする march の他動詞の例(33c)では、使役者は将軍、被使役者は兵隊であり、またやはり march が用いられている(48)の被使役者は服役者である。

(48) He marched the prisoners to the guardroom.

(Huddleston and Pullum 2002: 307)

　いずれの場合も被使役者は使役者の指示にしたがう存在であり、被使役者の行為は使役者によって統御可能であることが語用論的に保証されている。このため被使役者からの「妨害」が生じる可能性が少なくなり、やはり語彙的使役動詞があらわす状況に合うことになる。さらに、(42)にみたように、他動詞主語が原因や道具であってはならないことも同様に説明できる。移動の主体が動物や人間といった生物であるならば、それらの行為ないし移動を制御し、「妨害」を抑える資格を持つのは人間に限られるからである。

　さらに、多くの場合に着点ないし方向をあらわす前置詞句が必要とされることも、(47)に示した語彙的使役動詞の一般的な意味から扱えるだろう。前置詞句が付加されることにより目的語の移動がより明確になると、その移動主体は被使役者として把握されやすくなり、その結果、主語に立つ使役者がより容易に被使役者を統御できるようになると思われる。ただし、しばしば指摘されるように、英語における移動様態動詞の他動詞用法には方向をあらわす前置詞句が表面上不可欠というわけでもなく、また動詞もしくは文によりその必須性は異なっている。

(49) a. ?? The general marched the soldiers.
　　 b. ? The rider jumped the horse.
　　 c. * We ran the mouse.

(Levin and Rappaport Hovav 1995: 111)

　この前置詞句の必須性も、被使役者からの「妨害」がなく、使役者が被使役者の行為をどれほど統御できるか、という点と関連しているように思われる。すなわち、使役者が被使役者の行為を統御しやすければしやすいほど、前置詞句は必須ではなくなり、逆に使役者が統御しにくい場合には前置詞句を付加することにより被使役者の「移動」を前面に出し、本来は動作主性

を備える被使役者を移動の「対象」に近づける必要が生じると考えられる。例えば(49b)では、騎手は馬に乗っているため馬の行為を統御しやすく、その結果として前置詞句を削除しやすくなると考えられるのに対して、(49c)では主語はネズミに乗っているわけではない。この場合は被使役者を移動の「対象」に近づけるために前置詞句が必須になると考えられる。

　では、しばしば指摘される随伴の意味はどのように扱うことができるだろうか。すでにみたように、勧誘行為交替に対する影山(2000)や丸田(1998)の分析では、この随伴の意味は再帰化がはずれることにより派生される。ただし、この随伴の意味もすべての他動詞文に認められるわけではないことにも注意したい。例えば(50a)では、騎手は馬に乗っているために両者が一緒に移動することは必然的であり、また(50b)でも将軍は兵隊と一緒に行進しなければならず、(50c)もジョンと犬が一緒に歩いている状況を記述する。これに対して(50a)と同様に jump が用いられている(50d)では、主語はライオンに乗っている必要はなく、また(50e)では主語と目的語は一緒に移動するわけではない。

(50) a. The jockey jumped the horse over the fence. 　　(= 7a)
　　 b. The general marched the soldiers to the tents. 　(= 12c)
　　 c. John walked the dog in the park. 　　　　　　　(= 44a)
　　 d　The trainer jumped the lion through the hoop.
　　　　　　　　　　　　　　　　　　　(Brousseau and Ritter 1991: 63)
　　 e. The psychologist ran the mouse through the maze. 　(= 12b)

すると、勧誘行為交替を示す他動詞において、随伴という条件は必ずしも必須なものではなさそうである。むしろ、Folli and Harley(2006: 146)が指摘するように、使役者が行う「使役的行為」と「目的語の移動」という2つの出来事が同時的(cotemporaneous)でなければならない点に着目すべきであると思われる。

(51) a. The boy jumped the action figure across the table.
　　 b. Sue ran the car into the wall.
　　 c. John danced the puppet across the stage.

(Folli and Harley 2006: 146)

Folli and Harley(2006)によれば、(51)の各文における使役者は目的語と一緒に移動している必要はなく、例えば(51a)では使役者である少年はアクションフィギュアを手に持って動かしており、また(51b)でもスーはおもちゃの車を手に持っているという。さらに(51c)ではジョンが糸を使って人形を操作している状況が想定されるという。しかし、使役者が行うこれらの行為と目的語の移動は時間的にオーバーラップしていなければならない。さて、この「使役的出来事と目的語の移動は同時的でなければならない」という制約も、語彙的使役動詞に課せられる一般的制約から導くことができると思われる。(52a)のような勧誘行為交替に参加する移動様態動詞の主語は意図性を持った動作主であり、通常はこの動作主が移動の開始と終了を決定し、移動という出来事の進行を統御する。しかし、すでにみたように、(52b, c)のような動作主が被使役者となる状況は語彙的使役動詞が記述できる範囲を超えている。したがって本来的には、移動という出来事を統御する動作主と、使役者が単一の動詞の項として共起することは許されないはずである。すでにみたように、ドイツ語やオランダ語において勧誘行為交替が許されないのは、この原則にしたがっているからである。

(52) a. Mary ran/jumped/marched.
　　 b. *John laughed/smiled/cried Mary. 　(= 43a)
　　 c. *Dieter lachte/lächelte/weinte Marie. 　(= 43b)

そこで、移動様態動詞を使役化するには、移動様態動詞の主語に含まれる意味から(移動という出来事を統御する)「意図性」を剥奪し、移動の進行に関する権限を使役者に委ねる必要が生じる。つまり、(53)では、本来は目的

語により表示される人間ないし生物自らの意志により開始ならびに進行するはずの移動という出来事を、使役者の意志と統御に委ねていると考えられる。ここで目的語の移動の進行を統御しているのは使役者であり、使役者の何らかの行為と目的語の移動は時間的にオーバーラップすることになる。

(53) a. The jockey jumped the horse over the fence. (= 7a)
　　 b. The psychologist ran the mouse through the maze. (= 12b)
　　 c. The general marched the soldiers to the tents. (= 12c)
　　 d. John walked the dog in the park. (= 44a)

そして、(53c, d)などのように、使役者と目的語(ないし被使役者)が一緒に移動するという状況においても、やはり使役者が移動の進行を統御している。ここでも移動という出来事の開始や進行を決定しているのは目的語で表示される被使役者ではなく、使役者である。結局、(53c, d)などにみられる随伴の意味は、もともとは出来事の開始と進行を統御する動作主を主語に持つ移動様態動詞を使役化する際に、副次的に生じるものであると思われる[8]。

　本節では移動様態動詞の意味構造を提案し、さらに英語にみられる移動様態動詞の他動詞用法は自動詞からの使役化によって派生されることを主張した。移動様態動詞は、移動の意味が顕著なものと様態ないし行為の意味が顕著なものに分けられるが、英語において勧誘行為交替を示す動詞は前者のタイプである。また、移動様態動詞の他動詞主語は人間でなければならないという選択制限、方向をあらわす前置詞句の存在、ならびに随伴の含意は語彙的使役動詞に課せられる一般的制約から導かれることを指摘した[9]。

4.3　様態の「融合」とドイツ語の特性

本節では、Talmy(1985)の移動動詞に関する有名な類型を出発点として、ドイツ語の移動動詞にみられる「特質」について議論する。

よく知られているように、Talmy(1985)は移動という事象を、移動物(figure)、移動の経路(path)、経路を規定する参照点(ground)、移動の様態(manner)ないし原因(cause)に分解し、これらのどの要素が移動動詞に語彙化されるかという観点から言語の類型化を行っている。Talmyはおもに3つのパターンを指摘しているが、英語やドイツ語では、様態が移動動詞に融合(conflate)される点に特徴があるという。例えば(54)における動詞 slide, roll, bounce には主語もしくは目的語が移動する際の様態の意味が含まれており、Talmyはこの様態の融合を(55)のように図示している。ドイツ語にも、(55)のパターンを示す(56)のような移動様態動詞が数多く存在する。

(54) a. The rock slid/rolled/bounced down the hill.
　　 b. I slid/rolled/bounced the keg into the storeroom.

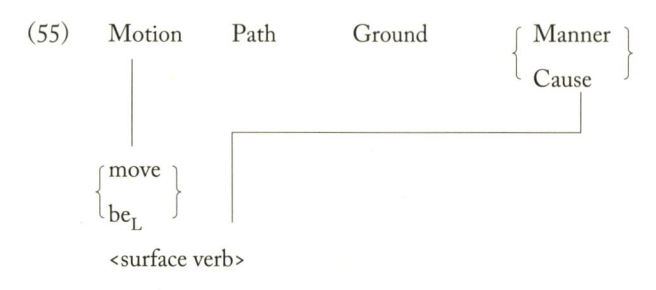

(Talmy 1985: 62)

(55) Motion　Path　Ground　$\begin{Bmatrix} \text{Manner} \\ \text{Cause} \end{Bmatrix}$

　　　　$\begin{Bmatrix} \text{move} \\ \text{be}_L \end{Bmatrix}$

　　　　<surface verb>

(Talmy 1985: 62)

(56) flanieren 'stroll ぶらつく'、galoppieren 'gallop ギャロップで走る'、hangeln 'make one's way hand over hand 手でぶら下がりながら移動する'、hinken 'limp 片足を引きずりながら歩く'、hoppeln 'hop ピョンピョン跳ぶ'、hopsen 'jump/hop ぴょんと飛ぶ'、humpeln 'hobble/limp 片足を引きずりながら歩く'、hüpfen 'hop ピョンピョン跳ぶ'、huschen 'scurry さっと通り過ぎる'、klettern 'climb よじ登る'、kraulen 'crawl クロールで泳ぐ'、latschen 'trudge だらだら・だらしなく歩く'、paddeln 'paddle カヌーで漕いで行く'、pesen 'dash 急いで行く'、preschen 'tear/dash 急ぐ'、radeln 'cycle 自転車で行く'、rasen 'dash/rush

猛スピードで走る'、reiten 'ride 馬で行く'、rodeln 'sledge そりで滑る'、rollern 'ride a scooter スクーターで行く'、rudern 'row ボートで行く'、schleichen 'creep こっそり歩く'、schlendern 'stroll ぶらぶら歩く'、schlüpfen 'slip するりと出る'、schreiten 'stride 大またで・ゆっくり歩く'、schweifen 'wander/roam さまよう'、sprengen 'gallop 馬で疾駆する'、sprinten 'sprint 全速力で走る'、spurten 'spurt スパートをかける'、staken 'punt 棹を使って行く'、staksen 'teeter ぎこちない足取りで行く'、stapfen 'tramp（雪の中を）大きな歩調でゆっくり歩く'、stiefeln 'stride 大股で歩く'、stolzieren 'strut 威張って歩く'、streifen 'roam 歩き回る'、strolchen 'roam/wander うろつき回る'、stromern 'roam/wander うろつく'、tänzeln 'skip 踊りはねて行く'、tippeln 'walk てくてく・ちょこちょこ歩く'、traben 'trot 急いで行く'、trecken 'trek 隊列を組んで移動する'、trollen 'toddle ぶらぶら行く'、trotten 'trudge のろのろと歩いて行く'、wandern 'wander 歩き回る'、waten 'wade 水の中を歩く'、watscheln 'waddle よたよたと歩く'、zotteln 'saunter/amble ぶらぶら歩く'、zuckeln 'saunter/amble のろのろと進む'

Talmy が指摘する2つ目の語彙化のパターンは、経路の意味が動詞に融合されるというものであり、スペイン語がその代表例とされる。Talmy(1985: 68f.)によれば、このタイプの言語において移動の様態を同一文中に表現しようとする場合、例えば(57)のように分詞を用いる必要がある[10]。

(57) a. La   botella entró   a la   cueva (flotando).
        The bottle moved–in to the cave floating
       'The bottle floated into the cave.'   (Talmy 1985: 69)
    b. Metí   el barril a la   bodega   rodandolo.
       I moved–in the keg to the storeroom rolling it
       'I rolled the keg into the storeroom.'   (Talmy 1985: 70)

また、(56)におけるドイツ語の動詞を日本語に訳出する場合には副詞や複合動詞を用いる必要があり、日本語には移動様態動詞が少ないことがわかる。松本(1997: 143)によれば、日本語の移動様態動詞は(58)のような移動の際に必要となる身体の動きを表現するものに限られる。

(58) 歩く、走る、駆ける、這う、滑る、転がる、跳ねる、舞う、泳ぐ、飛ぶ、潜る、流れる、急ぐ

このようなことから、ゲルマン語には移動様態動詞が多く、ロマンス語ならびに日本語には移動様態動詞が少ないという一般化が可能になるように思える(Wienold 1999、影山・由本 1997)。しかし、(57)では flotar 'float' および rolar 'roll' が分詞として用いられていることから明らかなように、スペイン語にも「漂う」「転がる」を意味する移動様態動詞が存在することに注意しなければならない。さらに松本(2003)が指摘するように、スペイン語と同じ振る舞いをすることが期待されるフランス語にも数多くの移動様態動詞が存在する[11]。

(59) bondir 'jump/leap 跳ぶ'、bouler 'roll(球のように)転がる'、courir 'run 走る'、s'élancer 'dash 突進する'、foncer 'charge 急いで行く'、glisser 'glide/slip 滑る'、marcher 'walk 歩く'、rouler 'roll/run 転がる'、se ruer 'dash 飛びかかる'、sauter 'jump 跳ぶ'、trotter 'trot 小走りに行く'、trottiner 'scurry(馬・ロバが)小走りに走る'、voler 'fly 飛ぶ'、barboter 'dabble(人や動物が水や泥の中を)動き回る'、boiter 'limp 足をひきずる'、chanceler 'stagger(疲労・酔いなどで)足がふらつく'、clopiner 'hobble 足を引きずって歩く'、couler 'flow 流れる'、déambuler 'wander 散歩する、そぞろ歩く'、dériver 'drift コースをはずれる、流される'、flotter 'float 浮かぶ'、galoper 'gallop ギャロップで駆ける'、gambader 'gambol 跳ね回る'、se hâter 'hurry 急ぐ'、nager 'swim 泳ぐ'、parader 'parade 気取って歩く'、planer 'glide 滑空する'、rôder 'prowl 徘徊する'、

tituber 'stagger ふらつく'、vaguer 'wander 彷徨する'、voleter 'flit(小鳥・蝶が)ひらひら飛び回る'、voltiger 'flutter(虫・鳥が)飛び回る'

(松本 2003: 63)

このことから、移動様態動詞の数が多いことをドイツ語ないしゲルマン語の特性とみなすことは適切ではないことは明らかであり、ドイツ語ないしゲルマン語の移動動詞に関する特性を改めて問い直す必要が生じる。

本章では、移動様態動詞の概念構造として(60)を提案している。

(60)　[x MOVE<manner> [Path]]　　　(= 25)

ドイツ語や英語のみならず他の言語における移動様態動詞も(60)の概念構造を持ち、[Path] の具現形と共起することが期待されるわけであるが、実際、日本語の(61)とフランス語の(62)はこれらの言語における移動様態動詞が[Path] の具現形と用いられている例と考えることができる。

(61) a.　太郎は駅まで歩いた／走った。
　　 b.　花子は向こう岸まで泳いだ。
(62) a.　Ophélie a　　flotté　vers/jusqu'à　Hamlet.
　　　　Ophelia has floated toward/up to Hamlet

(French: Bouchard 1995: 191)

　　 b.　Marie a　　flotté　jusque dans　la　grotte.
　　　　Marie has　floated　as far as　　the　cave

(French: Bouchard 1995: 191)

　　 c.　Cendrillon a　　valsé　　jusqu'au　prince.
　　　　Cinderella has　waltzed　up to the　prince

(French: Bouchard 1995: 191)

また、Aske(1989)はスペイン語の flotar 'float' や cami 'walk' のような移動様

態動詞は概略 toward あるいは up to を意味する前置詞 hacia とは共起できると指摘している。ただし、この場合でも en dos horas 'in two hours' のような出来事が完結することを示す前置詞句とは共起できないという。

(63) a.　La　botella　flotó　　hacia　　la　cueva.
　　　　The　bottle　floated　towards　the　cave　　　　（Aske 1989: 3）
　　b.　Juan caminó hasta la　cima　（?*en dos horas）.
　　　　Juan walked　up–to the top　　in two hours　（Aske 1989: 7）

英語やドイツ語における移動様態動詞は(64)に示すように、in two hours や in zwei Stunden 'in two hours' のような前置詞句と共起可能であるため、Aske が指摘するように英語・ドイツ語とスペイン語の相違は移動様態動詞が出来事の完結を意味する前置詞句と整合するか否かという点に求められるように思えるかも知れない。一方、松本(1997: 188)などで指摘されているように、日本語の移動様態動詞は出来事の非完結性を示す「30分間」と出来事の完結性を示す「30分で」の両方と整合する。後者が用いられた場合、日本語の移動様態動詞においても「移動物が目標地点に到着する」ことは含意されることになる。したがって、移動様態動詞が出来事の完結を意味する前置詞句ないしそれに相当する語句と整合的か否かという点に関して、ドイツ語・英語と日本語には実質的な相違はみられないことになる。

(64) a.　He walked to the station in two hours.
　　b.　Er　lief/rannte　in　zwei　Stunden　zum　　Bahnhof.
　　　　He　walked/ran　in　two　hours　　to–the　station
(65) a.　ジョンは湖まで50分で歩いた。　　　　　　　　（松本 1997: 184）
　　b.　太郎は港まで｛30分間・30分で｝泳いだ。　　　（松本 1997: 188）
　　c.　ジョンは駅まで｛30分間・30分で｝走った。　　（影山編 2001: 64）

ところで Engelberg(2000: 81ff.)によれば、ドイツ語において結果状態

(Nachzustand)の継続時間は für eine Stunde 'for an hour' のような für 'for' を持つ前置詞句により表示され、また、(結果状態に至るまでの)出来事が継続する時間は eine Stunde lang '(lit.)an hour long' という副詞句により表示される。つまり、英語ではともに for an hour という前置詞句により表現されるこれら2種類の継続時間が、ドイツ語では異なる形式を用いて表現されるわけである。例えば「警察が道路を1時間閉鎖した」という出来事には結果状態が含まれているため、(66a)のように、結果の継続時間を明示する für eine Stunde '(lit.)for an hour' が生起できるが、「廊下を1時間掃除する」という出来事には結果状態が含まれないため、(66b)に für eine Stunde '(lit.) for an hour' は生起できない。この場合、(66c)のように eine Stunde lang '(lit.) an hour long' という副詞句を用いて「掃除する」という行為が継続する時間を明示する。

(66) a. Die Polizei sperrte die Straße für eine Stunde.
　　　 The police blocked the street for an hour
　　　　　　　　　　　　　　　　　　　　　　　　(Engelberg 2000: 82)
　　 b. ?? Sie putzte den Flur für eine Stunde. 　(Engelberg 2000: 82)
　　　　 She polished the floor for an hour
　　 c. Sie putzte den Flur eine Stunde lang.
　　　　 She polished the floor an hour long

このことをふまえ、次に(67)の文を比べてみよう。

(67) a. 太郎は5分間駅まで走った。
　　 b. Taro rannte für 5 Minuten zum Bahnhof, (und danach ging
　　　　 Taro ran for 5 minutes to-the station and then went
　　　　 er in die Stadt).
　　　　 he in the city

日本語の(67a)における「5分間」は、太郎が走るという移動様態を伴う行為を行った継続時間を示している。これに対して、ドイツ語の(67b)におけるfür 5 Minuten '(lit.)for 5 minutes' という前置詞句はある結果状態の継続時間を示すのであるから、(67b)は「太郎が駅まで走り、そこに5分間滞在した」という解釈を持つ。このことから(67b)の前置詞句には、概略、[x BE-AT]のように表示される意味が含まれることになる。ただし、英語やドイツ語では[x BE-AT]のような意味を持つ前置詞句が移動様態動詞と用いられた場合、(68)に示すように着点に到着するという位置変化の意味を持つことはできない。これらのことから、(67b)の前置詞句には、[x BE-AT]という「ある場所に留まっている」という意味のみならず、[BECOME]と表示される「ある場所からある場所へと変化する」という意味も含まれていることになる。

(68) a. They ran at the house.　　　　　　　　(Deane 1993: 112)
 　　　= They approached the house.
　　b. Peter rannte im   Park.
　　 Peter ran   in-the park–DAT
　　 'Peter ran in the park.'

ちなみに移動物が到着地点に一定の期間滞在するという解釈は、(67b)以外の動詞と前置詞においても可能である。

(69) a. Er sprang für 5 Minuten ins   Wasser.
　　 He jumped for 5 minutes   into-the water
　　b. Die Katze lief für 5 Minuten unter den Tisch.
　　 The cat   ran   for 5 minutes under the table–ACC
　　c. Der Spieler hinkte für 10 Minuten an den Spielfeldrand.
　　 The player   limped for 10 minutes to the edge-of-pitch

d. Er schlich für eine Stunde in ihr Zimmer.
　　He crept for an hour into her room

　一方、日本語では「5分間」のような一定の期間をあらわす副詞が、移動物が到着地点に滞在している期間をあらわすことができるのは「行く・来る・帰る・戻る」などの本来的な移動動詞に限られる。

(70) a. 太郎は5分間学校に行った／来た。
　　b. 太郎は1時間家に帰った／戻った。
　　c. 太郎は5分間2階に上がった。
　　d. 太郎は1時間下におりた。

このことから、ドイツ語の前置詞句は日本語の「行く・来る」のような移動動詞と同様、概略、［BECOME BE–AT］のように表示される意味を持ちうることがわかる。結局、ドイツ語と日本語における移動様態動詞の振る舞いに関する1つの重要な相違は、移動様態動詞そのものではなく、前置詞句ないしその相当語句にみられるわけである。すなわち、日本語の「まで」や(62)でみたフランス語の前置詞 jusque、(63)でみたスペイン語の前置詞 hacia という語句は移動様態動詞が持つ［$_{Path}$］という意味の具現形(の一部)とみなせるが、ドイツ語の前置詞句は移動様態動詞が持つ意味［MOVE］とは独立した、［BECOME BE–AT］のように表示できる意味を持ちうる。
　ドイツ語の前置詞句は動詞が持つ意味とは独立した意味を持つことが可能であり、さらにドイツ語には第3章で指摘した「出来事の一体化」(Event Coidentification)を許すメカニズムが備わっているのであれば、本来的には移動の意味を持たないような(71)および(72)の動詞も前置詞句を付加することにより主語の移動を表現できるようになることも説明できるであろう。(71)の動詞は本来的には主語の行為をあらわす動詞であり、(72)の動詞は音の放出をあらわす動詞であるが、これらの動詞に前置詞句が付加された(73)は主語の移動をあらわしている。(73)において、移動の意味を担って

いるのは動詞ではなく、前置詞句であるとみなさなければならない。

(71) demonstrieren 'demonstrate デモをする'、fegen 'sweep さっと通る'、grätschen 'straddle 開脚飛びをする'、jagen 'rush 疾走する'、keuchen 'pant 喘ぐ'、schießen 'shoot 勢いよく動く'、schwanken 'sway ふらつく'、schweben 'float 漂う'、stolpern 'stumble つまずく'、taumeln 'stagger よろめく'、toben 'charge 騒ぎ回る'、tollen 'romp はしゃぎ回る'、trampeln 'trample 足を踏み鳴らす'、trödeln 'dawdle ぐずぐずする'、wanken 'stagger 揺らぐ'、wirbeln 'whirl 旋回する'

(72) brausen 'roar ごうごうと音を立てる'、donnern 'thunder ごうごうと音がなる'、klappern 'rattle かたかた音を立てる'、klatschen 'slap ピシッと音を立てる'、poltern 'crash ごろごろ音を立てる'、plätschern 'splash ぴちゃぴちゃ音を立てる'、plumpsen 'fall with a bump どしんと落ちる'、prasseln 'rattle ぱらぱらと音を立てる'、quietschen 'squeak きぃときしむ'、rasseln 'clatter がらがら音を立てる'、rattern 'clatter がたがた音を立てる'、rauschen 'rush ざわざわ音を立てる'、rumpeln 'rumble がたがた音を立てる'、sausen 'whistle ひゅうひゅう鳴る'、schwirren 'buzz ぶんぶんと音を出す'、surren 'whirr ぶーんと音を立てる'、tosen 'roar とどろく'

(73) a. Er ist zum Bett getaumelt.
       He is to-the bed staggered
   b. Das Kind stolpert seiner Mutter in die Arme.
       The child stumbles its mother-DAT into the arms
   c. Der Panzer rasselt durch die Straße.
       The tank clatters through the street
   d. Die Lawine donnert ins Tal.
       The avalanche thunders into-the valley

結局、ドイツ語における移動動詞の特性は移動様態動詞の数の豊富さにあ

るとは言い難く、むしろ前置詞句が動詞の意味とは独立した意味を持ちうる点に着目する必要があるということになる。

4.4 本章のまとめ

移動様態動詞を扱った本章では、以下の点を主張した。
1) 移動様態動詞を使役の意味を含む再帰動詞とする分析は普遍的妥当性に乏しいように思われる。この分析は英語の勧誘行為交替を説明するが、ドイツ語にはこの交替はみられない。したがって英語にのみ妥当する意味構造を設定することは望ましいとはいえず、むしろ移動様態動詞は、様態ないし行為の意味を含むハイブリッドな移動動詞と分析するべきである。また、移動様態動詞は、移動の意味が顕著なものと、様態ないし行為の意味が顕著なものに分かれる。
2) 英語にみられる勧誘行為交替は移動様態動詞の使役化により説明される。この交替を示す動詞は、移動の意味に焦点がある移動様態動詞に限られ、さらに他動詞にみられるいくつかの制約は、いわゆる語彙的使役動詞に課せられる一般的制約から導き出すことができる。
3) 数多くの移動様態動詞を持つことをドイツ語の特性とみなすことは適切ではない。むしろ、前置詞句が動詞の意味とは独立した意味を持ちうることに着目すべきである。この前置詞句の働きにより、ドイツ語では例えば音声放出(sound emission)をあらわす動詞のように、本来的には移動の意味を含まない動詞を用いても主語の移動を表現できることになる。

注
1 丸田(1998)は、動作主の「意図的側面」を Vol-Initiator と呼び、[... DO AN ACT OF VOL]と表示する。

2　移動様態動詞では移動の事実は表現されていないという考えもあるが、松本(1997: 182ff.)が指摘するように、単なる足踏みと「歩く／walk」は異なり、移動様態動詞では移動者の身体との相対関係による移動が表現されている。また、(25)により表示される移動様態動詞と本来的な移動動詞 go/gehen, come/kommen の相違は、Levin and Rappaport Hovav(1992: 252)が指摘するように、後者には方向性(direction)が包入されているという点にある。

3　厳密には、(26)における前置詞句は単なる [$_{Path}$] の具現ではなく、さらに「移動する主語が(ある一定時間)到着地点に滞在する」という意味を持ちうる。この点は、4.3 で議論する。

4　ただし、例えば(i)のように主語が移動する際に大きな困難が含意される場合には再帰代名詞が許容されることがある。この場合は、概略、(ii)のような使役の意味構造が想定される。

　　(i)　Er　rannte　sich　durch　den dichten Schilfgürtel　bis an den Strand.
　　　　He　ran　　REFL　through　the dense belt-of-reed　to　the beach
　　(ii)　[x_i MOVE<manner>] CAUSE [x_i MOVE [$_{Path}$]]

5　(30)において再帰代名詞が用いられると、主語の行為性が前面に出る。例えば(30a, b)で再帰代名詞が用いられると、移動の際の困難、あるいは主語の努力が含意される。また(30c)で再帰代名詞が用いられるのは、例えば部屋にいる人々に気づかれないようにこっそり部屋を出て行く場合などであり、この場合は主語の意図性が前面に出る。

6　第2章でみたように、英語の再帰代名詞は基本的には強形であり、主語の身体を表示する用法に乏しい。したがって、(31)に対応する英語の表現は再帰構文ではなく、いわゆる one's way 構文となる。

7　Levin and Rappaport Hovav(1995)は、方向の前置詞句が付加された移動様態動詞を非対格動詞と分析し、これらの動詞の他動詞用法を使役化により派生させる。3.1 で論じたように、本書では、移動様態動詞に方向の前置詞句が付加された文を非対格動詞とみなすという彼女たちの主張を受け入れることはしないが、march などの他動詞用法を使役化により派生させるという分析は支持する。

8　随伴の意味は、(53c)のように、特に被使役者が人間を表示している場合に顕著であると思われる。本来は移動の進行を統御するはずの人間から、その権限を奪うには使役者が一緒に移動する必要があるからである。

9　すでにみたように、Levin and Rappaport Hovav(1995)では方向の前置詞句が付加された移動様態動詞を非対格動詞と分析し、これらの動詞の他動詞用法を使役化により派生させる。丸田(1998)は、この分析ではなぜ移動様態動詞の場合に限り使役化

が可能であり、同じ非対格動詞である appear や happen が他動詞用法を持たないのかという点が説明できないと指摘している。

(i) *The programmer appeared a picture on the screen.
(ii) *The gas leak occurred an explosion.

(Levin and Rappaport Hovav 1995: 121)

(i)(ii)が許されないのは、概略 cause to appear/occur を意味する show ならびに bring about がすでに存在するからであろうと思われる。すなわち、これらの動詞が appear/occur の他動詞化をブロックしていると思われる。

10 Talmy が指摘する3つ目の語彙化のパターンでは、移動物が動詞に融合される。本書では、このタイプについて論じる余裕はない。

11 (59)のリストを作成する際には、山田博志氏から貴重な助言をいただいた。記して感謝したい。また、松本(2003: 63)が示したリストには、代名動詞 se balader 'stroll 散歩する'、se précipiter 'dash 身を投げる・突進する'、se traîner 'creep 這う'、se frayer 'scramble (道を)自分のために開く' も含まれているが、特に前者2つは再帰代名詞を目的語とする他動詞と考えられるため、(59)のリストからははずしてある。また、batifoler 'romp 陽気に遊ぶ、ふざける' も移動動詞とは考えにくいため、(59)のリストからはずしてある。

第5章　外項抑制を伴う再帰構文 I
—反使役化

本章では、再帰代名詞を伴い、起動的(inchoative)な事態をあらわす(1)のような構文を扱う。

(1) a.　Die Tür öffnet sich.
　　　　The door opens REFL
　　b.　Der Zweig biegt sich.
　　　　The branch bends REFL
　　c.　Die Tabletten lösen sich auf.
　　　　The tablets dissolve REFL PRT

(1a)で用いられている再帰動詞 sich öffnen '(lit.)open oneself' には、概略、[x ACT] CAUSE [y BECOME OPEN] を意味する他動詞(2a)も存在するが、(1a)では、その他動詞 öffnen 'open' の直接目的語に対応する名詞句が主語として具現し、「ドアが開く」という起動的事態が表現されている。(1b, c)においても同様に、使役の意味を持つ他動詞(2b, c)における意味上の目的語が主語になり、「枝が曲がる」「錠剤が溶ける」という起動的事態が表現されている。このような使役の意味を持つ他動詞と起動的な出来事をあらわす動詞の交替は使役起動交替(causative inchoative alternation)、あるいは単に使役交替(causative alternation)と呼ばれている。

（2）a. Peter öffnet die Tür.
　　　　Peter opens the door
　　b. Peter biegt den Zweig.
　　　　Peter bends the branch
　　c. Peter löst die Tabletten auf.
　　　　Peter dissolves the tablets PRT

　また、(1)における再帰代名詞は、1)強調詞 selbst を付加できない(3a)、2)他の名詞句と並列不可能(3b)、3)アクセントを持てない(3c)、4)文頭に立つことができない(3d)、5)否定や焦点化詞 sogar 'even' の焦点にならない(3e)、といった特徴を示すことから意味役割を持たない弱形再帰代名詞であることが明らかである。

（3）a. *Die Tür öffnet sich selbst.
　　　　The door opens REFL INT
　　b. *Die Tür öffnet sich und den Vorhang.
　　　　The door opens REFL and the curtain-ACC
　　c. *Die Tür öffnet SICH.
　　　　The door opens REFL
　　d. *Sich öffnet die Tür.
　　　　REFL opens the door
　　e. *Die Tür öffnet nicht/sogar sich.
　　　　The door opens not/even REFL

　使役交替を扱う本章では、まず5.1でドイツ語において起動的事態を表現する2種類の形式について論じる。フランス語などと同様に、ドイツ語には起動的な出来事をあらわす形式として再帰動詞と自動詞があるが、その使い分けについて議論する。フランス語とは異なり、ドイツ語において起動的事態を表現する再帰動詞と自動詞に明確な意味的な区別を見出すのは困難で

あることを指摘する。使役の意味を含む他動詞から起動的な意味を持つ動詞を派生させることを反使役化 (anticausativization) と呼ぶが、5.2 では反使役化を伴う文においては使役 (cause) の意味が保持されているという Levin and Rappaport Hovav (1995) の指摘を検討する。ドイツ語における与格や原因をあらわす前置詞句の生起をもとに、この主張は妥当性に欠けることを述べる。続く 5.3 ではオランダ語における起動的事態をあらわす構文を考察し、ドイツ語とオランダ語における弱形再帰代名詞の分布の相違を明らかにする。5.4 は本章のまとめである。

5.1 再帰動詞と自動詞の使い分け

ドイツ語には、(1) のように再帰動詞を用いて起動的事態をあらわすパターンのみならず、(4) のように再帰代名詞を伴わずに自動詞によって起動的事態をあらわすパターンもある。これらの動詞は、(1) の場合と同様に動作主もしくは使役者が主語となる他動詞も持つ[1]。

(4) a. Die Pfirsich reift (*sich).
       The peach   ripens REFL
   b. Die Butter schmilzt (*sich).
      The butter melts   REFL
   c. Reis quillt (*sich) beim Kochen.
      Rice swells REFL   at–the cooking
   d. Die Vase zerbricht (*sich).
      The vase breaks–into–pieces REFL
   e. Das Seil reißt (*sich).
      The roap tears REFL

ドイツ語における起動的事態をあらわす形式には再帰動詞と自動詞の 2 種類があるわけであるが、それらはどのように使い分けられているのだろうか。

起動的事態をあらわすドイツ語の再帰動詞には(1)の öffnen 'open', biegen 'bend', auflösen 'dissolve' 以外にも、例えば(5)があるが[2]、再帰動詞が起動的事態をあらわすことは他のヨーロッパ言語にもみられることであり、これらの再帰動詞は他動詞から反使役化という操作により形成されるといってよい[3]。

(5) sich leeren 'empty 空になる'、sich aufklären 'clear up 解明される'、sich falten 'wrinkle しわになる'、sich glätten 'smooth 平らになる'、sich erhellen 'light up 明るくなる'、sich verdunkeln 'darken 暗くなる'、sich vergrößern 'enlarge 大きくなる'、sich verkleinern 'reduce 小さくなる'、sich stabilisieren 'stabilize 安定する'、sich schließen 'close 閉まる'、sich abnutzen 'use out 磨耗する'、sich ändern 'change 変わる'、sich aufheitern 'brighten 晴れる'、sich ausdehnen 'expand 広がる'、sich blähen 'billow 膨らむ'、sich beleben 'revive 蘇る'、sich bewegen 'move 動く'、sich bräunen 'tan 褐色になる'、sich erhitzen 'heat up 熱くなる'、sich erhöhen 'rise 増える'、sich färben 'change color 色づく'

(1)や(5)の再帰動詞については、使役の意味を持つ他動詞から反使役化によって形成されるという単一の形成原理を想定できるが、自動詞により起動的事態をあらわす場合にも単一の原理が存在するのであろうか。ドイツ語において使役交替を示し、自動詞により起動的事態をあらわす動詞には(6)があるが、これらは大きく6つのグループに分けることができるように思われる。1つ目は schmelzen 'melt', trocknen 'dry', verderben 'go bad' などの(熱、湿度などの条件が整っていれば)「自然に」展開する状態変化をあらわす動詞であり、2つ目は kochen 'cook', backen 'bake', braten 'roast' などの調理関係の出来事をあらわす動詞である。3つ目のグループは brechen 'break' や reißen 'tear' などの瞬間的な出来事をあらわす動詞、4つ目は rollen 'roll' や fahren 'drive' などの主語の移動をあらわす動詞である。さらに5つ目は beginnen 'begin' などの出来事の開始をあらわす動詞であり、また、そのどれにも該当

しないと思われる動詞が最後のグループに属する。

(6) a. abstumpfen 'become dull/lose its edge 鈍くなる'、abweichen 'soften and come off はがれる'、bleichen 'bleach 色あせる'、dörren 'dry 乾く'、ermüden 'become tired 疲れる'、gären 'ferment 発酵する'、heilen 'heal 治る'、quellen 'swell 膨れる'、reifen 'ripen 熟す'、schmelzen 'melt 溶ける'、tauen 'thaw 解ける'、trocknen 'dry 乾く'、verderben 'spoil/go bad 腐る'、verdunsten 'evaporate 蒸発する'、verschmutzen 'get dirty 汚れる'、verbrennen 'burn up 燃えてなくなる'、verwehen 'drift away (風に) 吹き消される'、abschmelzen 'melt away 溶けて消える'、abtauen 'thaw 解ける'、abtrocknen 'dry up 乾く'、aufweichen 'soften 柔らかくなる'、ausbleichen 'bleach 色あせる'、ausheilen 'heal up 完全に治る'、austrocknen 'dry up 乾燥する'

b. braten 'roast 焼ける'、kochen 'cook 煮える'、backen 'bake 焼ける'、schmoren 'braise とろとろ煮える'、sieden 'boil 煮える'

c. brechen 'break 割れる'、reißen 'tear ちぎれる'、knicken 'snap 折れる'、zersplittern 'splinter/shatter 砕ける'、zuschlagen 'slam ばたんと閉まる'、abbrechen 'break off 折れる'、abreißen 'break off ちぎれる'、aufreißen 'tear 裂ける'、durchbrechen 'break in two 2つに折れる'、durchreißen 'tear びりっと裂ける'、einreißen 'tear 裂け目ができる'、losbrechen 'break off 折れて取れる'、zerbrechen 'break into pieces 割れる'

d. kullern 'roll 転がる'、fahren 'drive 乗り物で行く'、fliegen 'fly 飛ぶ'、kippen 'tip over ひっくり返る'、rollen 'roll 転がる'、segeln 'sail 帆船で行く'

e. anfangen 'begin 始まる'、beginnen 'begin 始まる'、starten 'start 始まる'

f. ersticken 'suffocate 窒息する'、wechseln 'change 変わる'

これらのグループ分けがすでに示しているように、(6)の動詞すべてに共通する意味を見出すのは極めて困難である。特に(6a)の動詞は、内的もしくは自然に展開する状態変化をあらわしているのに対して、(6c)のbrechen 'break'などの動詞があらわす出来事が生じるためには、通常、湿度や熱のような「自然的条件」以外の外的要因が必要であると考えられる。つまり、(6a)と(6c)があらわす出来事は、質的に大きく異なっており、これらに共通する意味を見出すのは難しい。

しかし、(6)にあげた動詞の少なくともいくつかについて、起動的事態をあらわす際に自動詞という形態を示すことに対する理由づけを行うことは可能である。Paul(1968: 30f.)によれば、(6a)の verderben 'go bad', schmelzen 'melt', quellen 'swell' は強変化自動詞が弱変化他動詞のパラダイムも取り込んでしまった(das ursprünglich intr. starke *verderben* hat die Funktion des trans. schwachen *verderben* größenteils an sich gerissen.)という。つまり、もともとは異なる活用パラダイムを持っていた自動詞と他動詞が、強変化のパターンに統合されてしまい、結果として使役の意味を持つ他動詞と起動的事態をあらわす自動詞が同形となったわけである。さらに Grimm の Deutsches Wörterbuch によれば、(6a)の gären 'ferment', reifen 'ripen', tauen 'thaw' については歴史的には自動詞が古く、自動詞から他動詞を派生させているために、自動詞と他動詞が同形になると考えられる。4.1でみたように、同様の説明は(6d)の移動動詞にも妥当する。しかし、この説明は(6c)の brechen 'break' や reißen 'tear'、(6b)の kochen 'cook', braten 'roast', sieden 'boil'、さらに(6e)の beginnen 'begin' や anfangen 'begin' といった動詞には当てはまらない。Paul(1968: 30)によれば、これらの動詞では歴史的には他動詞が自動詞に先行している[4]。すると、これらの動詞においては他動詞から自動詞が派生されていると考えるのが自然であると思われるが、それにもかかわらず起動的出来事をあらわす際に再帰代名詞が用いられない。つまり、ドイツ語において起動的事態をあらわす再帰動詞は他動詞からの派生であると一般化することはできるが、起動的事態をあらわす自動詞も他動詞から派生している場合があるわけである。

また、記述する出来事に基づいて(6)の動詞を分類し、さらにいくつかの動詞については、それらが自動詞という形式を示すことに対して歴史的ないし語彙的な理由を与えることは可能であるが、(6a)の動詞を分類する基準となっている「(熱、湿度などの条件が整っていれば)自然に展開する状態変化」という原理は他の動詞についても一般的に適用できるほど強力なものではない。例えば、(7)で記述されている出来事は、(8)の自動詞と同様に熱や湿度といった自然条件を原因として生起する出来事であるとみなすことができる。それにもかかわらず、これらの出来事を自動詞で表現することはできない。

(7) a. Die Blätter bräunen *(sich) im Herbst.
      The leaves become-brown REFL in-the autumn
   b. Mein Haar kräuselt *(sich) bei Feuchtigkeit.
      My hair frizzes REFL in moisture
   c. Nach dem Sonnenbrand schälte *(sich) die Haut auf seinem Rücken.
      After the sunburn peeled REFL the skin on his back
(8) a. Das Eis schmilzt.
      The ice melts
   b. Die Wäsche trocknet.
      The laundry dries
   c. Das Bier gärt.
      The beer ferments

(7)の動詞は形容詞もしくは名詞派生の動詞であるが、これらの派生動詞が他動詞である場合には反使役化を適用することによって自然に生起する出来事を表現せざるを得ない。つまり(6a)が自動詞となることに対して、これらは温度、熱、湿度のような自然な条件により生起する出来事をあらわすと指摘することはできるが、逆に同様に自然な条件により生起する出来事はすべて自動詞で表現されるという一般化は成立しないわけである。

ところでフランス語においても、起動的な出来事をあらわす形式として、(9a)のように自動詞を用いる場合と、(9b)のように再帰動詞ないし代名動詞を用いる場合がある。

(9) a. Le poulet cuit.
    The chicken cooks
    'The chicken is cooking.'
  b. L'image s'agrandit.
    The picture REFL widens
    'The picture is becoming wider.'

(Labelle 1992: 375)

Labelle(1992: 376f.)はフランス語における起動的事態の表現として、自動詞を用いるもの(10)、代名動詞を用いるもの(11)、その両方を用いるもの(12)をあげている。

(10) Verbs entering only or mainly the intransitive construction:
   cuire 'cook', durcir 'harden', éclater 'burst', fondre 'melt', grandir 'grow', grossir 'grow bigger', maigrir 'grow thinner', moisir 'mould', pourrir 'rot', sécher 'dry', vieillir 'age'

(11) Verbs entering only the reflexive construction:
   s'alléger 'become lighter', s'agrandir 'become bigger', s'assécher 'dry out', s'humidifier 'become humid', s'amaigrir 'become thinner', s'améliorer 'improve', s'abêtir 'turn into a moron', se poisser 'become sticky', se couvrir 'become covered', s'enkyster 'encyst', se calcifier 'calcify', s'alourdir 'become heavier', s'engourdir 'become numb', se nuancer 'nuance', se rabougrir 'shrivel up', se civiliser 'become civilised', s'américaniser 'become americanised'

(12) Verbs entering both the intransitive and the reflexive construction:
noircir 'blacken', rougir 'become red', épaissir 'thicken', gonfler 'inflate', enfler 'swell', élargir 'widen', refroidir 'cool', ramollir 'soften', rétrécir 'get narrower'

Labelle(1992: 393)は、外的な要因からの統御なしに(without control from external factors)状態変化が内的(internally)もしくは自然に(naturally)展開する際には自動詞が用いられると指摘している。ただし、この場合の外的要因には、湿度、熱、太陽の動きなどの自然的条件(natural condition)は含まれない。通常、動作主などの外的要因は外項として主語位置に生成されるが、これらの自動詞の場合には外的要因が存在しないために主語自体が状態変化の責任(responsibility)を担うことになる。このことから Labelle は、(10)の自動詞は外項を持つ非能格動詞であるとみなし、これらに(13)の統語構造を想定している。したがって(10)の動詞を用いて複合過去を形成する場合には助動詞として avoir 'have' が用いられるという。

(13)
```
         VP
        /  \
   NP_{θ-subj}  V'
       |      |
       |      V
       |      |
       X    CHANGE
```
(Labelle 1992: 393)

これに対して、代名動詞は、主語以外の要因が状態変化に対する責任を担う際に用いられる。この場合、主語名詞句は "a passive participant" をあらわすことになる。例えば gonfler 'inflate' という動詞は(14)のように自動詞としても代名動詞としても用いられるが、(15)では風船を膨らませる「二酸化炭素」という外的要因が明示され、したがって主語は状態変化の責任を持たず、その外的要因の影響を受ける "a passive participant" を表示することにな

り、代名動詞のみが許容されることになるという。

(14) a.   Le ballon gonfle.
     b.   Le ballon se gonfle.
         'The balloon is inflating.'
(15) a.   *Le ballon gonfle de gaz carbonique depuis cinq minutes.
     b.   Le ballon se gonfle de gaz carbonique depuis cinq minutes.
         'The balloon is inflating from carbon dioxide since five minutes.'

(Labelle 1992: 402)

Labelleによれば、代名動詞は(16)のような非対格動詞の統語構造を示す。(16)においては状態変化を被る名詞句が目的語の位置に生成され、また、再帰代名詞 se は主語の意味役割を "discharge" ないし抑制する働きを持つ。そのため目的語は目的格を与えられず、主語の位置［NP, IP］に移動することになる。

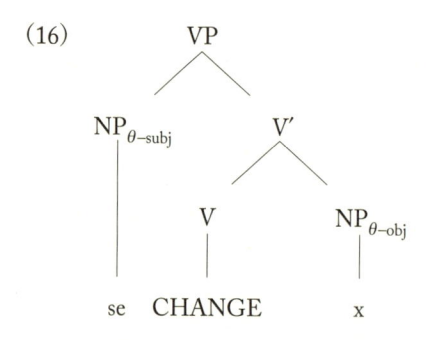

(16)
```
            VP
           /  \
    NP_{θ-subj}  V'
        |       /  \
        |      V    NP_{θ-obj}
        |      |      |
        se  CHANGE    x
```
(Labelle 1992: 395)

フランス語について提案されているこのような自動詞と再帰動詞の使い分けはドイツ語にも妥当するのであろうか。まず、(10)にあげられているフランス語の自動詞にはドイツ語における(6a, b)の自動詞と共通するものもあり、両言語において「外的な要因からの統御なしに状態変化が内的もしくは自然に展開する際には自動詞が用いられる」という原理は妥当するように

みえる。しかし、すでに(7)でみたように、ドイツ語では「葉が色づく」や「髪がちぢれる」のような太陽の動きや湿度などの自然的条件により生起する出来事も再帰動詞により表現する。つまり、ドイツ語においては自然に展開する出来事が常に自動詞により表現されるとは限らない。

　また、ドイツ語においても数は少ないが、フランス語の(14)のように起動的な出来事をあらわす際に自動詞と再帰動詞の両方が用いられる場合もある。

(17)　abkühlen 'cool 冷める'、ausfransen 'fray ほつれる'、ausleiern 'wear out 使いつぶされる'、verhärten 'harden 硬くなる'

しかし、(17)の動詞が再帰動詞として用いられる場合と自動詞として用いられる場合に明確な意味の相違を見出すのは難しい。例えば、自動詞と代名動詞のペアが用いられているフランス語の(15)とは異なり、ドイツ語においては外的要因が明示される場合には再帰動詞でなければならないという制約は存在しない。(18)から(20)にみられるペアでは、それぞれの文に外的要因をあらわす前置詞句が付加されているが、ここに再帰動詞と自動詞の文の容認性に関する明確な相違は認められない。

(18) a.　Der　Raum　kühlte　durch　die　Klimaanlage　ab.
　　　　 The　room　 cooled　through　the　air–conditioning　down
　　 b.　Der　Raum　kühlte　sich　durch　die　Klimaanlage　ab.
　　　　 The　room　 cooled　REFL　through　die　air–conditioning　down
(19) a.　Der　Boden　verhärtete　durch　die　Trockenheit.
　　　　 The　ground　hardened　through　the　dryness
　　 b.　Der　Boden　verhärtete　sich　durch　die　Trockenheit.
　　　　 The　ground　hardened　REFL　through　the　dryness

(20) a. Wegen der vielen Ampeln leierte die Kupplung schon
   Because-of the many traffic-lights lost the clutch already
   nach 500 km aus.
   after 500 km PRT
 b. Wegen der vielen Ampeln leierte sich die Kupplung
   Because-of the many traffic-lights lost REFL the clutch
   schon nach 500 km aus.
   already after 500 km PRT

結局、フランス語について提案されている自動詞と代名動詞の使い分けはドイツ語においては妥当しないことになる。

　本節では、ドイツ語の使役交替において起動的事態を表現する再帰動詞と自動詞の2種類の形式について論じた。再帰動詞は他動詞から形成され、また自動詞は少なくとも6つにタイプ分けすることが可能であることを指摘した。これら6つのタイプのうち、自然な条件により生起する出来事をあらわす動詞のいくつか、ならびに移動をあらわす動詞については、なぜ自動詞と他動詞で交替するかについておもに歴史的な説明を与えることが可能であるが、瞬間的な出来事をあらわす brechen 'break' や、調理に関わる状況をあらわす kochen 'cook' や braten 'roast'、さらには出来事の開始をあらわす beginnen 'begin' などについては歴史的には他動詞形が古く、これらの動詞の場合、再帰動詞ではなく自動詞により起動的出来事をあらわすことはレキシコンにおいて個別に指定しておく必要がある。また、フランス語について提案されている自動詞と再帰動詞の使い分けもドイツ語には適用できないことをみた。

5.2　再帰動詞と自動詞の意味構造

本節では、反使役化により派生する動詞には使役の意味が含まれているという Levin and Rappaport Hovav(1995) の指摘を検討する。さらに、ドイツ語

におけるいわゆる自由な与格(freier Dativ/free dative)の解釈、ならびに原因をあらわす前置詞句を付加する可能性をもとに、再帰動詞と自動詞は異なる意味構造を持つという指摘を検討する。

　Levin and Rappaport Hovav(1995)は、(21)の自動詞は(22)の他動詞から反使役化によって派生されると主張する。彼女たちによれば、(23)に示すように、例えば他動詞 break の主語が不定の外的要因(external cause)を表示する場合、存在量化子による束縛を受けるために統語的に具現することはできず、これにより非対格動詞 break が派生される。さらに、break は統語的には自動詞であっても、意味上は他動詞 break と同様、(23)に表示されるように使役(cause)の意味を含むという。

(21) a. The window broke.
　　 b. The door opened.
　　 c. The ship sank.
(22) a. Pat broke the window.
　　 b. Antonia opened the door.
　　 c. Tracy sank the ship.

(Levin and Rappaport Hovav 1995: 79)

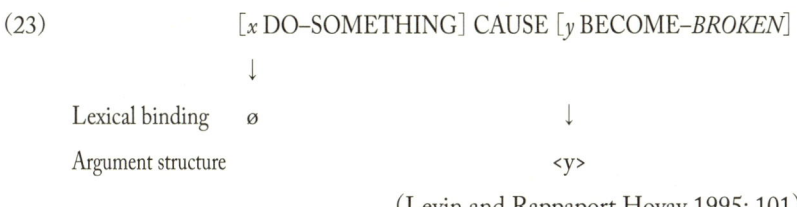

(23)　　　　　　[x DO–SOMETHING] CAUSE [y BECOME-*BROKEN*]
　　　　　　　　　　↓　　　　　　　　　　　　　　　　　　↓
　　Lexical binding　　ø
　　Argument structure　　　　　　　　　　　　　　　<y>

(Levin and Rappaport Hovav 1995: 101)

その根拠の1つとして、Levin and Rappaport Hovav は自動詞を含む文における前置詞句 by itself の生起をあげている。彼女たちによれば、この前置詞句は外的要因により束縛される。(24)のように、反使役化が生じている文にこの前置詞句が生起することは、これらの文に外的要因ないし使役の意味が含まれることを示すという。

(24) a. The plate broke by itself.
   b. The door opened by itself.

(Levin and Rappaport Hovav 1995: 88)

しかし、by itself にほぼ対応するドイツ語の表現 von selbst は、使役交替をしない自動詞の文にも生起する。

(25) a. Das Kartenhaus zerfiel von selbst.
      The cards–house collapsed by itself
   b. *Der Wind zerfiel das Kartenhaus.
      The wind collapsed the cards–house
(26) a. Der Ballon zerplatzte von selbst.
      The balloon burst by itself
   b. *Dieter zerplatzte den Ballon.
      Dieter burst the balloon

(25a)の zerfallen 'collapse' や(26a)の zerplatzen 'burst' は、(25b)(26b)に示すように他動詞用法を持たない。Levin and Rappaport Hovav(1995)は、使役交替を示す自動詞は他動詞からの派生であり、さらに自動詞も使役の意味構造を保持していると主張するが、他動詞を持たない自動詞においても von selbst 'by itself が生起するのであるから、この前置詞句の生起は使役交替という現象とは本来的に関連がないことになる。

McIntyre(2006: 204)はドイツ語におけるいわゆる自由な与格(freier Dativ/free dative)の解釈をもとに、反使役化が生じている再帰構文に使役の意味が含まれる可能性を指摘している。

(27) a. Mir ging die Tür auf.
      Me–DAT went the door–NOM open

b.　'The door opened and I was affected by this fact.'
　　c.　'I unintentionally caused the door to open.'
(28) a.　Mir　　　öffnete　sich　　die　Tür.
　　　　Me–DAT　opened　REFL　the　door–NOM
　　b.　'The door opened and I was affected by this fact.'
　　c.　*'I unintentionally caused the door to open.'

McIntyreによれば、反使役化が生じていない(27a)における与格名詞句 mir 'to me' は、(27b)のようにパラフレーズできる被害の与格(dativus incommodi)の解釈以外にも、(27c)のようにパラフレーズされる「責任の与格」(responsibility dative)の解釈も持つという。責任の与格とは、概略、ある出来事の生起を阻止しようと思えば阻止することが可能である立場にあり、したがってその出来事の生起に対して責任がある人間を表示する。(27a)の与格名詞句がこのように解釈できるのに対して、McIntyreによれば、反使役化が生じている(28a)の与格名詞句 mir 'to me' は(28b)のようにパラフレーズされる被害の与格の解釈しか持たず、(28c)に示すような責任の与格の解釈は持てない。McIntyre は反使役化が生じている(28a)の与格名詞句にこの解釈を認めることができないのは、この文にもともと使役の意味構造が存在するためであると指摘する。責任の与格が何らかの意味で使役者(causer)であるとすると、(28a)の与格がこの解釈を持てないのは、この文にはすでに使役者の意味役割を持つ別の名詞句が存在していることに起因するというわけである。文中に他の使役者ないし動作主が存在する場合、与格名詞句を責任の与格と解釈できないことは次の文からも確かめられる。

(29) a.　Dem　wenig　begabten　Assistenzarzt　　　　　　ist　gestern　　eine
　　　　The　little　talented　assistant–doctor–DAT　is　yesterday　an
　　　　Ampulle　　　　zerbrochen.
　　　　ampoule–NOM　broken

b. Dem wenig begabten Assitenzarzt wurde gestern
   The little talented assistant–doctor–DAT was yesterday
   eine Ampulle zerbrochen.
   an ampoule–NOM broken

(Härtl 2007: 62)

非対格動詞 zerbrechen 'break' が用いられている (29a) における与格名詞句は被害の与格とも責任の与格とも解釈できるのに対して、他動詞 zerbrechen 'break' が用いられている受動文 (29b) における与格名詞句は被害の与格としか解釈できない。それはもちろん、後者においては潜在的動作主が統語的に存在しているため、与格名詞句を責任の与格と解釈してしまうと単一の文中に広義の使役者が2人存在してしまうことになるからである。また、責任の与格はある出来事の生起を阻止しようと思えば阻止できたが、誤ってその出来事を引き起こしてしまった人間を表示するため、versehentlich 'by mistake' という副詞と意味的に整合する。予測される通り、この副詞は (29a) には生起できるが、(29b) には生起できない。

(30) a. Dem wenig begabten Assistenzarzt ist gestern
      The little talented assistant–doctor–DAT is yesterday
      versehentlich eine Ampulle zerbrochen.
      by–mistake an ampoule–NOM broken
   b. *Dem wenig begabten Assitenzarzt wurde gestern
      The little talented assistant–doctor–DAT was yesterday
      versehentlich eine Ampulle zerbrochen.
      by–mistake an ampoule–NOM broken

さて、(28a) に対する McIntyre (2006) の指摘によれば、再帰動詞は意味構造に使役者を含む使役動詞であることになるが、彼は (28a) のような再帰動詞の意味構造として、Brousseau and Ritter (1991) がフランス語の代名動詞

(31a)について提案している(31b)を想定している。この(31b)によれば、(31a)の代名動詞 s'ouvrir '(lit.)open oneself' は、ドア(の何らかの性質)が自らを開けるという自己使役的な意味を持つ。この想定にしたがうならば、(28a)の与格名詞句が責任の与格の解釈を持てないのは、(28a)の再帰動詞 sich öffnen '(lit.)open oneself' における主語 die Tür 'the door' がすでに使役者の役割を担っているためであるということになる。

(31) a.　La　　porte　s'est　　　ouverte.
　　　　The　door　REFL is　　opened
　　　　'The door opened.'
　　b.　[x_i DO y_i CHANGE BE ...]

(Brousseau and Ritter 1991: 61)

McIntyre は責任の与格の分布をもとに、再帰動詞と自動詞における意味の相違を指摘しているわけであるが、McIntyre の主張とは異なり、再帰動詞の場合でも責任の与格の生起は不可能ではなさそうである。

(32) a.　Der Pullover hat sich　　dem Hans　　　versehentlich beim Waschen verzogen.
　　　　The pullover has REFL the　Hans–DAT by–mistake　in　washing distorted
　　　　'Hans unintentionally caused the pullover to go out of shape in washing.'
　　b.　Der Pullover hat　sich　　ihm　　　　versehentlich verfärbt.
　　　　The pullover has REFL him–DAT by–mistake　changed–color
　　　　'He unintentionally caused the pullover to change color.'

例えば(32a)は、概略、「ハンスは(阻止できたのにもかかわらず)、誤ってセーターの形をくずしてしまった」を意味し、また(32b)は「彼は(阻止できたのにもかかわらず)、誤ってセーターの色を染めてしまった」を意味する。これらの例文から、責任の与格と起動的事態をあらわす再帰構文は完全に相互排他的ということにはならず、したがってこの与格をもとに自動詞と

再帰構文の意味の相違を論じることは妥当とは言い難い。

またドイツ語では、原因をあらわす前置詞句の許容度が再帰構文と自動詞構文において異なると指摘されることがある。例えば再帰動詞 sich öffnen '(lit.)open oneself' を含む文(33a)と、その再帰動詞とほぼ同じ意味をあらわす自動詞 aufgehen 'go open' を含む文(33b)を比較してみると、後者は原因をあらわす前置詞句と若干ながら整合性が低いという。

(33) a. Die Tür öffnete sich durch den Wind.
　　　　The door opened REFL through the wind
　　b. ?Die Tür ging durch den Wind auf.
　　　　The door went through the wind open
(34) a. Der Stahlträger senkte sich durch das Gewicht.
　　　　The steel-girder lowered REFL through the weight
　　b. ?Der Stahlträger sank durch das Gewicht.
　　　　The steel-girder sank through the weight

（Kaufmann 2004: 74）

Kallulli(2006)によれば、英語の(35)における前置詞句は外的要因を実現したものである。この分析によれば、前置詞 from を主要部とする前置詞句は受動文における by 句と同様に扱われることになる。

(35)　The window cracked from the pressure.　　　（Kallulli 2006: 150）

Kallulli(2006)の主張に依拠すると、再帰構文(33a)(34a)には使役の意味が含まれ、その使役者ないし外的要因が前置詞 durch 'through' を主要部とする前置詞句により実現されていることになる。反使役化が生じている再帰構文には使役の意味が含まれるという McIntyre の主張においては、再帰構文の主語そのものが使役者の役割を担うとみなされたわけだが、原因をあらわす前置詞句は、受動文における by 句と同様、抑制された外的原因が統語的に

実現されたものとみなされている。しかし、責任の与格の場合と同様、原因をあらわす前置詞句が自動詞文と全く整合しないというわけではない。(36)は前節でみた再帰動詞と自動詞の両方が起動的事態をあらわしうる動詞であり、また(37)は他動詞形を持たない動詞であるが、どちらも原因をあらわす前置詞句と共起可能である。

(36) a. Der Raum kühlte durch die Klimaanlage ab. (= 18a)
       The room cooled through the air-conditioning down
   b. Der Boden verhärtete durch die Trockenheit. (= 19a)
       The ground hardened through the dryness
(37) a. Das Kartenhaus zerfiel durch den Wind.
       The cards-house collapsed through the wind
   b. Das Ballon zerplatzte durch den Überdruck.
       The balloon burst through the excess-pressure
   c. Der Apfel verfaulte durch die Feuchtigkeit.
       The apple rotted through the moisture

以上の議論は、次のようにまとめられる。Levin and Rappaport Hovav (1995) は、前置詞句 by itself の生起から使役交替を示す自動詞文にも使役の意味構造を想定しているが、ドイツ語においては使役交替を示さない自動詞にも von selbst 'by itself' は生起可能であり、したがって by itself の分布から使役の意味構造の存在を裏付けることはできない。さらに、ドイツ語における責任の与格の存在が再帰動詞に使役の意味構造を想定する根拠とされることもあるが、これも信頼できる証拠とは言い難い。また、反使役化が生じている文に外的要因を表示する前置詞句が生起することから、これらの文に使役の意味構造を想定するという主張もあるが、反使役化が生じていない文にもこれらの前置詞句は生起可能である。結局、ドイツ語において使役交替を示す再帰動詞と自動詞に異なる意味構造を想定する明確な根拠を見出すことは困難であり、両者には使役の意味を含まない同一の意味構造を付与するこ

とが妥当であると考えられる。表面上の主語を x とすると、両者は次のような単純な意味構造を持つことになる。

(38) [x BECOME AT-STATE]

　では、by itself / von selbst の生起、ドイツ語における与格の解釈、さらに原因をあらわす前置詞句の生起は、どのような要因によって統御されているのであろうか。Härtl(2003)は、von selbst 'by itself' という前置詞句の生起と、動詞があらわす出来事を引き起こす標準的行為(canonical activity)の相関関係を指摘している。彼によれば、verfaulen 'rot' や verwittern 'weather' という動詞が(39a)に示すように使役の意味を持つ他動詞形を持たないのは、「腐る」「風化する」という出来事は湿度や温度といった自然ないし環境的要因により生起し、これらの出来事を引き起こす外的な標準的行為を想定しにくいからである。これに対して、(39c)のように他動詞と交替する(39b)の verbrennen 'burn', trocknen 'dry', tauen 'thaw' については、これらの出来事を引き起す「火をつける」(ignite)、「温暖・熱に触れさせる」(expose to warmth)といった標準的行為を想定することが容易である。

(39) a. *Hans　verfault/verwittert　es.
　　　　Hans　rots/weathers　　　it
　　 b. Es　verbrennt/trocknet/taut.
　　　　It　burns/dries/thaws
　　 c. Peter　verbrennt/trocknet/taut es.
　　　　Peter　burns/dries/thaws it

(Härtl 2003: 905)

(40)に示すように、他動詞形を持つ(39b)の自動詞 verbrennen 'burn', trocknen 'dry', tauen 'thaw' には von selbst 'by itself' が共起するのに対して、(41)に示すように、他動詞形を持たない(39a)の自動詞 verfaulen 'rot' や

verwittern 'weather' は前置詞句 von selbst 'by itself' と整合しにくい。このことから、この前置詞句の生起は当該の出来事を引き起こす外的な標準的行為の有無と相関していることになる。

(40) Es verbrennt/trocknet/taut von selbst.
　　　It burns/dries/thaws by itself
(41) a. §§ Der Apfel verfaulte von selbst [5].
　　　　　The apple rotted by itself
　　　b. §§ Das Holzstück verwitterte von selbst.
　　　　　The wood-piece weathered by itself

(Härtl 2003: 906)

すなわち、von selbst 'by itself' という前置詞句は、出来事が生じるための標準的行為ないし原因が想定されやすいにもかかわらず、その想定に反して、その出来事が「ひとりでに・自然に」生じたと述べている場合に生起可能であるということになる。(41)の動詞があらわす出来事についてはそのような標準的行為が想定できず、したがってこれらの動詞は von selbst 'by itself' とは整合しないわけである [6]。すると、von selbst 'by itself' を認可するのは、動詞の意味そのものではなく、出来事に対する我々の知識であることになるが、この観点は、ドイツ語における責任の与格、ならびに durch 'through' に導かれる前置詞句の生起についても説明を与えてくれるように思われる。

(42) a. Mir ging die Tür zu.
　　　　Me-DAT went the door-NOM shut
　　 b. Mir schloss sich die Tür.
　　　　Me-DAT closed REFL the door-NOM
(43) a. Die Tür öffnete sich durch den Wind. (= 33a)
　　　　The door opened REFL through the wind

b. ?Die Tür ging durch den Wind auf.　　　(= 33b)
　　　　The door went through the wind open

(42b)のように再帰動詞と共起した自由な与格が責任の与格と解釈されにくいのは、再帰動詞は他動詞からの派生であり、したがって多くの場合、当該の出来事を引き起こす標準的行為を比較的容易に想定することができるからであると思われる。再帰動詞においては、「ドアを押す」などのような「ドアが閉まる」ための標準的行為を想定しやすく、したがってその行為を遂行する動作主が存在することも想定しやすい。このため、この動作主の他に「ドアが閉まる」ことに対する責任者を想定することが困難となり、その結果、(42b)における与格を責任の与格と解釈しにくくなると考えられる。さらに、再帰動詞は他動詞からの派生であるため、当該の結果的出来事を引き起こす使役的な出来事を想定しやすい。したがって、(43a)のように、当該の出来事を引き起こす原因をあらわす前置詞句とも整合しやすくなると考えられる。しかし、責任の与格と原因をあらわす前置詞句を認可するのは、出来事に対する我々の知識であって動詞の意味そのものではない。

5.3　オランダ語における使役交替

本節では、オランダ語における使役交替を考察し、オランダ語における弱形再帰代名詞の分布を明らかにする。
　「ドアが開く」という起動的事態は、ドイツ語では(44a)のように再帰動詞で表現されるが、標準オランダ語では再帰動詞(45a)ではなく、(45b)のように複合述語 gaan open 'go open' により表現するのが普通である。また、「葦がたわむ」という起動的事態も、ドイツ語では(44b)のように再帰動詞により表現されるが、標準オランダ語では(45c)のように再帰動詞ではなく、自動詞を用いて表現する。

(44) a. Die Tür öffnet sich.
　　　 The door opens REFL
　　b. Das Ried biegt sich.
　　　 The reed bends REFL
(45) a. *De deur opent zich.　　　　　　　　（ANS 1984: 187）
　　　 The door opens REFL
　　b. De deur gaat open.
　　　 The door goes open
　　c. Het riet buigt (?*zich).　　　　　（Cornips and Hulk 1996: 1）
　　　 The reed bends REFL

　このことから、オランダ語における弱形再帰代名詞は反使役化ないし外項抑制という操作とは馴染まないということが示唆される[7]。この点はさらに次の2つの点からも裏付けることができるであろう。ドイツ語における形容詞派生の動詞は使役の意味を持つ他動詞となるパターンが最も生産的であることが Drosdowski et al.(1995: 477) などで指摘されているが、「主語がその形容詞によって記述される状態になる」という起動的出来事をあらわすには、その他動詞から反使役化により再帰動詞を派生させることになる。したがってドイツ語では「もつれる」「より良くなる」などの出来事は、(46)のように形容詞 kraus 'frizzy' や besser 'better' などを基盤とする他動詞から派生する再帰動詞により表現される。しかし、これらの出来事をオランダ語で表現するには(47)のように自動詞を用いなければならない。(47)におけるオランダ語の自動詞は、形態上もドイツ語の対応する動詞に類似しているため、これらの動詞はもともと他動詞であり、そこから反使役化により派生されていると考えるのが自然であると思われる。それにもかかわらず、(47)において再帰動詞が許されないのであるから、オランダ語の弱形再帰代名詞 zich は反使役化という操作と馴染まないことになる。

(46) a. Sein Haar kräuselte sich.
　　　 His hair frizzed REFL
　　b. Die Zustände verbesserten sich.
　　　 The situations improved REFL
　　c. Die Sonne verdüsterte sich.
　　　 The sun darkened REFL
(47) a. Zijn haar krulde (*zich).
　　　 His hair frizzed REFL
　　b. De toestanden verbeterden (*zich).
　　　 The situations improved REFL
　　c. De zon verduisterde (*zich).
　　　 The sun darkened REFL

　さらに、オランダ語においては外来語として新しい動詞が形成され、その動詞を用いて起動的事態をあらわす場合に弱形再帰代名詞 zich は生起できない。Fagan(1992: 175)によれば、オランダ語における finlandiseren 'finlandize' や resocialiseren 'resocialize' のような新しい他動詞を用いて起動的事態をあらわす文には、(48b)(49b)のように再帰代名詞は含まれない。

(48) a. Gorbatsjov tracht Roemenië te finlandiseren.　　(他動詞)
　　　 Gorbachev tries Rumania to finlandize
　　b. Roemenië finlandiseert (*zich).
　　　 Rumania finlandize REFL
(49) a. De regering besloot de delinquenten te resocialiseren.　(他動詞)
　　　 The government decided the delinquents to resocialize
　　b. De delinquenten resocialiseren (*zich).
　　　 The delinquents resocialize REFL

(Fagan 1992: 175)

これらのことから、オランダ語の弱形再帰代名詞 zich は、反使役化ないし外項抑制という操作と馴染まないことが確認できる。しかし、オランダ語においても「起動的な」出来事をあらわす文に再帰代名詞が含まれる場合もある。まず、(50)から考察していこう。

(50) a. Eucalypta verandert zich per ongeluk in een schildpad.
Eucalypta changed REFL by accident into a tortoise
b. Paulus verandert (*zich) gelukkig niet in een schildpad.
Paulus changed REFL happily not into a tortoise

(Broekhuis 1994: 78)

Broekhuis(1994)によれば、再帰代名詞を含む(50a)は、主語 Eucalypta 自身の責任により出来事が生じた場合に適切であるという。例えば Eucalypta が誤って薬を飲んで変身してしまう場合が考えられるが、この場合は Eucalypta 自身が出来事を引き起こしていると考えられるため、(50a)では主語ないし外項の抑制は生じていないことになる。つまり、(50a)では「(Eucalypta の責任により)ある出来事が起こった」という「起動的事態」が表現されていると解釈することは可能であるが、外項抑制は生じていない。これに対して(50b)は、主語 Paulus 自身の行為ではなく、Paulus に対する他者(= Eucalypta)の行為により生じた出来事を記述している際に用いられるという。(50b)には、この他者(= Eucalypta)は生起していないのであるから外項抑制が生じていると考えるのが妥当であると思われるが、ここでは再帰代名詞は生起できない。同様の対比は(51)にもみられる。

(51) a. Jan bewoog (zich).
Jan moved REFL
b. Het gordijn bewoog (??zich).
The curtain moved REFL

(Broekhuis 1994: 79)

(51a)で用いられている再帰動詞 zich bewegen 'move' は、2.6で考察した change in body posture を記述する。(51a)では主語が人間であるために、その身体に対して働きかけを行うことが可能であり、したがって弱形再帰代名詞 zich が生起することもあり得る。これに対して、(51b)の主語は無生物「カーテン」であり、自らに対して働きかけを行うことはできず、change in body posture のような状況を記述することはできない。したがって、(51b)では反使役化が生じていると考えるのが妥当であり、やはりこの場合は再帰代名詞が生起できない。

では、次の例はどのように扱うべきであろうか。

(52) a. Haar ongenoegen heeft *(zich) gemanifesteerd.
       Her dissatisfaction has REFL manifested
    b. De gelegenheid heeft *(zich) geboden met haar kennis te maken.
       The opportunity has REFL offered with her acquaintance to make
                                                    (Broekhuis 1994:78)
    c. De ziekte verspreidt *(zich).
       The illness spreads REFL
    d. De stad ontwikkelt *(zich).
       The city develops REFL

(52)における主語は無生物であるにもかかわらず、再帰代名詞は必須である。さらに、(52)に用いられている動詞には(53)のような動作主を持つ他動詞用法も存在するため、(52)では反使役化が生じていると考えることもできるかも知れない。

(53) a. Zij manifesteerde haar ongenoegen.
       She manifested her dissatisfaction
    b. Hij bood de gelegenheid met haar kennis te maken.
       He offered the opportunity with her acquaintance to make

c. Jan verspreidt de ziekte.
   Jan spreads the illness
d. De industrie ontwikkelt de stad.
   The industry develops the city

　以下では、(52)においては、やはり反使役化ないし外項抑制は生じていないという点を主張していく。
　弱形再帰代名詞 zich の生起が義務的である(52)は2つのグループに分けることができるように思われる。1つは、(52a, b)のように主語の「出現」をあらわすものであり、またもう1つのグループは、(52c, d)のように「時間の進行と共に主語の外延が拡がる」ことをあらわすものである[8]。ドイツ語でも、「主語の出現」と「時間の進行と共に主語の外延が拡がる」出来事を表現する場合には再帰動詞が用いられる。

(54) a. Die Schauspielerin zeigte sich auf der Bühne.
      The actress showed REFL on the stage
   b. Die Seuche verbreitet sich.
      The epidemic spreads REFL
   c. Die Stadt entwickelt sich.
      The city develops REFL

ところで本章冒頭で、外項抑制に伴って生起する弱形再帰代名詞は、他の名詞句と並列できないという点を指摘した。

(55) *Die Tür öffnet sich und den Vorhang. (= 3b)
     The door opens REFL-ACC and the curtain-ACC

ここで注目したいのは、(54)における弱形再帰代名詞と他の名詞句を等位接続した(56)は文体的には稚拙ではあるが、外項抑制に伴って生起する再

帰代名詞と他の名詞句を等位接続している(55)よりも明らかに許容度が高いという点である。

(56) a. ?Die Schauspielerin zeigte sich und ihren Sohn.
　　　　　The actress showed REFL-ACC and her son-ACC
　　 b. ?Die Seuche verbreitet sich und schlechte Nachrichten.
　　　　　The epidemic spreads REFL-ACC and bad news-ACC
　　 c. ?Die Stadt hat sich und die Infrastruktur entwickelt.
　　　　　The city has REFL-ACC and the infrastructure-ACC developed

(55)が許容されないのは、意味役割を持たない再帰代名詞と意味役割を持つ目的語としての名詞句が等位接続されているためである。これに対して、(56)が(55)よりも許容度が高いということは、再帰代名詞と等位接続されている名詞句が同じステータスを持っていることを示している。つまり、(56)における再帰代名詞は、等位接続されている名詞句と同様に意味役割を持つことになる[9]。このことから、ドイツ語の(54)、ならびに同様の出来事を表現しているオランダ語の(52)における再帰代名詞も意味役割を持つと解釈することが可能であり、結局、これらの再帰代名詞は外項抑制に伴って生起するものではないことになる[10]。つまり、これらの文において外項は抑制されておらず、これらの文は無生物主語が動作主に見立てられた「比喩的」な表現であると考えられるが、この主張は次の4つの点から裏付けることができる。まず、標準オランダ語の規範的な文法書であるANS(1997: 369)には次の記述がある。

(57)　In zinnen als deze [=(i)-(iii)] is het overigens ook mogelijk het onderwerp als gepersonifieerd op te vatten, zodat de betekenis als actief te interpreteren is.

[(i)から(iii)までの文においては、主語が擬人化されているとみなすこともできる。したがって、これらの文の意味は能動的と解釈することができる。]

(i) De   stad   breidt   zich   uit[11].
    The   city   spreads REFL   out
(ii) De   geschiedenis herhaalt zich.
    The   history   repeats   REFL
(iii) De gelegenheid biedt zich   aan.
    The   opportunity offers REFL   PRT

(57)(i)は(52c, d)と同様に、「時間の進行と共に主語の外延が拡がる」という出来事をあらわし、また(57)(iii)は(52a, b)と同様に、「主語の出現」をあらわしているが、(57)にみられるANSの記述はこれらの文が比喩表現であることを示している。

さらにドイツ語における次の例も、「主語の出現」という意味を持つ文は通常の使役交替とは別の扱いをすべきであるという主張を裏付ける。

(58) a. Dieter schloss die Tür   auf.
        Dieter unlocked the door PRT
     b. *Die Tür schloss sich   auf.
        The door unlocked REFL   PRT
     c. Eine neue Welt schloss sich   mir   auf.
        A   new world unlocked REFL   me-DAT   PRT

Duden Das große Wörterbuch der deutschen Sprache によれば、(58a)の動詞 aufschließen 'unlock' は、「錠を動かして開ける」(durch Betätigen eines Schlosses öffnen)を意味し、ここでは出来事の経過に対する動作主の関与が強く含意される。一般に、cut/schneiden のように道具の使用が含意される他動詞や、assassinate や murder のように人間動作主が必ず関与する出来

事をあらわす動詞は、(59)(60)のように使役交替を示さないことが Levin and Rappaport Hovav (1995) の研究などから知られており、したがって aufschließen 'unlock' も(58b)のように使役交替を示さない。

(59) a. *The bread cut.　　　　　　(Levin and Rappaport Hovav 1995: 95)
　　 b. *Das Brot schnitt (sich).
　　　　The bread cut　　REFL
(60) a. The terrorist assassinated/murdered the senator.
　　 b. *The senator assassinated/murdered.
　　　　　　　　　　　　　(Levin and Rappaport Hovav 1995: 102)

他動詞 aufschließen 'unlock' の外項を抑制して起動的事態を表現しようとしている(58b)が許されないのに対して、「主語の出現」をあらわす(58c)は許容される。このことは、「主語の出現」をあらわす文(58c)では外項抑制が生じていないことを示している。

　「主語の出現」ならびに「主語の外延の拡大」をあらわす文において外項抑制が生じていないと主張する根拠の3つ目は、Lekakou(2005)が指摘するように、無生物主語を持つこれらの再帰動詞には、多くの場合、人間動作主が主語となり類似の意味を持つ用法も並存することである。例えば(61a)の「病気が広がる」を意味するオランダ語の再帰動詞には、(61b)のような「警官が四散する」という人間動作主を主語に持つ用法がある。

(61) a. De ziekte verspreidt zich.　　　　　　(= 52c)
　　　　The illness spreads REFL
　　 b. De agenten verspreiden zich.　　(Lekakou 2005: 217)
　　　　The policemen disperse/spread REFL
(62) a. Haar ongenoegen heeft zich gemanifesteerd. (= 52a)
　　　　Her dissatisfaction has REFL manifested

b.　Zij　manifesteerde zich　　als een diva.　　（Lekakou 2005: 217）
　　　　She　manifested　　REFL　as　a　　diva

これに対して、(63)のように他動詞から反使役化により形成されたドイツ語の再帰動詞における主語は無生物に限定されることが多く、主語を人間に置き換えた(64)は解釈が困難な文となる。

(63) a.　Die Sonne　　verdüsterte sich.　　（= 46c）
　　　　The sun　　　darkened　　REFL
　　b.　Die Schuhe liefen sich　　ab.
　　　　The shoes　 ran　　 REFL PRT
　　　 'The shoes wore down.'
(64) a. ?? Sie　verdüsterte sich.
　　　　　She　darkened　　REFL
　　b. ?? Sie lief sich　　 ab.
　　　　　She ran REFL PRT

このことは、(61a)(62a)における主語と(63)における主語の意味的な性質が異なることを示している。すなわち、前者の意味役割と後者の意味役割は異なり、前者は(比喩的な)動作主とみなすべきであるのに対して、後者は状態変化を被る対象、すなわち被動者である。

　「主語の出現」をあらわす文では外項抑制が生じていないという主張に対する4つ目の根拠として、英語における次の文があげられる。

(65) a.　A solution to the problem presented itself yesterday.　（Levin 1993: 85）
　　b.　His impatience manifested itself.　　（Geniušienė 1987: 188）
　　c.　An idea suggested itself.

Levin(1993: 85)は、(65a)の主語は他動詞 present の目的語に対応すると指

摘し、またGeniušienė(1987: 188)も(65b)では、他動詞manifestの主語が抑制され、その結果として直接目的語が主語に昇格していると述べている。しかし、英語においては他動詞の目的語が対応する自動詞の主語に交替しても再帰代名詞が生起しないのが普通であるのに、(65)の場合には再帰代名詞は義務的である。このことは、(65)のような「主語の出現」にみられる交替現象は、通常の使役交替現象とは異なる原理に基づいていることを示していると考えられる[12]。

以上のことから、オランダ語における弱形再帰代名詞は反使役化という操作とは馴染まないという結論が裏づけられる。もっとも、オランダ語においても若干の動詞については外項抑制に伴い再帰代名詞が生起することもあるようである。Everaert(1986)やAckema(1999)は、(66)では再帰代名詞の生起が随意的であると指摘している。Ackema and Schoorlemmer(2003: 382)によれば、(66c)は再帰代名詞の有無により意味は変わらない。

(66) a. De   suiker   lost   (zich)   op.   (Ackema 1999: 115)
        The   sugar   dissolves REFL   PRT
     b. De   tak   buigt   (zich).   (Everaert 1986: 84)
        The   branch   bends   REFL
     c. De   situatie wijzigt (zich).   (Ackema 1999: 115)
        The   situation alters REFL

いずれにせよ、オランダ語においては外項抑制ないし反使役化の操作を受けると弱形再帰代名詞が生起しうる動詞は極めて数が少なく、その場合も(66)のように自動詞と並存する。また、オランダ語においては外項抑制という操作と弱形再帰代名詞がほとんど整合しないということは、オランダ語の中間構文では弱形再帰代名詞が生起できないという事実からも裏付けられる。

(67) a. Das Buch liest *(sich) leicht. (German)
　　b. Dit boek leest (*zich) gemakkelijk. (Dutch)
　　　 This book reads REFL easily

　いわゆる中間構文において外項は抑制されているとみなしてよいであろう[13]。ドイツ語における中間構文(67a)では再帰代名詞は必須であるのに、オランダ語の中間構文(67b)では逆に余剰となる。このことからも、オランダ語の zich は外項抑制を含む構文とは馴染まないことが示される。
　さて、2.6 において、次のようなドイツ語、オランダ語ならびに英語における弱形再帰代名詞の分布の相違をみた。

(68)
	Grooming action 'wash'	Nontranslational motion 'bow'	Change in body posture 'lie down'
German	sich	sich	sich
Dutch	zich	(zich)	(?zich)
English	ø		

「自分の体を洗う」や「髭を剃る」のような grooming action をあらわす動詞では、ドイツ語とオランダ語で弱形再帰代名詞の生起が必須であり、また英語ではゼロ形の再帰代名詞の存在が仮定できる。「お辞儀をする」「振り向く」などの nontranslational motion をあらわす動詞の場合、ドイツ語では再帰代名詞が必要となるのに対して、オランダ語では再帰代名詞の生起は随意的となり、また英語では再帰代名詞は生起しない。さらに「横になる」「座る」のような change in body posture をあらわす動詞の場合、ドイツ語では再び再帰代名詞は必須となるが、オランダ語と英語ではこれらの出来事は自動詞により表現されるのが普通である。これに本節でみた反使役化ないし外項抑制に伴って生起する弱形再帰代名詞を加えると、次のようになる。

(69)

	Grooming action	Nontranslational motion	Change in body posture	Suppression of external argument
German	sich	sich	sich	sich
Dutch	zich	(zich)	(?zich)	
English	ø			

ここから明らかなように、弱形再帰代名詞の使用範囲は含意関係にある。すなわち、ドイツ語のように反使役化が適用される際に弱形再帰代名詞が生起する場合には、'sit down' や 'lie down' のような change in body posture および 'wash' や 'shave' のような grooming action にも弱形再帰代名詞は生起するという関係になる。これに対して、オランダ語では、'wash' や 'shave' のような grooming action では弱形再帰代名詞は必須となるが、'turn' や 'bow' のような nontranslational motion から change in body posture に至るにしたがい生起しにくくなり、さらに外項抑制が適用される構文では弱形再帰代名詞は生起しないということになる。つまり、外項抑制に伴って生起する弱形再帰代名詞を持つ言語においては、「自分の体を洗う」を表現する際にも弱形再帰代名詞が生起するという一般化を予測し、また、「座る」を表現する際に弱形再帰代名詞が生起しない言語は、外項抑制に伴って生起する再帰代名詞の用法も持たないという一般化を予測することになる。

5.4　本章のまとめ

本章では、次のことを主張した。
1) ドイツ語の使役交替において起動的事態をあらわす再帰動詞は他動詞から形成され、また起動的事態をあらわす自動詞は次のように分類できる。(i) schmelzen 'melt', trocknen 'dry', gären 'ferment' のように(温度、湿度、熱などのような自然的条件を除き)外的要因からの統御なしに状態変化が自然に展開するもの、(ii) kochen 'cook', backen 'bake', braten 'roast'

などの調理関係の出来事をあらわす動詞、(iii)brechen 'break' や reißen 'tear' のように状態変化が瞬間的に生起・終了するもの、(iv)rollen 'roll' や fliegen 'fly' のような移動をあらわすもの、(v)beginnen 'begin' や anfangen 'begin' のような出来事の開始をあらわすもの、さらに(vi)ersticken 'suffocate' のようなその他のグループに分けられる。(i)のいくつかの動詞、ならびに移動をあらわす(iv)の動詞については、なぜ自動詞と他動詞で交替するかについて歴史的な説明を与えることが可能であるが、料理に関わる状況をあらわす kochen 'cook', braten 'roast' や瞬間的な出来事をあらわす brechen 'break'、さらには出来事の開始をあらわす beginnen 'begin' などについては歴史的には他動詞形が古く、これらが再帰動詞ではなく自動詞により起動的出来事をあらわすことに対して明白な理由付けを行うことは困難である。また、(i)の動詞は、外的要因からの統御なしに展開する状態変化をあらわすと言うことはできるが、逆に外的要因の統御なしに展開する状態変化を記述するすべての動詞が自動詞という形態を示すという一般化を行うことはできない。例えば形容詞派生の他動詞を用いて自然に展開する状態変化をあらわす場合には再帰動詞を用いることになる。

2) Levin and Rappaport Hovav(1995)は他動詞形を持つ自動詞にも使役の意味を想定しているが、それには十分な証拠がない。また、ドイツ語においては再帰動詞と自動詞に異なる意味構造を想定することは妥当ではなく、両者は共に、概略、[x BECOME AT–STATE] と表示される意味構造を持つ。

3) オランダ語においては、反使役化が生じると自動詞が派生される。つまり、オランダ語の弱形再帰代名詞は外項抑制という操作と馴染まない。

4) 弱形再帰代名詞の分布は、身体に対する行為から反使役化に至るまでいわゆる含意関係にある。すなわち、反使役化ないし外項抑制に伴い弱形再帰代名詞が生起する言語であれば、「自分の体を洗う」や「座る」を表現する場合にも弱形再帰代名詞が用いられ、また、「座る」を再帰動詞により表現しない言語においては、外項抑制に伴って生起する弱

形再帰代名詞を持たない、という関係になる。

注

1 ただし、他動詞主語に人間動作主が許されないこともある。
   (i) Die Sonne/*Peter   reift   den Pfirsich.
       The sun/Peter–NOM ripens the peach–ACC

2 ドイツ語には反使役化により派生され、起動的事態をあらわす再帰動詞は(1)や(5)以外にも多数存在する。Duden Stilwörterbuch(1998)には、使役交替を示すドイツ語の再帰動詞がおよそ130個あげられている。

3 例えばöffnen 'open' において他動詞用法が支配的であることは Kang(2002)のコーパス調査から確認できる。Kangによれば、Mannheimer Korpus I と Handbuchkorpora における計234のöffnenの用例のうち、他動詞として用いられている例は193個(=82.5%)、また再帰動詞として用いられている例は41個(=17.5%)あり、このことからöffnenは他動詞用法が基本であり、再帰動詞は他動詞からの派生形であることが裏付けられる。

4 Grimmの Deutsches Wörterbuch によれば、(6f)の wechseln 'change' においても歴史的には他動詞が先行している。

5 ここでHärtlが用いている記号§§は、特定の表現(= von selbst 'by itself')が文と整合しないことを示す。

6 ただし、von selbst 'by itself と共起できる自動詞は、他動詞形を持つものに限られるということではない。他動詞形を持たない自動詞であっても、出来事を引き起こす外的要因を容易に想定することができれば、von selbst 'by itself' は生起できる。例えば(i)(ii)の動詞は他動詞形を持たないが、(i)では例えば「テーブルの揺れ」や「風」、(ii)では「空気の入れ過ぎ」といった当該の出来事を引き起こす外的要因を比較的容易に想定することが可能であり、したがってこれらの文と von selbst 'by itself' は整合することになる。
   (i) Das Kartenhaus zerfiel   von selbst.   (= 25a)
        The cards–house collapsed by itself
   (ii) Der Ballon zerplatzte von selbst.   (= 26a)
        The balloon burst   by   itself

第 5 章　外項抑制を伴う再帰構文Ⅰ—反使役化　139

7　Sells et al.(1987: 184)においても、オランダ語における弱形再帰代名詞の起動的用法はマージナルである("... the inchoative use is marginally possible(at least for the Dutch-speaking coauthor of this paper.")) と指摘されている。

8　(52)の動詞以外に「主語の出現」と「主語の外延の拡大」をあらわすオランダ語の再帰動詞には例えば次のものがある。

(i)　zich aanbieden 'offer itself', zich aankondigen 'announce itself', zich afspelen 'take place', zich aftekenen 'stand out', zich ontplooien 'develop', zich ontsluiten 'open', zich ontspinnen 'develop', zich opdringen 'force itself(upon)', zich opeenstapelen 'pile up', zich openbaren 'reveal itself', zich openen 'open', zich ophopen 'accumulate', zich opstapelen 'pile up', zich presenteren 'present itself', zich samenballen 'mass together', zich samenpakken 'gather', zich stapelen 'pile', zich toedragen 'take place', zich uitbreiden 'spread', zich uiten 'express itself', zich uitstrekken 'stretch itself', zich uitzetten 'expand', zich vastzetten 'collect, settle', zich verheffen 'rise', zich vermeerderen 'increase', zich vermenigvuldigen 'multiply', zich vertonen 'show itself', zich voordoen 'present itself', zich vormen 'form', zich vullen 'fill', zich welven 'arch'

9　Kaufmann(2004)が指摘するように、change in body posture を記述する再帰動詞 sich aufstellen 'place oneself' における再帰代名詞は意味役割を持たないが、他の名詞句と等位接続されると意味役割を持つように再解釈される。

(i)　?Er　stellte　sich　　und　seine　Mannschaft　an　der　Seitenlinie　auf.
　　He　placed　REFL　and　his　team　　　on　the　touch-line　PRT
(Kaufmann 2004: 238)

また Kaufmann によれば、再帰動詞と他動詞が表現する出来事が異なれば異なるほど、再帰代名詞と他の名詞句を等位接続した文の容認性が下がる。例えば(i)では「主語がタッチラインに位置する」という再帰動詞と「チームをタッチラインに配置する」という他動詞の意味にはあまり相違はないが、(ii)では「服を椅子の上におく」という他動詞と「ベッドに横になる」という再帰動詞の意味は大きく異なり、この点が容認性の相違にあらわれる。

(ii)??Das　Kind　legte　die　Kleider　auf　den　Stuhl　und　sich(selbst)　ins　　Bett.
　　The　child　put　the　clothes　on　the　chair　and　REFL　　into-the　bed
(Kaufmann 2004: 238)

また、オランダ語の場合、他の名詞句と等位接続できる再帰代名詞は強形の zichzelf に限られる。第2章でみたように、ドイツ語の再帰代名詞 sich は強形と弱形の両方の用法を持つため、(i)(ii)のような文脈にも対応できるわけである。

　　　　(iii) Hij heeft *zich/zichzelf en　　zijn hond geschoren.
　　　　　　He has　REFL　　　and　his　dog　shaved

10　第2章および第3章でみたように、オランダ語の弱形再帰代名詞は wassen 'wash' のような、身体がある程度の影響を被る出来事をあらわす動詞と共起する。本書では、この弱形再帰代名詞は意味役割を持つと主張しているが、(52)の弱形再帰代名詞もこのタイプのものであると考えられる。

11　ANS(1997: 58)は、やはり uitbreiden 'spread' が用いられている(i)における弱形再帰代名詞 zich は、強形再帰代名詞 zichzelf と交換可能であると指摘している。
　　　(i) De stad breidt zich in　zuidwestelijke richting uit.
　　　　　The city spreads REFL into south-western direction out
　　第2章でみたように、オランダ語の強形再帰代名詞 zichzelf は常に意味役割を持った項である。(i)の zich が zichzelf と交換可能であることは、この弱形再帰代名詞が外項抑制に伴って生起するものではないことを示している。さらに Google によりインターネットを検索すると、(i)の uitbreiden 'spread' 以外に「主語の出現」と「主語の外延の拡大」をあらわすオランダ語の再帰動詞において強形再帰代名詞 zichzelf が生起している次のような例がみつかった。これらの例は、再帰動詞 zich vertonen '(lit.) show itself, zich aanbieden '(lit.)offer itself, zich manifesteren '(lit.)manifest itself, zich ontwikkelen '(lit.)develop itself, zich verspreiden '(lit.)spread itself' において外項は抑制されていないことを示している。
　　　(ii) Het bedrijf vertoonde zichzelf...
　　　　　The action showed　REFL
　　　(iii) Dit boek biedt zichzelf helemaal in het Nederlands aan.
　　　　　The book offers REFL entirely in the Netherlands PRT
　　　(iv) Het grenzeloze　 manifesteert zichzelf...
　　　　　The boundlessness manifests　REFL
　　　(v) ... naarmate de medische wetenschap zichzelf ontwikkelt.
　　　　　　　　as　　the medical science　REFL develops
　　　(vi) ... slecht nieuws verspreidt zichzelf...
　　　　　　　bad news spreads REFL

12　(65)のような無生物主語の出現をあらわす再帰構文が用いられるようになったのは比較的新しい。OED によれば、(65a)の present は16世紀、(65b)の manifest は19世紀、(65c)の suggest は18世紀になってから、再帰動詞が無生物主語の出現をあらわすようになった。

13　ただし Stroik(1992, 1999)は、受動文と同様に、中間構文でも動作主が統語的に存在していると主張する。この点については、6.2 で若干触れることにする。

第6章　外項抑制を伴う再帰構文 II
―中間構文

　中間構文とは、(1)のように意味上の目的語が主語となり、多くの場合に副詞を伴い、主語の恒常的属性を述べる構文である。この構文は外項抑制を伴うとされており、ドイツ語では(1b)のように弱形再帰代名詞が必ず生起する。この再帰代名詞が弱形であることは、(2)に示すように、再帰代名詞がアクセントを持てないことや強調詞 selbst を付加できないことから明らかである。

(1) a.　This book reads easily.
　　b.　Das Buch liest sich leicht.　　(German)
　　　　 The book reads REFL easily
　　c.　Dit boek leest gemakkelijk.　　(Dutch)
　　　　 This book reads easily
(2) a.　*Das Buch liest SICH leicht.
　　　　 The book reads REFL easily
　　b.　*Das Buch liest sich selbst leicht.
　　　　 The book reads REFL INT easily

　統語的に外項が存在しないという点では、中間構文といわゆる非対格動詞を含む構文は共通性を示すが、両者には動作主の含意に相違があるとされている。すなわち、中間構文では意味的には動作主の存在が含意されるのに対して、非対格動詞では動作主は意味上も存在しない。それは、with や mit 'with'

を主要部に持ち、道具 (instrument) を表示する前置詞句の共起可能性から示されるだろう。

(3) a. The glass breaks easily with a hammer.
　　b. *The glass broke with a hammer.

(Condoravdi 1989: 16)

　　c. The glass was broken with a hammer.
(4) a. Der feindliche Kreuzer versenkte sich mit einem Torpedo leicht.
　　　 The hostile cruiser sank REFL with a torpedo easily
　　b. Der feindliche Kreuzer wurde mit einem Torpedo leicht versenkt.
　　　 The hostile cruiser was with a torpedo easily sunk
　　c. *Der feindliche Kreuzer versank mit einem Torpedo.
　　　 The hostile cruiser sank with a torpedo

(Härtl 2007)

道具を使用するには、動作主が存在しなければならないはずであるが、中間構文 (3a) (4a) は受動文 (3c) (4b) と同様に、道具を表示する前置詞句を許容する。これに対して、非対格動詞である break ならびに versinken 'sink' を含む (3b) (4c) にはこの前置詞句は認可されない。動作主が存在する、ないし含意されるという点で中間構文と受動文は共通性を持つことになる。また、次の (5) (6) も同様の点を示す。

(5) a. Asparagus should never be cooked for just oneself.
　　b. Asparagus never cooks well for (just) oneself. It definitely requires company.
(6) a. The potatoes will be peeled after PRO boiling them.
　　b. The potatoes will peel easily after PRO boiling them.
　　c. Babies often roll after PRO putting them in bed.

(Reinhart 1996: 8)

ここでは Reinhart(1996) などにならい、受動文では抑制された動作主が存在量化子により束縛され、また中間構文では抑制された動作主は総称量化子により束縛されると考える。受動文と中間構文では動作主の存在は含意されることになり、(5a, b) ならびに (6a, b) では含意される動作主が oneself ならびに PRO の先行詞となり得る。例えば受動文(6a)と中間構文(6b)では、「ジャガイモをむく人」と「ジャガイモをゆでる人」が同一人物になるという解釈があり得る。これに対して非対格動詞 roll を含む(6c)では、そもそも動作主の存在は含意されないため、「赤ん坊を転がす人」は存在せず、したがってもちろん PRO の先行詞になることはない。

　本章では、まず 6.1 において中間構文は個体レベル述語(individual–level predicate)であるという指摘を批判し、ドイツ語にみられる言語事実から中間構文はステージレベル述語(stage–level predicate)であることを指摘する。続いて 6.2 では、ドイツ語では二重目的語を持つ動詞から中間構文が形成できるのに対して、英語およびオランダ語ではそれが不可能である理由を議論する。英語とオランダ語において間接目的語を導入する主要部は、動作主が統語的に存在して初めて認可されるのに対して、ドイツ語の与格名詞句を導入する主要部は、動作主の統語的存在に関わりなく、形態的な「格」のみによって認可されることがその理由であると主張する。6.3 では本章の議論をまとめる。

6.1　ステージレベル述語としての中間構文

中間構文は、主語の恒常的な属性をあらわすと解釈されることから個体レベル述語(individual–level predicate)であると指摘されることがある(Ackema and Schoorlemmer 1994, Matsumoto and Fujita 1995, Kageyama 2006)。個体レベル述語とは、例えば形容詞 intelligent のように時間や空間の変化に依存することのない、ある対象の永続的な状態をあらわす述語である。このタイプの述語は時間軸に位置づけられた特定の出来事をあらわすことはなく、その項構造に状況の変数(s)を含まない。これに対して、形容詞 available の

ように、ある特定の時間軸に位置づけられた出来事をあらわす述語はステージレベル述語(stage-level predicate)と呼ばれ、その項構造に状況の変数(s)を含む。Diesing(1992)やKratzer(1995)の研究により、ドイツ語においてはこの2つのタイプの述語の区別が統語的に顕在化することが示されている。Diesing(1992)によれば、個体レベル述語の裸複数(bare plural)主語は［Spec, IP］の位置に基底生成されるのに対して、ステージレベル述語の裸複数主語はその解釈に応じて［Spec, VP］と［Spec, IP］の両方の位置に生起する。また、ドイツ語におけるjaやdochなどのいわゆる不変化詞はVPに付加されるとされており、したがって(7)のようにステージレベル述語verfügbar 'available'の主語はこれらの不変化詞の左右どちらにも生起できるのに対して、個体レベル述語intelligent 'intelligent'の主語は常に［Spec, IP］の位置を占めるため、主語が不変化詞の右側に生起している(8b)は許されないことになる。

(7) a. weil Professoren ja doch verfügbar sind　　(Diesing 1992: 37)
　　　 since professors 'indeed' available are
　　b. weil ja doch Professoren verfügbar sind　　(Diesing 1992: 38)
　　　 since 'indeed' professors available are
(8) a. weil Wildschweine ja doch intelligent sind　(Diesing 1992: 38)
　　　 since wild-boars 'indeed' intelligent are
　　b. *? weil ja doch Wildschweine intelligent sind　(Diesing 1992: 38)
　　　 since 'indeed' wild-boars intelligent are

さらに、ステージレベル述語における裸複数の主語が数量詞を含む場合、(9a)のように「数量詞＋名詞句」という連鎖から名詞句のみを抜き出して文頭に配置することが可能であるのに対して、個体レベル述語の場合では、(9b)のようにその操作は許されない。

(9) a. Wildschweine sind viele   verfügbar.   (Diesing 1992: 40)
       Wild-boars   are   many   available
    b. *Wildschweine sind viele   intelligent.   (Diesing 1992: 40)
       Wild-boars   are   many   intelligent

さて、このような個体レベル述語とステージレベル述語にみられる統語的なテストを中間構文に適用してみよう。まず(10a, b)にみるように、中間構文における裸複数の主語は不変化詞 ja doch の左右どちらにも生起できる。また、中間構文における裸複数の主語が数量詞を含む場合、(10c)のように主要部のみを数量詞 viele 'many' から分割して文頭に配置することも可能である。

(10) a. weil   sich   ja doch   Sonaten leicht spielen
        since   REFL   'indeed'   sonatas easily play
     b. weil   sich   Sonaten ja doch   leicht spielen
        since   REFL   sonatas 'indeed' easily play
     c Sonaten spielen sich   viele   leicht.
        Sonatas play   REFL   many   easily

これらの事実は、中間構文が個体レベル述語ではなく、ステージレベル述語であることを示している[1]。

さらに Steinbach(2002: 106f.)は、場所をあらわす前置詞句の解釈、ならびに副詞 immer wieder 'again and again' との共起性から中間構文はステージレベル述語であることを示している。

(11) a. ... weil   alle Verkäufer in diesem Laden grüne Mützen tragen
          because all salespersons in this shop green caps   wear
     b. ... weil   alle Verkäufer in diesem Laden Müller heißen
          because all salespersons in this shop Müller are-called

c.　... weil　　sich　　die　Bücher　in　diesem　Laden　gut　verkaufen
　　　　　　because　REFL　the　books　in　this　shop　well　sell
(12) a. *Alle　Verkäufer　heißen　immer wieder　Müller.
　　　　　All　salespersons　are-called　again and again　Müller
　　　b.　Dieses　Buch　liest　sich　immer wieder　gut.
　　　　　This　book　reads　REFL　again and again　well

ステージレベル述語 tragen 'wear' を含む(11a)は、「この店で働いている販売員は、(常に、店外でも)緑の帽子をかぶっている」という解釈と、「この店で働いている販売員は、(店にいる時は)緑の帽子をかぶっている」という2つの解釈を持つが、個体レベル述語 heißen 'be called' を含む(11b)にはその曖昧性はなく、「この店の販売員は(常に)ミュラーという名前である」という解釈しかない。中間構文(11c)における場所の前置詞句 in diesem Laden 'in this shop' の解釈は、(11a)と同様に曖昧である。また、副詞 immer wieder 'again and again' は「出来事の繰り返し」を意味するが、(12a)のように個体レベル述語 heißen 'be called' はこの副詞と整合しないのに対して、中間構文は(12b)のようにこの副詞と共起できる。やはり、これらの点は中間構文が状況の変数(s)を含むステージレベル述語であることを示している。

　これに対して Matsumoto and Fujita(1995)や Kageyama(2006)は、中間構文は個体レベル述語と同様、時間の副詞や進行形と整合しないといった理由から、中間構文は個体レベル述語であるとみなしている。

(13) a. *Kinder　waren　am　Freitag　viele　intelligent.　(Diesing 1992: 43)
　　　　Children　were　on-the　Friday　many　intelligent
　　　b. ?? This evening, bureaucrats bribed easily.
　　　　　　　　　　　　　　　　　　　(Matsumoto and Fujita 1995: 100)
(14) a. *John is knowing the answer.　　　　　　(Roberts 1987: 196)
　　　b. *Chickens are killing nicely.　　　　　　(Roberts 1987: 194)

しかし、gestern Abend 'yesterday evening' や last night といった時間の副詞を含むドイツ語と英語の中間構文(15)は問題がなく、また Iwata(1989)によれば進行形を含む(14b)が容認されないのは主語が不定であるためであり、主語が定性を備えた中間構文(16)は容認されるという。これらのことは、中間構文はステージレベル述語であることを裏付ける。

(15) a. Der Bach hat sich gestern Abend ausnahmsweise mal
       The Bach has REFL yesterday evening exceptionally PRT
       ganz gut gespielt.   (Steinbach 2002: 276)
       quite well played
    b. Heute Abend verkaufen sich die Bücher wie warme Semmeln.
       Today evening sell REFL the books like hot cakes
                                       (Steinbach 2002: 268)
    c. The curry digested surprisingly easily last night. (Iwata 1999: 530)
(16) a. These bureaucrats are bribing easily.   (Iwata 1999: 531)
    b. These chickens are killing easily.   (Iwata 1999: 531)

この議論をふまえて、中間構文があらわす意味について考察しよう。Condoravdi(1989: 18)は(17a)の中間構文に(17b)の意味表示を与えている。

(17) a. This bread cuts smoothly.
    b. G [e: bread(x), cut(e), Patient(e, x)] [smooth(e)]

(17b)は概略、「パンを切るという出来事があれば、その出来事はスムーズという性質を持つ」を意味し、ここでは中間構文は出来事を総称化している文であることが示されている。したがって Condoravdi(1989)によれば、次のようないわゆる非対格動詞を含む文も中間構文とみなされることになる。(18)においても、総称化された出来事が述べられているからである。

(18)　These raisons blacken slowly in the dark.　　　（Condoravdi 1989: 20）

しかし(18)のような出来事が総称化されている文をすべて中間構文に含めてしまうと、外項抑制を伴わず、したがってドイツ語においては再帰代名詞を含まない(19)のような文までも中間構文とみなさざるを得ないことになる。

(19)　Diese　Äpfel　verfaulen　schnell.
　　　These　apples　rot　　　quickly

しかし、(18)や(19)のような非対格動詞を含む構文を中間構文に含めなければならない積極的な理由は見当たらないので、本書ではSteinbach(2002)やKaufmann(2004)にならい、中間構文においては出来事のみならず、動作主も総称化されていると考える。例えばドイツ語の中間構文(20a)は、概略、(20b)のように表示される。

(20)a.　Das　Buch　verkauft　sich　gut.
　　　　The　book　sells　　　REFL　well
　　b.　GEN [s, x] (V(s <x, b>); G(s))

(20b)におけるGENは総称量化子であるが、ここでは「xが本を売る」という状況sと動作主xの両方が総称化されている。ここでは状況をあらわす変数sが存在するため、中間構文はステージレベル述語であることになり、したがって(15)のように過去の一時点をあらわす副詞や(16)のように進行形と共起することを拒まない。しかし、あくまで中間構文は総称化された出来事をあらわすために、(21)のような時間軸上に明確に位置づけられた一回限りの出来事は記述できないことになる。

(21) ??Der Bach hat sich gestern Abend genau einmal ganz gut gespielt.
　　　The Bach has REFL yesterday evening exactly once　quite well played
　　　'Last night this piece by Bach played well exactly once.'

〈Steinbach 2002: 276〉

　本節では、ドイツ語のデータから中間構文はステージレベル述語であることを主張し、さらに中間構文においては、出来事と動作主の両方が総称化されていることを指摘した。

6.2　二重目的語を持つ動詞からの中間構文

ドイツ語では与格と対格を選択する動詞から中間構文を形成できるのに対して、英語とオランダ語においては二重目的語を選択する動詞から中間構文を作ることはできない。

(22) a.　Dieses Buch　　　verkauft sich　den Nonnen　　hervorragend.
　　　　This　book–NOM　sells　　REFL　the nuns–DAT　excellently
〈Steinbach 2002: 26〉
　　 b.　So　einem Publikum　　spielt sich　ein Bach　　nicht
　　　　Such an　audience–DAT　plays REFL　a　Bach–NOM　not
　　　　so　leicht　vor.　　　　　　　　　　　〈Schachtl 1991: 115〉
　　　　so　easily　PRT
　　 c.　Heutzutage verkauft sich　die schwarze Scheibe　　nur
　　　　Today　　sells　REFL　the black　record–NOM　only
　　　　noch　dem ewig Gestrigen.　　　　　　〈Schachtl 1991: 116〉
　　　　yet　 those–who–live–in–the–past–DAT

d. ... weil   sich   süßer Hustensaft   kleinen Kindern
   because REFL sweet cough–syrup–NOM small children–DAT
   besser einflößt   (Steinbach 2002: 26)
   better into–pours

e. Almosen   geben sich   Armen   für Reiche
   Alms–NOM give   REFL poor–people–DAT for rich–people
   leichter   als   für   Arme.   (Abraham 1993: 819)
   more–easily than for poor–people

f. Diese Melodie   prägt sich   dem Gehör
   This melody–NOM stamps REFL the sense–of–hearing–DAT
   leicht ein.   (Duden Deutsches Universalwörterbuch)
   easily PRT

g. Diese Sprache   lehrt sich   den Mädchen leicht.
   This language–NOM teaches REFL the girls–DAT easily

(23) a. *Books read me easily.   (Keyser and Roeper 1992: 97)
    b. *These books sell only the linguists.
                               (Ackema and Schoorlemmer 1994: 80)
(24) *Het boek verkocht de studenten goed. (Everaert 1990: 128)
    The book sold   the students well

英語とオランダ語における中間構文では弱形再帰代名詞が生起しないのであるから、(22)から(24)にみられる相違は再帰代名詞の有無と関連していると思えるかも知れない。しかし、この相違は再帰代名詞の有無とは独立して存在している。なぜなら、オランダ南東部の都市ヘールレン(Heerlen)で話されている方言では、(25a)のように中間構文では再帰代名詞が生起するにもかかわらず、(25b)のように二重目的語を選択する動詞から中間構文を作ることはできないからである。

(25) a. Het boek verkoopt zich goed. (Heerlen Dutch)
The book sells REFL well
b. *Het boek verkoopt zich de studenten goed.
The book sells REFL the students well

これまでにも、英語やオランダ語において二重目的語を選択する動詞から中間構文が形成できない理由を論じている研究が存在する。次節では、そのいくつかを検討する。

6.2.1　既存の研究

Roberts (1987) は、英語の二重目的語構文に「見えない前置詞」(Pe) の存在を仮定し、(26) のように、この前置詞が間接目的語 NP_1 に格を付与すると想定している。さらに Roberts は、この「見えない前置詞」がその目的語 NP_1 に格を付与できるのは、前置詞が V と同一指標を持ち、さらに V が時制に関する情報を含む INFL と同一指標を持つ場合に限られると考える。Roberts によれば、(27) に示すように、V と INFL が同一指標を持ち、したがって時制に依存 (dependent) する場合には動詞は出来事を記述し、また V と INFL が同一指標を持たず、時制には依存しない場合、動詞はある状態を記述する。

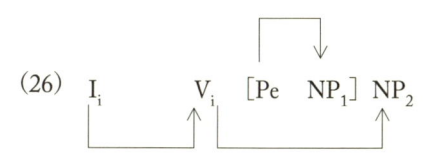

(26) I_i V_i [Pe NP_1] NP_2

(27) a. A Verb which is temporally dependent on Tense has an event reading.
b. A Verb which is not temporally dependent on Tense has a state reading.
(Roberts 1987: 198)

Roberts によれば、中間構文は出来事を記述しないために V と INFL は同一指標を与えられることはなく、したがって (26) における「見えない前置詞」

(Pe)も間接目的語NP₁に格を与えられず、またVも直接目的語NP₂に格を与えることはできない。そのために、(28)はすべて許容されないことになる。

(28) a. *Cakes bake Mary often. (Roberts 1987: 221)
　　 b. *Mary bakes a cake easily. (Roberts 1987: 191)
　　 c. *Orphans give presents easily at Christmas. (Roberts 1987: 191)

Robertsによれば、中間構文は出来事を記述しない。そのため、(29a)のknowなどと同様、中間構文は(29b, c)のように進行形を形成しないと指摘している。しかし前節でみたように、Iwata(1999)によれば進行形を含む中間構文(29b, c)が容認されないのは主語が不定であるためであり、主語が定性を備えた(30)は問題がない。

(29) a. *John is knowing the answer. (Roberts 1987: 194)
　　 b. *Bureaucrats are bribing easily. (Roberts 1987: 194)
　　 c. *Chickens are killing nicely. (Roberts 1987: 194)
(30) a. These bureaucrats are bribing easily. (Iwata 1999: 531)
　　 b. These chickens are killing easily. (Iwata 1999: 531)

また、前節でみたように、中間構文には過去の一時点を指示する副詞も生起可能であり、中間構文は出来事を記述しない(ないし状況の変数(s)を含まない)個体レベル述語ではなく、ステージレベル述語とみなすべきである。

(31) a. Der　Bach　hat　sich　　gestern　Abend　ausnahmsweise mal
　　　　The　Bach　has　REFL　yesterday　evening　exceptionally　　PRT
　　　　ganz　gut　gespielt. 　　　　　(= 15a)
　　　　quite　well　played
　　 b. The curry digested surprisingly easily last night. (= 15c)

第6章　外項抑制を伴う再帰構文II—中間構文　153

　結局、英語の中間構文(23)や(28)が許されないことを、中間構文は出来事を記述しないという想定から直接的に導き出すことはできないことになる。
　英語の統語構造に見えない(invisible)接語(clitic)の位置があることを主張するKeyser and Roeper(1992)は、英語の中間構文に間接目的語が生起できないことについても論じている。彼らによれば、例えば動詞 give は(32a)の統語構造を持つが、この Clitic の位置には(抽象的な)間接目的語のマーカーも生起するという。また、Keyser and Roeper(1984)においては、英語の中間構文(32b)に対しても(32c)のような見えない接語 Clitic の存在が仮定されており、この接語は主語の意味役割を抑制する役割を持つ。

(32) a.　we [$_{VP}$ [$_V$ [$_V$ give] *Clitic*] money]　　(Keyser and Roeper 1992: 91)
　　 b.　Bureaucrats bribe easily.
　　 c.　bureaucrats [[$_V$ bribe] *Clitic*] easily　　(Keyser and Roeper 1992: 97)

(32a)と(32c)における2種類の接語が同じ構造的位置を占めていると想定することにより、(33)が扱えることになる。中間構文形成の際に必要な接語と間接目的語のマーカーとなる接語は同時には生起できないからである。

(33)　*Books read me easily.　　(= 23a)

しかし、この抽象的接語(abstract clitic)による説明は、もちろんドイツ語にはあてはまらない。ドイツ語においては、中間構文に間接目的語としての与格目的語が生起できるからである。
　中間構文の語彙的な派生を主張するAckema and Schoorlemmer(1994)も、英語において二重目的語を選択する動詞から中間構文を形成できない理由を論じている。彼らによれば、Jackendoff(1990)の枠組みにおける actor が語彙的(ないし presyntactic)に抑制された後に "patient—agent—theme—goal" という意味役割の階層において最も高い意味役割を持つ名詞句が外項として主語位置に基底生成される。彼らは、外項を定義する際にJackendoff

(1990)とGrimshaw(1990)の双方に依拠している。Jackendoffの意味役割理論は項の間にみられるエネルギーの流れ、ないし影響(affectedness)関係を表示する"action tier"と、場所的な関係を表示する"thematic tier"の区別を行う点に特徴があり、また、Grimshaw(1990)も"aspectual dimension"と"thematic dimension"を区別し、両方の次元(dimension)において最も優位(prominent)な項のみが外項としての資格を得ると考えている。Ackema and Schoorlemmer(1994)は、このGrimshaw(1990)の外項の定義をJackendoffが導入した2つのtierに適用し、外項はどちらのtierにおいても最も優位でなければならないと指摘する。つまり、彼らによれば、action tierとthematic tierのどちらにおいても最も優位な項のみが外項としての資格を得ることになるわけである。英語の間接目的語はaction tierにおいてはpatientの役割を持ち、またthematic tierにおいてはgoalの役割を担うため、2つのtierにおいてミスマッチが生じる。つまり、actorが抑制された後の意味役割の階層"patient—agent—theme—goal"という配列において、間接目的語はaction tierとthematic tierの両方において最も優位な項になることはあり得ず、したがって外項としての資格を持てないことになる。このため、間接目的語を主語化した中間構文(34a)が排除されることになる。また、二重目的語構文における直接目的語は、そもそも影響関係を表示しないためにaction tierには関与できず、したがってやはり外項になる資格を持てない。このことから直接目的語を主語化した中間構文(34b)が排除されることになる[2]。

(34) a. *Linguists don't sell books.
　　 b. *These books don't sell linguists.

(Ackema and Schoorlemmer 1994: 80)

Ackema and Schoorlemmer(1994)の説明は、英語ならびにオランダ語の事実に対しては問題ないといえるかも知れないが、この説明はドイツ語には妥当しない。なぜなら、ドイツ語においてはaction tierには関与できず、したがって外項になる資格がないはずのthemeの意味役割を持つ名詞句が中間

構文の主語になれるからである。

(35) a. Dieses Buch verkauft sich den Nonnen hervorragend. (= 22a)
   This book sells REFL the nuns–DAT excellently
 b. ... weil sich süßer Hustensaft kleinen Kindern
   because REFL sweet cough–syrup small children–DAT
   besser einflößt (= 22d)
   better into–pours

したがって、英語・オランダ語とドイツ語の相違を扱うには、意味役割の階層とは異なる次元での議論が必要である。

　加賀(2001)および Kaga(2007)は、抽象度の高い格理論により、二重目的語を選択する英語の動詞から中間構文を形成できない事実をエレガントに説明している。加賀は、二重目的語を持つ構文(36a)にいわゆる VP シェルを備えた(36b)の統語構造を付与している。ここでは、上位動詞 V_1 と下位動詞 V_2 がそれぞれ１つずつ格照合素性を持つと考えられている。

(36) a. John gave Mary a book.
 b. [$_{VP1}$ John [$_{V'1}$ V_1 $_{[+F]}$ [$_{VP2}$ Mary [$_{V'2}$ gave $_{[+F]}$ a book]]]]

（加賀 2001: 161）

中間構文は上位動詞 V_1 を不活性にすることで形成される。その操作により、上位動詞 V_1 が持つ格照合素性が失われるが、下位動詞 V_2 が持つ格照合素性は保持されたままである。したがって、下位動詞 V_2 が持つ格照合素性を無視して、下位動詞の補部の名詞句を主語化した(37)は許されないことになる。

(37) a. *That kind of book gives easily.
 b. *A cup of coffee offers easily.

加賀は、二重目的語を持つ英語の動詞から中間構文を形成できないという事実を、Roberts のように状態をあらわす文と格付与の間に関連性を見出すことなく、「外項抑制によって 2 つの格素性を同時に奪うことはできない」という点を直接的に統語論に持ち込んでいる。ただし、加賀の説明の重点は(37)のような直接目的語が主語化された中間構文に置かれており、間接目的語が主語化された(38)については必ずしも十分に議論されていないように思われる。

(38) a. *Linguists don't sell books.　（= 34a）
　　 b. *Mary bakes a cake easily.　（= 28b）

このように、既存の研究では英語やオランダ語といった個別言語に成立する原理を主張することに重点があり、ドイツ語のデータもカバーする原理的な説明が十分になされているとは言い難い。この目的のためには、これらの言語における二重目的語を含む文の統語構造をさらに詳細に検討する必要がある。

6.2.2　オランダ語とドイツ語における二重目的語動詞の統語構造

この節では、英語、オランダ語、ならびにドイツ語における二重目的語を選択する動詞の統語構造を論じる。

　二重目的語構文を扱った近年の統語論研究では、間接目的語を導入する主要部 vAPPL を想定することが多い (Marantz 1993, Collins 1997, Anagnostopoulou 2004, Miyagawa and Tsujioka 2004 など)。また Anagnostopoulou (2004) にしたがえば、アイスランド語やギリシア語のように間接目的語が与格や属格で表示される場合、この vAPPL が間接目的語にその形態格を付与する役割を持つ。このような流れを受け、Lee-Schoenfeld(2005)、McIntyre(2004, 2006)、McFadden(2004) など、ドイツ語を扱った最近の研究においても与格を導入する機能範疇が想定されている。

　例えば Marantz(1993) や Anagnostopoulou(2004) は、二重目的語構文に次

のような統語構造を想定している。

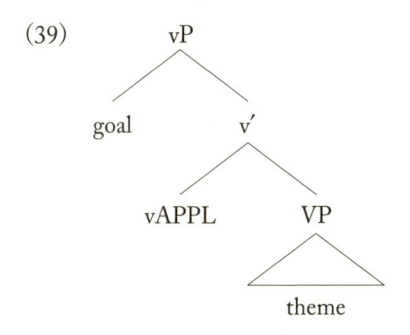

(39)
```
        vP
       /  \
    goal   v'
          /  \
       vAPPL  VP
              /\
            theme
```

(Anagnostopoulou 2004: 147)

(39)の構造が Larson(1988)の提案に基づく(40)よりも妥当であるとされるのは、(39)はいわゆる移動の局所性(locality)に対する制約を適切に反映しているからである。

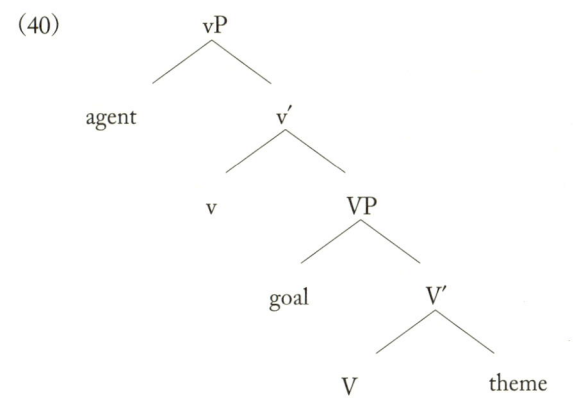

(40)
```
          vP
         /  \
      agent  v'
            /  \
           v    VP
               /  \
            goal   V'
                  /  \
                 V   theme
```

(Anagnostopoulou 2004: 147)

移動における局所性とは、概略、移動の標的 α があり、その位置に移動可能な要素が2個以上存在する場合、移動の標的 α に最も近いものが移動しなければならないというものである。この場合の「近さ」はおおよそいわゆる

C統御によって決定され、移動の標的 α が C 統御できる要素の中で、標的 α から最短距離にあるものが「最も近い」要素ということになる。(41) において α が β と γ を C 統御し、また β が γ を C 統御し、かつ γ が β を C 統御しないのであれば、β のみが α に移動できることになる。

(41)　… α … [… β … [… γ …] …]
　　　　　　　　OK

ただし、この制約は移動可能な要素が同一の「最小領域」に存在する場合はあてはまらない。同一の最小領域とは、概略、主要部 X の領域(主要部の最大投射 XP に含まれる節点から、X と X の投射 X′ ならびに XP を除いた部分)を形成する最上位の節点の集合である。すると、(40) においては、theme と goal がともに V を主要部とする最小領域に存在しているため、この構造が受動化を受けた場合には、theme も goal も同様に主語位置に移動できることを予測してしまう。しかし、よく知られているように(少なくともアメリカ英語においては)goal を主語化した受動文(42a)は適格であるが、theme を主語化した受動文(42b)の許容度は著しく低下する。したがって(40)の構造は、受動化を受けた場合に 2 つの目的語の主語化を認めてしまうという点で不適切であるということになる。

(42) a.　Mary was sent a letter.
　　 b.　?* A letter was sent Mary.

これに対して(39)の構造の場合、goal は vAPPL を主要部とする領域、また theme は V を主要部とする領域に属しており、したがって受動化を受けた場合、主語位置に近い goal が主語となる(42a)のみが適格となり、主語位置により遠い theme が主語となる(42b)が容認されないことを正しく予測する。

次に、オランダ語において二重目的語を選択する動詞、ならびにドイツ語において与格と対格を選択する動詞の統語構造を考察しよう。

まず、オランダ語における間接目的語の振る舞いからみていこう。よく知られているように、英語では(43)のように、間接目的語は直接目的語を束縛できるが、その逆は成り立たない。すなわち、間接目的語が直接目的語を非対称的にC統御するわけであるが、この点はオランダ語でも同様である。(44)では、間接目的語のみが強形再帰代名詞 zichzelf 'himself' の先行詞となり得ることが示されている。やはり英語と同様に、オランダ語においても goal を表示する名詞句が theme を表示する名詞句を非対称的にC統御する。

(43) a. I showed John himself (in the mirror).
　　 b. *I showed himself John (in the mirror).
(44) a. 　dat　ik　Jan　zichzelf　getoond　heb　(in de　spiegel)
　　　　 that　I　Jan　REFL　　 shown　　have　in the　mirror
　　 b. *dat　ik　zichzelf　Jan　getoond　heb　(in de　spiegel)
　　　　 that　I　REFL　　 Jan　shown　　have　in the　mirror
　　　　　　　　　　　　　　　　　　　（Neeleman and Weerman 1999: 18）

さらに、Anagnostopoulou(2004)が指摘しているように、オランダ語のいわゆる「かき混ぜ」(scrambling)にはギリシア語のいわゆる clitic doubling と同様の制約がみられる。ギリシア語では、属格として具現している goal を飛び越えて theme を受動化した(45a)は許されないが、goal を表示する属格と同格の接語 tis が生起している(45b)は適格になる。詳細な議論は省かざるを得ないが、Anagnostopoulou(2004)によれば、この属格接語の付加は vAPPL により導入される goal を「飛び越え」て theme を主語化する際に必要な統語的操作である。すなわち、この接語付加により、移動の局所性が保証されるわけである。

(45) a. ?*To   vivlio   charistike   tis Marias   apo   ton Petro.
        The book–NOM award–NACT the Maria–GEN from   the Petros
    b. To   vivlio   tis   charistike   (tis Marias).
        The book–NOM Cl–GEN award–NACT the Maria–GEN
        'The book was awarded to Mary.'

(Anagnostopoulou 2004: 22)

オランダ語やドイツ語では、waarschijnlijk/wahrscheinlich 'probably' のような文副詞は VP に付加されるとされているが、オランダ語では、theme が goal を飛び越えて主語化される場合、(46a)のように goal を表示する Marie が in situ に留まっている場合は許されず、(46b)のように「かき混ぜ」を受けて VP の外に移動している場合は許容される。この「かき混ぜ」はギリシア語の clitic doubling と同様に、goal を飛び越えて theme を主語化する際に必要な統語的操作ということになる。

(46) a. *?dat het boek waarschijnlijk Marie gegeven wordt
          that the book probably   Marie given   is
    b. dat het boek Marie waarschijnlijk gegeven wordt
          that the book Marie probably   given   is

(den Dikken 1995: 207)

これらの点は、英語やギリシア語と同様に、オランダ語においても goal を表示する名詞句が theme を表示する名詞句よりも構造的に「高い」位置にあることを示している。

また、オランダ語の間接目的語はドイツ語の与格名詞句と同様、いわゆる内在格を持つとされる。(47)のドイツ語の与格名詞句と同様、(48)にみるように、オランダ語の間接目的語は受動文の主語になることはない。

(47) a. Peter   gibt   dem Mädchen das Buch.
        Peter–NOM gives the girl–DAT the book–ACC
    b. Das Buch   wird dem Mädchen   gegeben.
        The book–NOM is   the girl–DAT given
    c. *Das Mädchen   wird das Buch   gegeben.
        The girl–NOM is   the book–ACC given
(48) a. Zij   stuurde ons   een bloem   toe.
        She–NOM   sent   us–IO a   flower–DO PRT
    b. Ons   werd   een bloem   toegestuurd.
        Us–IO was–SING   a   flower–NOM sent
    c. *Wij   werden   een bloem   toegestuurd.
        We–NOM   were–PL   a   bloom–DO   sent

(den Besten 1981: 86)

「彼女が我々に花を送った」というオランダ語の能動文(48a)を受動文にすると、直接目的語 een bloem 'a flower' を主語とし、間接目的語 ons 'us' がそのままの形を保っている(48b)のみが許され、間接目的語 ons 'us' を主語にした(48c)は許されない。これは、ドイツ語の(47b, c)と全く並行的であり、このことから例えば den Besten(1981)は、オランダ語の間接目的語は内在格を持つと指摘している[3]。ただし、(49)に示すように、オランダ語における格のパラダイムは主格と対格ないし目的格しか存在せず、この点では与格を持つドイツ語と異なる。つまり、オランダ語の間接目的語は対格ないし目的格の形態を示すにもかかわらず、内在格を持つことになる。

(49) 　　　　　　　主格代名詞　　　目的格代名詞
　　1人称単数　　ik 'I'　　　　　mij 'me'
　　2人称単数　　jij 'you'　　　　jou 'you'
　　3人称単数　　hij 'he'　　　　hem 'him'
　　　　　　　　 zij 'she'　　　　haar 'her'
　　　　　　　　 het 'it'　　　　 het 'it'

　次にドイツ語の与格と対格を選択する動詞の統語構造について考察しよう。まず、Lenerz(1977)以来、ドイツ語における与格と対格の基本語順は、与格—対格の配列であると想定されることが多い。基本語順は、統語論的条件のみによって規定され、したがって文脈の影響を受けないはずのものであるため、Was ist geschehen? 'What happened?' という疑問文に対する返答として機能しなければならない。与格—対格の配列を持つ(50)は、Was ist geschehen? 'What happened?' という疑問文に対する返答になり得るが、対格—与格の配列を持つ文(51)は、文全体が焦点となる(51a)の文脈では許されず、与格のみが焦点となる(51b)の文脈において許容される。このことから、ドイツ語においては与格—対格という配列を基本語順とみなし、対格—与格の配列は、対格名詞句をVPの外に「かき混ぜ」ることにより派生されると一般的に考えられている。

(50)　［Was ist geschehen?］'What happened?'
　　　Peter hat dem Mädchen das Buch gegeben.
　　　Peter has the girl–DAT the book–ACC given
(51) a.　［Was ist geschehen?］'What happened?'
　　　#Peter hat das Buch dem Mädchen gegeben.
　　　Peter has the book–ACC the girl–DAT given
　　b.　［Wem hat Peter das Buch gegeben?］'Who did Peter give the book to?'
　　　ᴼᴷPeter hat das Buch dem Mädchen gegeben.
　　　Peter has the book–ACC the girl–DAT given

しかし、Anagnostopoulou(2004)によれば、この与格—対格を基本語順とする考えでは、これらの名詞句間における束縛関係の扱いに問題が生じるという。ドイツ語においては、英語やオランダ語と異なり、与格目的語は対格目的語を束縛できず、逆に対格目的語が与格目的語を束縛すると指摘されているからである。

(52) a. Der Arzt zeigte den Patienten_j sich_j im Spiegel.
       The doctor showed the patient–ACC REFL–DAT in–the mirror
   b. *Der Arzt zeigte dem Patienten_j sich_j im Spiegel.
       The doctor showed the patient–DAT REFL–ACC in–the mirror
                                                 (Grewendorf 1985: 160)

この事実から、Anagnostopoulou(2004)は、ドイツ語の与格は対格よりも「低い」位置に生成されると指摘する[4]。このように想定した場合、基本語順は対格—与格という配列になるが、この配列はこれら2つの目的語が人称代名詞である場合にも遵守されるものである。Anagnostopoulou(2004)は、Müller(1999)などと同様に、この人称代名詞の語順は基本語順を反映した現象であると指摘する。(53)では、人称代名詞は従属接続詞 dass 'that' に隣接する位置に生起しているが、ここでは主語の語順や実現形態に関わりなく、人称代名詞により具現する2つの目的語の語順は対格—与格でなければならない[5]。

(53) a. dass es ihm der Fritz gegeben hat
        that it–ACC him–DAT the Fritz–NOM given has
   b. *dass ihm es der Fritz gegeben hat
        that him–DAT it–ACC the Fritz–NOM given has

c. dass sie es ihm wahrscheinlich zum Geburtstag
that she–NOM it–ACC him–DAT probably for-the birthday
schenken wird
give will

d. *dass sie ihm es wahrscheinlich zum
that she–NOM him–DAT it–ACC probably for-the
Geburtstag schenken wird
birthday give will

(Anagnostopoulou 2004: 135)

ドイツ語では与格名詞句が対格名詞句よりも「低い」位置に生成されるとすると、(54)では対格名詞句を主語化する際、その対格名詞句は与格名詞句を飛び越えていないことになり、したがって移動の局所性にも違反していないことになる。

(54) dass das Buch dem Mädchen gegeben wird
that the book–NOM the girl–DAT given is

さて、このようなAnagnostopoulou(2004)のドイツ語に対する指摘を検討していこう。まず、(52)の束縛現象についてであるが、ここでは第2章でみたように、ドイツ語の再帰代名詞sichは弱形と強形の両方の用法を持つことに注意しなければならない。英語の(43)とオランダ語の(44)はともに強形再帰代名詞の束縛を問題にしているのであるから、ドイツ語においても強形再帰代名詞の束縛関係を論じる必要がある。ドイツ語においても強形再帰代名詞であることを明示する強調詞selbstを再帰代名詞に付加すると、(55a)に示すように与格名詞句は対格の再帰代名詞を束縛できるようになる。また、他の名詞句と等位接続した再帰代名詞は強形再帰代名詞の解釈を受けるが、この場合も(55b)に示すように、与格名詞句は対格の再帰代名詞を束縛できる。したがって、対格の強形再帰代名詞は与格名詞句に束縛され

るという点で、ドイツ語は英語およびオランダ語と相違はないことになる[6]。

(55) a. Ich habe dem Gast$_i$ sich$_i$??/*(selbst) als Kandidaten empfohlen.
　　　 I have the guest-DAT REFL-ACC as candidate recommended
　　　　　　　　　　　　　　　　　　　　　　（Haider and Rosengren 2003: 222）
　　 b. Wir zeigten ihm$_i$ [die Frau und sich$_i$ selbst] im Bild.
　　　 We showed him-DAT [the woman and REFL]-ACC in-the picture
　　　　　　　　　　　　　　　　　　　　　　（McIntyre 2004）

さらに、(52)を除けば、ドイツ語の束縛現象は英語の場合と変わらない。まず、代名詞が数量名詞句の変項になるには前者が後者によってC統御されなければならない。英語においては(56)にみるように数量名詞句を含む名詞句が間接目的語として実現している場合のみ適格であり、ドイツ語においては(57)にみるように数量名詞句を含む与格名詞句が対格名詞句に先行している場合のみ適格である。また、each ... the other 構文が相互的な読みを持つためには、each が the other をC統御しなければならないため、(58)および(59)にみるように、each が間接目的語ないし与格名詞句として実現している場合のみが適格となる。これらの場合、英語とドイツ語には相違がみられず、ドイツ語の与格名詞句は英語の間接目的語と同じ構造的位置を占めていることになる。

(56) a. I showed every friend of mine his photograph.
　　 b. *I showed its trainer every lion.
　　　　　　　　　　　　　　　　　　（Barss and Lasnik 1986: 348）
(57) a. Ich zeigte jedem meiner Freunde$_i$ sein$_i$ Foto.
　　　 I showed [each of my friends]-DAT his photograph-ACC
　　 b. *Ich zeigte sein$_i$ Foto jedem meiner Freunde$_i$.
　　　 I showed his photograph-ACC [each of my friends]-DAT
　　　　　　　　　　　　　　　　　　（Vogel and Steinbach 1998: 74）

(58) a. I gave each man the other's watch.
  b. *I gave the other's trainer each lion.
 (Barss and Lasnik 1986: 349)
(59) a. Ich gab jedem Mann des anderen Uhr.
   I gave each man–DAT the other's watch–ACC
  b. *Ich gab dem Trainer des anderen jeden Löwen.
   I gave [the trainer of the other]–DAT each lion–ACC
 (Vogel and Steinbach 1998: 74)

　また、Anagnostopoulou(2004)は、人称代名詞の語順が対格—与格という配列になることから、この配列をドイツ語の基本語順とみなしているが、人称代名詞の語順が基本語順を反映しているとは考えにくい。その大きな理由は間接目的語—直接目的語という語順しか許さないオランダ語においても、2つの目的語が人称代名詞により実現した場合、ドイツ語と同様、直接目的語—間接目的語という配列になることもあるからである。

(60) a. dass ich das Buch den Mädchen gegeben habe
   that I the book–ACC the girls–DAT given have
  b. *dat ik het boek de meisjes gegeven heb
   that I the book–DO the girls–IO given have
(61) a. Lever hem mij uit! (ANS 1997: 1319)
   Hand him–DO me–IO over
  b. Hij heeft het mij laten zien.
   He has it–DO me–IO let see
   'He showed it to me.'

　ドイツ語では(60a)のように、対格目的語を与格目的語の前に置くことが可能であるのに対して、直接目的語が間接目的語の前に位置しているオランダ語の(60b)は許されない。このことから、オランダ語における二重目的語構

文の語順は間接目的語—直接目的語という配列であることは明らかである。しかし、これら2つの目的語が人称代名詞により実現すると、(61)に示すように、オランダ語においてもドイツ語と同様、直接目的語—間接目的語という語順になることがある。このことから、人称代名詞の語順は基本語順を反映しないことになる。

また、Zifonun et al.(1997: 1519)によれば、与格と対格が代名詞の場合の配列は、音声的に弱い形式(phonetisch schwächere Form)が先行するという原理により規定される。したがって、1音節の代名詞(例えば sie/es 'she/it')は2音節の代名詞(例えば ihnen 'them')に先行し、また母音で終わる代名詞(例えば sie 'she')は子音で終わる代名詞(例えば ihm/uns/euch 'him/us/you')に、さらに短母音を含む代名詞(例えば dich/es 'you/it')は長母音を含む代名詞(例えば mir/ihr/ihm 'me/her/him')に先行することになる。Zifonun et al.(1997)によれば、多くの場合、対格の代名詞が「音声的に弱い形式」を備えるために対格—与格の配列になるが、与格と対格の代名詞が音声的に同じ強さを持つ場合には、(62)のように与格—対格の配列も可能になるという。

(62) a. ... aber nicht einmal mit Borsalino konnte ich mir
        but not even with Borsalino could I me–DAT
    ihn als Mörder vorstellen.
    him–ACC as murderer image
  b. ? Immer spielst du auf seine Durchschnittlichkeit an und
       Always allude you to his averageness PRT and
    willst mir ihn damit ausreden, dass(...)
    want me–DAT him–ACC with-it give–up that
                            (Zifonun et al. 1997: 1520)

(62)から、人称代名詞の配列には音韻的な理由も関与していることになる。このことは、次の例によっても裏付けられる。

(63) a. Sie will mir's/dir's/ihm's
　　　 She wants me–DAT–it–ACC/you–DAT–it–ACC/him–DAT–it–ACC
　　　 nicht sagen.
　　　 not say
　　b. *Sie will mir/dir/ihm　　　es　　nicht sagen.
　　　 She wants me/you/him–DAT　it–ACC　not　say
　　　　　　　　　　　　　　　　　　　　　　　(Zifonun 2001: 129)

(63a)では、与格の人称代名詞―対格の人称代名詞という配列が許されている。ただし、その場合、対格の代名詞 es は母音が脱落し、直前の与格代名詞に付加された前接語(enclitic)でなければならない。つまり、2つの人称代名詞が音韻的に1つの単位を形成していれば、必ずしも対格―与格の配列でなくてもよいことになる。

　これらのことから、Anagnostopoulou(2004)の指摘とは異なり、人称代名詞の配列は基本語順を反映しているとは考えにくく、ドイツ語の二重目的語構文における基本語順はやはり与格―対格という配列であるとみなすべきことになる。したがって、ドイツ語の二重目的語構文においても、英語とオランダ語の場合と同様、(64)のように goal を表示する与格名詞句が theme を表示する対格名詞句よりも構造的に「高い」位置にあることになる[7]。

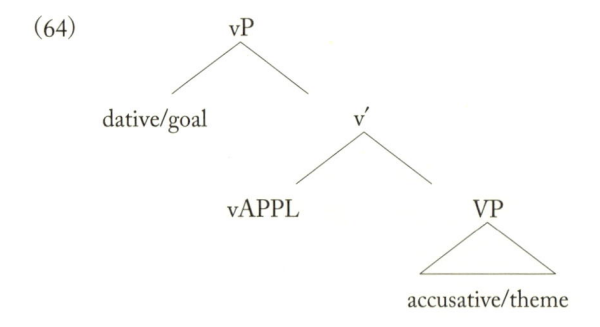

(64)
```
          vP
         /  \
  dative/goal  v'
              /  \
           vAPPL  VP
                  |
            accusative/theme
```

ただし、ドイツ語の場合、(65a)のオランダ語と異なり、受動化によって

(64)の theme が goal を飛び越えて主語化される場合でも、goal の「かき混ぜ」は必要ない。

(65) a. *?dat het boek waarschijnlijk Marie gegeven wordt　　(= 46a)
         that the book probably   Marie given   is
     b. dass das Buch   wahrscheinlich der Marie   gegeben wird
         that the book-NOM probably   the Marie-DAT given   is

オランダ語の間接目的語も、ドイツ語の与格名詞句も共に内在格を担うが、前者は移動の局所性に対する制約にしたがっているのに対して、後者はそうではない。このことから、ドイツ語の与格はオランダ語の間接目的語と異なり、統語的に不活性(inert)であることが示唆される。McGinnis(1998)によれば、構造的に「低い」theme が goal を飛び越えて移動できるのは、1) theme が移動の標的に対して goal と「等距離」になる場合(66a)[8]、2) goal が統語的に不活性な格を持つためにそもそも移動に関与せず、そのためにより「低い」theme が移動可能となる場合(66b)である。

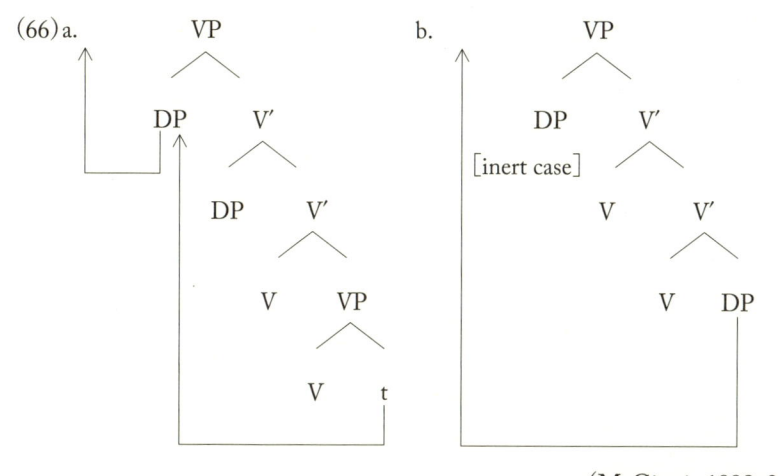

(66) a. [VP tree diagram]　　b. [VP tree diagram with [inert case]]

(McGinnis 1998: 268)

ドイツ語の与格が統語的に不活性な格であるという指摘に対して、(67a)のような bekommen 受動あるいは受容者受動(Rezipientenpassiv)と呼ばれる構文の存在が反論として提起されるかも知れない。この構文(67a)では、能動文(67b)においては与格として具現している名詞句 der Frau 'the lady' が bekommen/kriegen/erhalten 'get' の主語として具現しているようにみえる。つまり、与格名詞句が受動化という操作により、主語化されているようにみえるわけである。Anagnostopoulou(2004)は、Reis(1985)らと同様に、この bekommen 受動を「真の」受動とみなし、この構文においては、いわゆる EPP 素性が主要部 vAPPL によって導入された与格名詞句によって照合されると分析している。この分析が正しければ、与格名詞句は統語的に不活性(inert)とはいえなくなる。

(67) a.　Die Frau　　　　bekommt/kriegt/erhält　(vom　Mann)　eine
　　　　　The lady–NOM　gets　　　　　　　　　　by–the man　　a
　　　　　Blume　　　geschenkt.
　　　　　flower–ACC　presented
　　b.　Der Mann　　　schenkt　der Frau　　　eine　Blume.
　　　　　The man–NOM　presents　the lady–DAT　a　　flower–ACC

しかし、Haider(1986)が指摘するように、bekommen 受動における主語は与格名詞句が移動してきたものではなく、もともと bekommen/kriegen/erhalten の主語として基底生成されると考えられる。

(68) a. *Er hat.   a'. Er hat geschlafen.
    He has   He has slept
  b. *Er hat ihm.   b'. Er hat ihm geholfen.
    He has him–DAT   He has him–DAT helped
(69) a. Er kriegt etwas.   a'. Er kriegt etwas geschenkt.
    He gets something–ACC   He gets something presented
  b. *Er kriegt.   b'. *Er kriegt begegnet.
    He gets   He gets met
  c. *Ihm kriegt.   c'. *Ihm kriegt begegnet.
    Him–DAT gets   Him–DAT gets met

(Haider 1986: 19)

　(68a, b)は、本動詞 haben 'have' は対格目的語を伴わないと用いることができないことを示しているが、(68a', b')は完了の助動詞 haben 'have' にはその制約がないことを示している。つまり、助動詞という範疇は自ら意味役割を与えることはなく、名詞句の意味役割は共起する動詞が与えているわけである。これに対して bekommen 受動に用いられる kriegen 'get' は、(69)に示すように、本動詞であっても、「助動詞」であっても常に主語と対格目的語を備えた他動詞でなければならない[9]。このことは、kriegen 'get' は常に自ら意味役割を付与することを示している。すなわち、kriegen 'get' は常に意味役割を持った主語、すなわち外項を持つことになり、このことからいわゆるbekommen 受動を「真の」受動文と分析することは不適切であることになる[10]。したがって、bekommen 受動は werden 受動とならんで「真の」受動文であり、この「受動文」においては与格名詞句が EPP 素性を照合するという Anagnostopoulou(2004)の主張は受け入れがたく、やはりドイツ語の与格は(66b)のように統語的には不活性であるという結論になる。

　本節の議論をまとめておこう。英語、オランダ語、ドイツ語における二重目的語を含む文の統語構造には本質的な相違がなく、いずれの言語においても goal を表示する間接目的語ないし与格が、theme を表示する直接目的語

ないし対格よりも構造的に高い位置にある。また、英語の間接目的語は構造格を持つが、オランダ語の間接目的語とドイツ語の与格名詞句は内在格を持つ。さらに、英語とオランダ語の間接目的語は移動の局所性に対する制約にしたがうが、ドイツ語の与格は統語的に不活性であり、その必要はない。すると、英語とオランダ語においては二重目的語を選択する動詞から中間構文の形成が不可能であり、ドイツ語では可能であるのはなぜか、という問題は、間接目的語ないし与格名詞句の構造的位置、ないしそれらが持つ格が構造格であるか内在格であるかという対立からは扱えないことになる。

6.2.3　vAPPL と中間構文

さて、これまでの議論をふまえ、英語とオランダ語においては二重目的語を選択する動詞から中間構文の形成が不可能であり、ドイツ語では可能であるのはなぜか、という問題に戻ろう。本節では、この問題に対して表層にみられる形態格の相違から説明を試みた Oya(2003) を修正・発展させ、英語・オランダ語・ドイツ語の中間構文にみられるこの相違は間接目的語を導入する主要部 vAPPL の認可の相違に基づくことを主張する。

(70) a.　*Books read me easily.　　　　　　　　　(= 23a)
　　b.　*Het　boek　verkoopt　de　studenten　goed.　　(Dutch)
　　　　　The　book　sells　　　the　students　　well
　　c.　*Mary bakes a cake easily.　('Mary' ≠ agent)　(= 28b)
　　d.　*Marie　geeft　gemakkelijk　cadeautjes.　　　(Dutch: Zwart 1998)
　　　　　Marie　gives　easily　　　　presents
　　e.　*Kinderen　geven　gemakkelijk　snoepjes.　　(Dutch: Zwart 1998)
　　　　　Children　give　　easily　　　　candies
(71) a.　Dieses　Buch　verkauft　sich　　den　Nonnen　　hervorragend.　(= 22a)
　　　　This　book　sells　　　REFL　the　nuns–DAT　excellently

b. So einem Publikum spielt sich ein Bach nicht so
   Such an audience–DAT plays REFL a Bach–NOM not so
   leicht vor. (= 22b)
   easily PRT

ところで、本章冒頭で指摘したように、本書では中間構文においては、いわゆる非対格動詞と同様に動作主は統語的に存在しないと想定している。ここで、Anagnostopoulou(2004)が議論しているギリシア語の非対格動詞に着目してみると、ギリシア語では goal ないし間接目的語を表示する属格が非対格動詞に生起することが可能である。ただし、受動文の場合と同様に、goal を表示する属格と同格の接語 tis が生起する必要があり、やはり属格名詞句は移動に対して可視的(visible)である。

(72) a. I thea parusiastike (?*tu Pari) ston ipno tu[11].
     The goddess–NOM presented–NACT the Paris–GEN in–the sleep his
   b. I thea tu parusiastike (tu Pari) ston
     The goddess–NOM Cl–GEN presented–NACT the Paris–GEN in–the
     ipno tu.
     sleep his
     'The goddess appeared to Paris in his dream.'
     (Anagnostopoulou 2004: 23)

また、ギリシア語の属格名詞句はドイツ語の与格名詞句ならびにオランダ語の間接目的語と同様に受動文の主語になることはできず、したがって内在格を持つ。

(73) a. O Gianis estile tis Marias to grama.
     The Gianis–NOM sent the Maria–GEN the letter–ACC
     (Anagnostopoulou 2004: 9)

b. *I Maria stalthike to grama.
   The Maria-NOM sent-NACT the letter-ACC

(Anagnostopoulou 2004: 11)

さて、英語・オランダ語・ドイツ語にギリシア語を加えて、これらの言語におけるgoalを表示する名詞句の統語的特性をまとめると次のようになる。

(74)

	受動化による主語化	統語的特性	形態
英語	OK(＝構造格)	活性	対格
オランダ語	OUT(＝内在格)	活性 (移動に可視的)	対格
ドイツ語	OUT(＝内在格)	不活性(inert)	与格
ギリシア語	OUT(＝内在格)	活性 (移動に可視的)	属格

中間構文あるいは非対格動詞にgoalを表示する名詞句が生起可能なのは、ドイツ語とギリシア語であるが、この2つの言語を英語とオランダ語と区別するのは、構造格と内在格の対立や統語的に不活性であるか否かといった対立ではなく、goalを表示する間接目的語がthemeを表示する直接目的語とは異なる形態格を示すか否かという点である。

　さて、ここで英語やオランダ語では、間接目的語を導入する主要部vAPPLは機能範疇vが外項を持つ、ないし活性化されているときにのみ認可されると仮定してみよう。この場合、外項ないし動作主を統語上含まない中間構文ではvAPPLは認可されず、したがって間接目的語も導入されないことになる。この場合、そもそも間接目的語を導入できないのであるから、(75a, b)のように間接目的語が生じている中間構文は許されず、また、(75c, d)のように間接目的語が移動して主語として生起している中間構文も許されないことになる。

(75) a. *Books read me easily. (= 70a)
　　b. *Het boek verkoopt de studenten goed. (= 70b)
　　　　The book sells the students well
　　c. *Mary bakes a cake easily. ('Mary' ≠ agent) (= 70c)
　　d. *Marie geeft gemakkelijk cadeautjes. (= 70d)
　　　　Marie gives easily presents

Anagnostopoulou(2004)によれば、主要部vAPPLはgoalを表示する与格や属格といった形態格を名詞句に付与するが、ドイツ語やギリシア語のようなgoalを表示する名詞句が対格と異なる形態格を持つ言語では、その形態格のみでvAPPLが認可されると考えられる。したがって、ドイツ語では与格名詞句を含む中間構文(76a)、ギリシア語では属格名詞句を含む非対格動詞の構文(76b)が許される[12]。

(76) a. Dieses Buch verkauft sich den Studenten gut.
　　　　This book sells REFL the students–DAT well
　　b. I thea tu parusiastike (tu Pari)
　　　　The goddess–NOM Cl–GEN presented–NACT the Paris–GEN
　　　　ston ipno tu. (= 72b)
　　　　in–the sleep his

ここでの主張は、ドイツ語の動詞lehren 'teach'から形成される中間構文に課せられる制約からも裏付けられるように思われる。通常、この動詞は(77a)のようにgoalとthemeの両方を対格目的語として選択するが、また(77b)のようにgoalを与格目的語、またthemeを対格目的語として選択する用法も持つ。

(77) a. Dieter lehrte die Mädchen die Sprache.
　　　　Dieter–NOM taught the girls–ACC the language–ACC

b. Dieter   lehrte   den   Mädchen   die   Sprache.
   Dieter–NOM taught the   girls–DAT   the   language–ACC

この動詞 lehren 'teach' から受動文を形成してみると、(78a)のような goal を主語とする受動文も、また(78b)のような theme を主語とする受動文も可能である[13]。また、goal が与格目的語として実現している受動文(78c)ももちろん可能である。

(78) a. Ich   wurde die französische Sprache   gelehrt.
        I–NOM was   the French   language–ACC taught
                                                    （Zifonun et al. 1997: 1802）
     b. weil die Studenten   nichts als großer Blödsinn   gelehrt wurde
        because the students–ACC nothing but big   nonsense–NOM taught was
                                                    （Wunderlich 2003: 335）
     c. Den Mädchen   wird von Frl. Schmidt das Stricken   gelehrt.
        The girls–DAT is   by Miss Schmidt the knitting–NOM taught
                                                    （Plank 1987: 42）

しかし、lehren 'teach' から theme を主語に持つ中間構文を形成する場合、goal は対格ではなく、必ず与格の形態を示さなければならない。

(79) a. Der Flickflack   lehrt   sich leicht jungen Kindern/*junge Kinder.
        The flik-flak–NOM teaches REFL easily young children–DAT/young children–ACC
                                                    （Abraham 1986: 42）
     b. Diese Sprache   lehrt   sich den Mädchen/*die Mädchen leicht.
        This language–NOM teaches REFL the girls–DAT/the girls–ACC easily

theme を主語に持ち、goal は対格により実現されている受動文(78b)は可能であるのに対して、同様に theme を主語に持ち、goal は対格により実現さ

れている中間構文は許されないわけである。goal を表示する lehren 'teach' の目的語が対格の形態により実現できるのは能動文と受動文に限られるのであるから、goal が対格として実現するには動作主が統語的に存在していなければならないことになる。このことは、goal と theme が同一の形態により実現する場合、その goal を導入する vAPPL は動作主が存在して初めて認可されることを示している。

では、goal と theme が同一の形態を示す場合、なぜ vAPPL の認可が動作主の統語的存在に依存するのであろうか。それは、この制約により、例えば (80) の主語が動作主の解釈を持つことが保証されるからであると思われる。この制約がなければ、(80) の主語は動作主と、(その動作主が抑制された場合には) goal の両方の解釈を持ってしまうことになるが、これは不都合なシステムであろう。

(80) a. John passed the ring.
b. De studenten verkopen de boeken.　　(Dutch)
　　 The students sell 　　 the books

goal と theme が同一の形態を示す言語の場合、動作主が統語的に存在してはじめて vAPPL が認可されるという制約について、さらに次のオランダ語の文から考察してみよう。

(81) a. Het boek bevalt mij.
　　　 The book pleases me
　　　 'I like the book.'
b. Het viel mij in.
　　 That fell me PRT
　　 'That occurred to me.'

c. Hij schijnt mij rijk te zijn.
　　He　seems　me　rich　to　be
　　'He seems to be rich.'

(81)の動詞 bevallen 'please', invallen 'occur', schijnen 'seem' に対応する動詞はドイツ語にも存在するが、McFadden(2004)によれば、これらのドイツ語の動詞は vAPPL を持つ非対格動詞である。彼は、例えば(81a)の bevallen 'please' に対応するドイツ語の動詞 gefallen を(82b)のように2つの内項を持つ動詞と分析している。

(82) a.　weil　　dem Mann　　die Musik　　gefällt
　　　　 because　the　man–DAT　the music–NOM　pleases
　　　　'because the man likes the music'

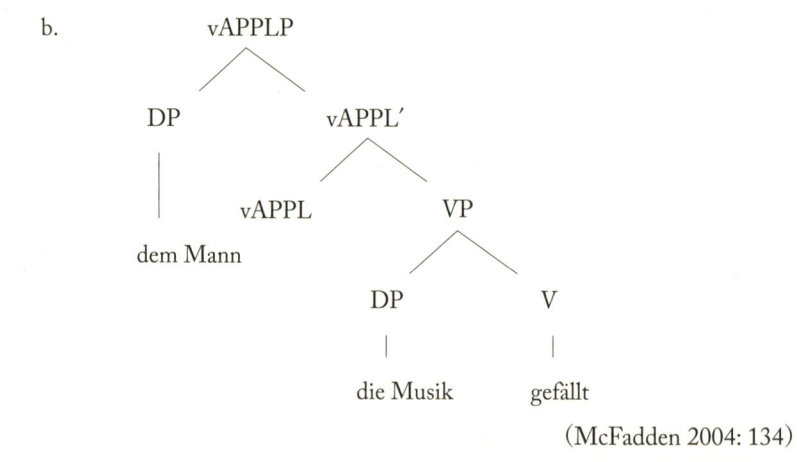

b.
```
            vAPPLP
           /      \
         DP       vAPPL'
         |       /     \
              vAPPL     VP
      dem Mann         /  \
                      DP    V
                      |     |
                  die Musik gefällt
```

(McFadden 2004: 134)

この分析が(81)のオランダ語の動詞にも妥当するならば、(81)の経験者 mij 'me' は vAPPL によって導入されることになる。オランダ語の中間構文では vAPPL は認可されないのに対して、(81)の動詞では vAPPL が認可されるわけであるが、両者の相違はやはりもともと動作主を持つ動詞か否かという点にある。動作主を持つ動詞の場合、動作主が統語的に存在してはじめて

vAPPL が認可されるために (80) における主語の解釈が保証されるのに対して、もともと動作主を持たない (81) の動詞の場合、そのような主語の解釈を保証する必要はなく、vAPPL の認可には問題ないと考えられる。

ここでの主張にしたがえば、英語とオランダ語の中間構文 (83) が許容されないのは vAPPL が認可されないためであるが、(83) で用いられている動詞であっても、間接目的語を持たず、したがってもともと vAPPL を含まない用法を持つ場合には中間構文が形成できることになる。英語の (84)、オランダ語の (85) はその例である。

(83) a. *Books read me easily. (= 75a)
 b. *Het boek verkoopt de studenten goed. (= 75b)
 　　The book sells　　the students　well
 c. *Marie geeft gemakkelijk cadeautjes. (= 75d)
 　　Marie gives easily　　　presents
 d. *Kinderen geven gemakkelijk snoepjes. (= 70e)
 　　Children give　easily　　candies

(84) a. The book reads easily. （加賀 2001: 177）
 b. This car sells easily. （加賀 2001: 177）
 c. Small packages ship (*most customers) easily. （Zwart 1998）

(85) a. Het boek verkoopt goed.
 　　The book sells　 well
 b. Koude gerechten serveren (*gasten) gemakkelijk.
 　　Cold　 dishes　 serve　　 guests　 easily　　（Zwart 1998）
 c. Zulke kaarten geven　　gemakkelijk.
 　　Such　cards　 give/deal easily

（Jordens and Rohdenburg 1972: 111）

(84a) の動詞 read は、(83a) の場合と異なり、もともと vAPPL を含まない用法として用いられていると考えられる[14]。したがって中間構文の形成には問

題がなく、また、(84c)の動詞 ship と(85b)の動詞 serveren 'serve' についても vAPPL を含む用法と含まない用法の 2 つがあり、後者の場合には中間構文を形成できることになる。さらに、オランダ語の(85c)における geven '(lit.) give' は「与える」という意味ではなく、「カードを配る」という意味であるが、この場合は(83d)と異なり、間接目的語は生起しなくてもよい。その場合、vAPPL は存在しないと考えられるため、中間構文を形成できることになる。

ところで、ここまで中間構文においては非対格動詞と同様、動作主は統語上も存在しないと想定した上で議論してきた。しかし、Stroik(1992, 1999)は中間構文においては受動文と同様に、動作主は統語上も存在すると主張し、さらに動作主は for 句により具現できると考えている。

(86)　No Latin text translates easily for Bill.　　　(Stroik 1992: 131)

しかし、ここまでの議論が示しているように、中間構文と受動文は間接目的語の出没に関して異なる振る舞いをするのであるから、中間構文と受動文を同様に扱うことはやはり適当ではないであろう。さらに、英語の中間構文には間接目的語が生起できないのと同様に、(87b)にみるように、英語における非対格動詞にも間接目的語は生起できない。

(87) a.　John passed Mary the ring.
　　 b.　*The ring passed Mary.　　　（Anagnostopoulou 2004: 3）
　　 c.　The ring passed to Mary.　　　（Anagnostopoulou 2004: 32）

(87a)は動作主を含む文であり、この場合は間接目的語の生起は許される。これに対して(87b, c)の pass は「渡る、譲られる」という意味を持つ自動詞であり、これらの文では外項抑制が生じていると考えられる。(87b)においても間接目的語の生起は許されないことから、中間構文と非対格動詞は同一の原理に基づいて形成されると考えるのが自然である。つまり、両者には動

作主が統語的に含まれず、したがって Stroik の主張は妥当ではないと考えられることになる。

　本節では、英語とオランダ語における中間構文においては間接目的語の生起は許されず、ドイツ語の中間構文において与格目的語の生起が許される要因を考察した。この事実は、間接目的語ないし与格目的語の構造的位置、構造格と内在格の対立といった点からは説明できず、goal を表示する間接目的語ないし与格目的語を導入する vAPPL の統語的認可の相違から説明される。すなわち、ドイツ語の vAPPL は与格という形態のみによって統語的に認可されるのに対して、英語とオランダ語の間接目的語は動作主が統語的に存在して初めて認可される。中間構文では動作主は統語的に存在しないのであるから、英語とオランダ語の中間構文には間接目的語が認可されないことになる[15]。

6.3　本章のまとめ

本章では、次のことを主張した。
1) 中間構文は個体レベル述語であるという指摘がみられるが、個体レベル述語とステージレベル述語の区別が統語的に具現するドイツ語の言語事実に基づくと、中間構文は明らかにステージレベル述語である。
2) 英語、オランダ語、ドイツ語における二重目的語を含む文の統語構造は、いずれの言語においても goal を表示する間接目的語ないし与格名詞句が構造的に「高い」位置にある。また、英語の間接目的語は構造格を持つが、オランダ語の間接目的語とドイツ語の与格名詞句は内在格を持つ。すると、英語とオランダ語において二重目的語を選択する動詞から中間構文を形成できず、またドイツ語においては可能である点を、与格名詞句の構造的位置、あるいは構造格と内在格という対立に基づいて扱うことは適当ではない。
3) 英語とオランダ語において間接目的語を持つ動詞から中間構文を形成できないのは、これらの言語において間接目的語を導入する主要部は、

動作主が統語的に存在している場合にのみ認可されるからである。これに対してドイツ語では、間接目的語を導入する主要部が統語的に認可されるには与格という形態のみで十分である。つまり、ドイツ語においては間接目的語の生起が動作主の統語的な存在に依存することはないため、中間構文にも与格名詞句が生起できることになる。

注
1 　また、ステージレベル述語の裸複数主語が、was für 'what kind of' という疑問詞を含む場合、wasの部分と「für＋名詞句」の部分に分割できるのに対して、個体レベル述語においてはそのような分割は不可能であるとされている。
　　(i)　 Was 　sind 　für 　Leguane 　verfügbar? 　　　　　　(Diesing 1992: 40)
　　　　 What 　are 　for 　iguanas 　　available
　　(ii) *Was 　sind 　für 　Leguane 　intelligent? 　　　　　　(Diesing 1992: 40)
　　　　 What 　are 　for 　iguanas 　　intelligent
　しかし、中間構文の裸複数主語が was für 'what kind of' を伴った場合、そのような分割はほとんど不可能である。なぜ(iii)が不可能であるかについては、更に考察する必要がある。
　　(iii) ?? Was 　spielen sich 　　für Sonaten leicht?
　　　　　　 What play 　　REFL 　for sonatas 　easily
2 　Everaert(1990)もオランダ語の(i)に対してほぼ同様の説明を行っている。
　　(i) *Het 　boek 　verkocht 　de 　studenten 　goed.
　　　　 The 　book 　sold 　　　the 　students 　well
　Everaert によれば、(i)が許容されないのは、het boek 'the book' が意味役割の階層においてより高い位置を占める de studenten 'the students' を飛び越えて主語化されているためである。
3 　ただし、標準オランダ語における規範的な文法書 ANS(1997: 1408)によれば、「直接目的語が名詞的構成素ではない」(dat het lijdend voorwerp uit de actieve zin geen of geen duidelijk herkenbare naamwoordelijke constituent is)場合には間接目的語も受動文の主語になれる。それには4つの場合があり、1つは(i)のように、verzoeken 'request', bevelen 'order', aanraden 'advise', vragen 'ask' などの動詞が直接目的語として副文や前置詞句を選択した場合である。

(i) Na   afloop werden   de   aanwezigen/ze verzocht   de   zaal   zo spoedig
    After   result   are   those present/they   requested   the   hall   so quickly
    mogelijk te   verlaten.   (ANS 1997: 1408)
    possible to   leave

間接目的語が受動文の主語となる2番目のケースは、wijzen 'point out, show' という動詞が用いられる、多少とも個別的な ("min of meer geïsoleerde" ANS: 1409) 場合であり、3番目は (ii) のように直接目的語が顕在化していない ("niet aanwezig" ANS: 1409) 場合である。

(ii) Op   ons bellen werden   we opengedaan door   een kalende heer met
     In-response-to our bell   were   we open-did   by   a   balding   man with
     een   vriendelijk gezicht.   (ANS 1997: 1410)
     a   kind   face

(ii) の動詞 opendoen '(lit.) do open' は「ドアを開ける」という意味を持つが、直接目的語である「ドア」は意味的に含意されるのみで、表面的にはあらわれていない。もし、直接目的語の「ドア」が具現すると、(iii) のように「私たち」を主語とした受動文は許容されなくなる。

(iii)*We werden de   deur   opengedaan door een kalende heer met   een
     We   were   the   door   open-did   by   a   balding man with   a
     vriendelijk gezicht.   (ANS 1997: 1410)
     kind   face

4番目のケースとしてあげられているのは、(iv) のように直接目的語が名詞句により具現しているが、イディオムに組み込まれてしまっている場合である。(iv) の iem. de mantel uitvegen '(lit.) wipe out somebody the coat' は「誰かをしかりつける、たしなめる」を意味するイディオムであるが、この場合の直接目的語 de mantel 'the coat' は指示物を持たず、動詞に編入されていると考えられる。やはり、ここでも直接目的語は「名詞的構成要素」ではない。

(iv) Tot   twee   maal toe werden de Nederlandse bisschoppen door het Vaticaan
     For second   time   were   the Netherland's bishops   by   the Vatican
     de   mantel   uitgeveegd.   (ANS 1997: 1410)
     the coat   wiped-out

直接目的語が動詞に編入されると間接目的語が受動文の主語になり得ることは、Van Belle and Van Langendonck (1992) も指摘している。

(v) Hij werd   onrecht aangedaan.
    He   was   injustice done

(vi) Hij werd de deur geopend.
　　　He was the door opened

(Van Belle and Van Langendonck 1992: 22)

この場合、動詞に編入された直接目的語を代名詞で置き換えることはできず、このことからも(v)(vi)における直接目的語が「名詞的構成素」ではないことが示される。

(vii) *?Hij werd dat aangedaan.
　　　　He was that done
(viii) ?Hij werd ze geopend.
　　　　He was it opened

(Van Belle and Van Langendonck 1992: 22)

以下のオランダ語に関する議論では、このような「直接目的語が名詞的構成素ではない」ケースは出てこないため、間接目的語は内在格を持つと考えてよい。

4　ただし、Anagnostopoulou(2004)は、ドイツ語の与格名詞句は対格名詞句よりも「低い」位置に"merge"されると指摘しているのみで、具体的に与格名詞句がどの位置に生成されるのかを明示しているわけではない。

5　Müller(1999)によれば、2つの目的語が移動する場合、基本語順を遵守しなければならない。

6　また、先行詞となる与格が代名詞により具現している場合は再帰代名詞が強形であることを形態的に明示することなく、対格の再帰代名詞を束縛することが可能になるという指摘もある。Featherston and Sternefeld(2003)によれば、先行詞が代名詞である(i)は先行詞が full NP により具現している(ii)よりも許容度が高い。

(i) ?Die Friseurin zeigte ihm$_i$ sich$_i$ im Spiegel.
　　The hairdresser showed him–DAT REFL–ACC in–the mirror
(ii) ??Die Friseurin zeigte dem Kunden$_i$ sich$_i$ im Spiegel.
　　 The hairdresser showed the customer–DAT REFL–ACC in–the mirror

(Featherston and Sternefeld 2003: 30)

7　ただし、aussetzen 'expose', unterordnen 'subordinate', widmen 'dedicate' などのいわゆる「低い与格目的語」(low dative)を持つ動詞の場合、基本語順は対格—与格となる。その証拠に、対格—与格の配列を持つ(i)は Was ist geschehen? 'What happened?' に対して返答となりうること、さらに与格—対格の配列を持つ(ii)は「彼はほとんどすべての女性に、少なくとも3つ(ずつ)詩を捧げた」という「すべて」が「少なくとも3つ」よりも広いスコープを持つ解釈と、「彼は少なくとも3つの詩を、ほとんどすべての女性に捧げた」という「少なくとも3つ」が「すべて」よりも広いスコープを

持つ解釈を持つことがあげられる。(ii)が2つの解釈を持つことは、与格名詞句が移動していること示している。

(i)　Er　hat　das　erste　Gedicht　　　seiner Mutter　　　gewidmet.
　　　He　has　the　first　poem–ACC　his　　mother–DAT　dedicated
(Haider and Rosengren 2003: 219)

(ii)　Er　hat　fast　　allen Frauen　　mindestens drei　Gedichte　　gewidmet.
　　　He　has　almost all　ladies–DAT　at–least　　three poems–ACC　dedicated
(Haider and Rosengren 2003: 220)

Vogel and Steinbach(1998)はドイツ語の与格は(iii)のように常に基底生成されるという立場を採り、基本語順とされる与格―対格の配列は与格が有生性(animacy)を備えることに基づくと考えるが、この立場では(ii)にみられる解釈の相違が扱えないことになる。

(iii)　(DAT)NOM(DAT)ACC(DAT)　　　　　(Vogel and Steinbach 1998: 73)

8　(66a)は、イギリス英語やスウェーデン語のように間接目的語と直接目的語の両方が受動文の主語になれる場合の分析である。この場合、直接目的語が(間接目的語も属する)Vの領域に一旦移動することにより、移動の標的である主語位置に対して間接目的語と等距離になる。このため、移動の局所性に対する制約が回避されることになる。

9　ただし(69b')については、分詞がgeholfen 'helped'であれば容認されると指摘する研究もあるが(Wegener 1985: 203)、Haider自身は(i)を容認しない。

(i)　*Er　kriegt　geholfen.　　　　　　　　　　　　　(Haider 1986: 5)
　　　He　gets　　helped

10　ただし、(i)のように、いわゆるbekommen受動に与格名詞句が生起できないことについては独立した議論が必要になる。Haider(1986)では、本動詞と助動詞以外に、parasitäre Verben 'parasite verbs'というハイブリッドな範疇が設定され、この範疇における主語の意味役割は分詞の意味役割を引き継ぐと指摘されている。

(i)　*Jemand　　　　　kriegt　ihr　　　　einen Preis　　　　verliehen.
　　　Somebody–NOM gets　her–DAT　a　　price–ACC　awarded
(Haider 1986: 22)

11　Anagnostopoulou(2004: 23)によれば、ギリシア語には結果構文などの動詞の非対格性を明示する手段がないが、(72)の動詞parusiazo 'present'は、動作主を主語に持ち、対象を対格に持つ用法もあることから、その対象が主語位置に生起している(72)は非対格動詞とみなせるという。

12　ここでの主張は、Anagnostopoulou(2004: 34)がRomero and Ormazabal's Generalization と呼んでいる一般化と整合的である。

(i) Romero and Ormazabal's Generalization:
In languages with a two-way case / agreement system, the double object construction is not licensed with unaccusatives. In languages with three-way case / agreement system the double object construction is licensed with unaccusatives.

ここで two-way case / agreement system と呼ばれているのは、英語やオランダ語のように格のパラダイムとして主格と対格しか持たないシステムのことであり、three-way case / agreement system と呼ばれているのは、ドイツ語やギリシア語のように主格と対格以外に与格や属格などの別の形態格を備えるシステムのことである。

13　ただし、ドイツ語において対格目的語を2つ選択する動詞の場合、両方の目的語が全く自由に受動文の主語になれるというわけではなさそうである。Zifonun et al.(1997: 1802)は、goal を主語にした(78a)は許容するが、theme を主語にした受動文(i)を許容せず、また Plank(1987: 42)は goal を主語にした(iia)、ならびに theme を主語にした(iib)の両方とも基本的には容認しない。しかし、Plank 自身も(iia, b)について「これらの文は無条件に排除されるわけではなさそうである」(dass sie wohl kategorisch nicht auszuschließen sind)と指摘し、両方を全く不可能と判断しているわけではない。

(i) *Die französische Sprache   wurde mich   gelehrt.
    The French   language–NOM was   me–ACC   taught
(Zifonun et al. 1997: 1802)

(ii)a. *Die Mädchen   werden von Frl. Schmidt das Stricken   gelehrt.
    The girls–NOM are   by Miss Schmidt the knitting–ACC taught
   b. *Die Mädchen   wird von Frl. Schmidt das Stricken   gelehrt.
    The girls–ACC is   by Miss Schmidt the knitting–NOM taught
(Plank 1987: 42)

また、Wunderlich(2003: 335)は、"[m]any speakers also accept the pattern <acc nom> for the passive of *lehren*."と指摘し、lehren 'teach' からの受動文の成立には語順が関与することを示唆している。

14　(84a)の read「読む」に対応するドイツ語およびオランダ語の動詞は lesen/lezen であるが、(83a)の read「読んで聞かせる」に対応するドイツ語およびオランダ語の動詞は、vorlesen/voorlezen という不変化詞が付加された動詞になる。なお、加賀(2001)、Kaga(2007)においても read には2つの用法が認められることが指摘されている。

15　Vogel and Steinbach(1998)によれば、ドイツ語における間接目的語としての与格と、いわゆる自由な与格の文法的な振る舞いは変わらない。すると、自由な与格も統語

的には vAPPL により付与されることになる。本節においては、ドイツ語の vAPPL は動作主の有無に関わらず認可されることを指摘したのであるから、(i)のような外項抑制が生じている文にも利害の与格が生起することを予測することになる。

(i) Mir　　　öffnete　sich　die Tür.
　　 Me–DAT　opened　REFL　the door–NOM

また、ドイツ語と同様、与格という固有な形態を持つポーランド語やチェコ語では、予測通り、利害の与格は外項抑制が生じている文にも生起する。

(ii) Zepsuł　mi　　　się　　zegarek.　　　　（Polish: Wierzbicka 1988: 429）
　　 Broke　me–DAT　REFL　watch

(iii) Janovi　　se　　zlomily　brýle.
　　 John–DAT　REFL　broke　glasses　　　　　（Czech: Rivero 2003）

第7章　再帰的心理動詞

本章では、(1)のような、主語の心理状態をあらわす再帰動詞を扱う。これらの動詞を「再帰的心理動詞」と呼ぶことにするが、これらの動詞は経験者を主語に持ち、また、(1b)から明らかなように共起する再帰代名詞は対格を持つ。

(1) a.　Dieter　ärgert/freut/wundert　sich.
　　　　 Dieter　annoys/pleases/surprises　REFL
　　b.　Ich　ärgere/freue/wundere　mich.
　　　　 I　annoy/please/surprises　myself–ACC

まず、7.1では既存の分析とは異なり、再帰的心理動詞では外項抑制は生じていないことを主張する。したがってこの動詞と共起する弱形再帰代名詞は、第5章ならびに第6章で扱った外項が抑制されている構文に生起する弱形再帰代名詞とは異なるタイプのものであることになるが、7.2ではその再帰代名詞の性質を議論する。そこでは、再帰代名詞は意味役割を持たず、再帰的心理動詞はいわゆる内在的再帰動詞であることをみる。続く7.3では、再帰的心理動詞と、やはり経験者を主語に持つ hassen 'hate', mögen 'like' などの心理動詞との相違を論じる。後者は個体レベル述語(individual–level predicate)であるのに対し、前者はステージレベル述語(stage–level predicate)であることを指摘する。7.4は本章のまとめである。

7.1　再帰的心理動詞の非能格性

(1)でみた経験者を主語に持つ再帰的心理動詞には、(2)のように対象を主語に持ち、使役の意味を含む他動詞形も存在する。このことから例えば Kunze (1997: 145) は、(1)と(2)の交替を(3a, b)の交替と同じタイプのものと考えている。すなわち、(1)は(2)の外項を抑制することにより派生されると考えているわけである。

(2)　　Dieser　Anzug　　　ärgert/freut/wundert　　　den　Dieter.
　　　　This　　suit–NOM　annoys/pleases/surprises　the　Dieter–ACC
(3)a.　Dieter　öffnet　die　Tür.
　　　　Dieter　opens　the　door
　　b.　Die　Tür　öffnet　sich.
　　　　The　door　opens　REFL

(1)のような再帰的心理動詞が(2)のような対応する他動詞から派生されるという主張は、ロマンス語を扱っている研究ではほとんど疑われることもなく受け入れられているように思われる。例えば Pesetsky(1995: 109) は、フランス語の再帰的心理動詞を含む文(4a)に(4b)の統語構造を想定しているし、また Ruwet(1976) も(5a)に(5b)の統語構造を付与している。(4b)では、経験者主語 Marie はもともと直接目的語の位置に生成され、その後に主語の位置に移動している。また(5b)における主語 NP_2 は内項のことであり、ここで外項 NP_1 は前置詞の目的語に格下げされている。さらに Ruwet(1976: 208) は、(5a)は「中立構文」(neutral construction)であると指摘している。中立構文とは、第5章で扱った起動的出来事をあらわす文のことであるが、このことからも(1)と(2)の交替は(3a, b)と同様の交替であると考えられていることが示される。

(4) a. Marie s'étonne du bruit qu'on fait...
    Marie REFL astonishes at the fuss that one makes
   b. Marie$_i$ s'étonne t_i du bruit. (Pesetsky 1995: 109)
(5) a. Marie s'étonne du bruit qu'on fait sur cette histoire.
       Marie REFL astonishes at the fuss that they make about this story
       (Ruwet 1976: 205)
   b. NP$_2$ se V de NP$_1$ (Ruwet 1976: 207)

この分析によれば、再帰的心理動詞の主語はもともと直接目的語の位置にあり、その位置から移動してきた派生主語ということになる。しかし、ドイツ語における再帰的心理動詞から非人称受動文が形成できることは注目に値する。

(6) a. Jetzt wird sich nicht mehr geärgert! (Wunderlich 1997: 7)
       Now is REFL no more annoyed
       'Now, don't be angry anymore!'
   b. Hier wird sich nicht geschämt! (Wunderlich 1985: 222)
       Here is REFL not shamed
       'Don't be ashamed here!'
   c. Es wird sich jetzt endlich gekümmert. (Eisenberg 1999: 129)
       It is REFL now at-last concerned
       'Finally let's take care.'
   d. ... wird sich aber noch ordentlich gegruselt. (TAZ 30.03.1991)
       is REFL but still properly frightened
       'You will get really frightened.'
   e. Hier wird sich nicht gelangweilt. (Fagan 1991: 50)
       Here is REFL not bored
       'Nobody gets bored here.'

f. Da   wird sich   gewundert, dass...   (Hundt 2002: 161)
   There is   REFL surprised   that
   'They are surprised...'

g. Schau mal, da   wird sich   amüsiert.   (Hundt 2002: 162)
   Look PRT there is   REFL amused
   'Look, they are enjoying themselves.'

h. wobei sich   auch des ahd.   cha   und griech.
   where REFL also   the   Old High German cha–GEN and   Greek
   γε   erinnert   werden kann[1]   (Plank 1993: 147)
   γε –GEN remembered be   can

一般に非人称受動文は外項の意味役割を抑制することにより形成される。つまり、非人称受動文を形成するためには意味役割を持った外項の存在が前提となる。(4b)(5b)の分析によれば、再帰的心理動詞の主語は外項ではなく、内項であるのだから、再帰的心理動詞は外項を持たず、したがって非人称受動文の形成を拒むはずである[2]。(6)の受動文の存在は、ドイツ語の再帰的心理動詞に(4b)(5b)と同様の統語構造を想定することは妥当ではなく、再帰的心理動詞の主語は、直接目的語から移動してきた派生主語ではなく、もともと外項として存在していることを示している。このことは、さらに次の2つの事実からも裏付けられる。5.3でみたように、オランダ語における弱形再帰代名詞 zich は外項抑制という操作とは馴染まない。例えば「ドアが開く」という起動的な出来事は、ドイツ語では(3b)のように他動詞から反使役化により形成され、さらに弱形再帰代名詞が生起するが、対応するオランダ語の表現は、再帰動詞(7a)ではなく、自動詞を用いた(7b)である。(8)(9)はその類例であるが、ドイツ語では(8)のように再帰動詞を用いて表現される出来事を、オランダ語では(9)のように自動詞を用いて表現しなければならないという対応関係になる。

(7) a. *De deur opent zich. (ANS 1984: 187)
   The door opens REFL
   b. De deur gaat open.
   The door goes open
(8) a. Sein Haar kräuselt sich.
   His hair frizzes REFL
   b. Die Zustände verbessern sich.
   The conditions improve REFL
   c. Die Sonne verdüstert sich.
   The sun darkens REFL
(9) a. Zijn haar krult (*zich).
   His hair frizzes REFL
   b. De toestanden verbeteren (*zich).
   The conditions improve REFL
   c. De zon verduistert (*zich).
   The sun darkens REFL

もし再帰的心理動詞が反使役化により形成されるのであれば、オランダ語には弱形再帰代名詞と共起する心理動詞は存在しないことが予測される。しかし、実際はその逆であり、(10)に示すように、オランダ語にもドイツ語に対応する再帰的心理動詞が存在する。

(10) | Dutch | German | |
| --- | --- | --- |
| zich amuseren | sich amüsieren | 'enjoy oneself' |
| zich ergeren | sich ärgern | 'be annoyed' |
| zich verheugen | sich freuen | 'be pleased' |
| zich generen | sich genieren | 'be embarrassed' |
| zich interesseren | sich interessieren | 'be interested' |
| zich bekommeren | sich kümmern | 'take care' |

zich schamen	sich schämen	'be ashamed'
zich troosten	sich trösten	'console oneself'
zich verwonderen	sich wundern	'be surprised'
zich vervelen	sich langweilen	'be bored'

このことは、再帰的心理動詞に生起する再帰代名詞は、外項が抑制されている構文に生起する再帰代名詞とは異なる性質を持つものであることを示している。

さらに、再帰的心理動詞が対応する他動詞から派生された動詞ではないことは、歴史的事実からも裏付けられる。よく知られているように、古高ドイツ語では「空腹である」や「嫌悪感を持つ」といった身体的ないし心理的出来事は非人称構文により表現されていた。この場合、いわゆる経験者は与格もしくは対格により表現される。現代ドイツ語においても、(11)のように若干ながら主語を持たない非人称動詞が存在している。

(11) a. Mich　　　hungert/friert/dürstet/schläfert/dünkt.
　　　 me–ACC　hungers/freezes/thirsts/sleeps/thinks
　　b. Mir　　　ekelt.
　　　 me–DAT　disgusts

中高ドイツ語以降、多くの文において主格主語が必要とされる傾向が強まり、もともとは与格もしくは対格であった経験者は、主格により表現されるようになっていった。Seefranz–Montag(1983: 199)によれば、再帰的心理動詞もそのプロセスを経て形成されたものであり、その派生は概略、(12)のようにあらわすことができる。

(12) a. mich　　wundert　　　　＞　　ich　　　wundere mich über
　　　　me–ACC surprises　　　　　　 I–NOM　surprise REFL PREP

b. mir/mich   ekelt   > ich   ekle   mich   vor
   me–DAT/me–ACC disgusts   I–NOM   disgust REFL   PREP
c. mich   schämt   > ich   schäme mich
   me-ACC shames   I–NOM   shame   REFL
d. mich   ängstigt > ich   ängstige mich
   me-ACC frightens   I–NOM   frighten REFL

(12)から明らかなように、再帰的心理動詞は外項を持つ他動詞ではなく、非人称動詞から派生している。つまり、再帰的心理動詞は外項抑制に基づいて形成されたものではない。また、再帰的心理動詞における対格の再帰代名詞は、もともと経験者をあらわしていた与格もしくは対格の名詞句が対格の形で残ったものであり、外項抑制に伴って生起するものではない。

以上のことから、再帰的心理動詞において外項抑制は生じていないことは明らかであり、この動詞における再帰代名詞は外項が抑制されている文に生起する再帰代名詞とは異なる性質を持つことになる。次節では再帰的心理動詞と用いられる再帰代名詞が持つ性質について論じる。

7.2　内在的再帰動詞としての再帰的心理動詞

ところで本書においては、前章までにおもに次の4種類の弱形再帰代名詞を扱っている。

(13) a. Dieter wusch/rasierte sich.
        Dieter washed/shaved   REFL
     b. Dieter setzte sich hin.
        Dieter set   REFL down
     c. Die Tür   öffnete sich.
        The door opened   REFL

d. Dieter benimmt sich gut.
      Dieter behaves   REFL well

2.6でみたように、grooming action をあらわす動詞と共起する(13a)の弱形再帰代名詞は主語の身体を指示し、したがって意味役割を持つ。また、change in body posture をあらわす(13b)は(13a)の延長上に位置する構文であり、(13b)の弱形再帰代名詞に意味役割を認めることは困難である。また(13c)は他動詞から反使役化により派生した構文であるが、この場合の再帰代名詞は外項抑制に伴って生起するものであり、もちろん意味役割を持たない。また、(13d)の弱形再帰代名詞は内在的再帰動詞と共起するものであり、この再帰代名詞も意味役割を持たない。さて、再帰的心理動詞と共起する弱形再帰代名詞は、(13)におけるどのタイプの再帰代名詞なのであろうか。前節でみたように、再帰的心理動詞において外項抑制は生じていないのであるから、再帰的心理動詞と共に用いられる再帰代名詞は(13c)のタイプではない。それでは、再帰的心理動詞と共起する弱形再帰代名詞は(13a)(13b)(13d)のうちのどのタイプということになるのであろうか。

　2.6で論じたように、「自分の体を洗う」や「自分の体を乾かす」のような主語の身体に対する行為をあらわす動詞と共起する弱形再帰代名詞は意味役割を持つと考えられる。例えばノルウェー語では、tørke 'dry' と共起する弱形再帰代名詞 seg は hele 'all' あるいは mesteparten av 'most of' により修飾することができるが、これらの語句は「出現する」を意味する内在的再帰動詞と共起できない。このことは、前者の再帰代名詞は「主語の身体」という指示物を持つことを示している。自分の身体であれば、すべて、あるいは大部分を乾かすことができるからである。

(14)a. Hun tørket hele seg.
       She dries all REFL

b. *Hun innfant hele seg på kontoret.
　　She appeared all REFL at office-the

(Lødrup 1999: 367)

ドイツ語においても、teilweise 'partly' を含む(15)は「彼は自分の体を部分的に洗った」という意味を持つ。この点は、(15)の弱形再帰代名詞 sich が「主語の身体」という指示物を持つという主張と整合的である。

(15) Er wusch sich teilweise.
　　 He washed REFL partly

さて、ドイツ語の再帰的心理動詞に teilweise 'partly' を付加した(16)は、(15)のようには解釈されない。(15)の副詞 teilweise 'partly' は例えば「腕は洗ったが、足は洗っていない」のように身体に対する行為が部分的に遂行されていることを示すが、(16)はおおよそ「彼は完全には喜んでいなかった」という意味を持ち、再帰代名詞が独立した指示物を持つとは考えにくい。

(16) Er freute sich teilweise.
　　 He pleased REFL partly

このことから、再帰的心理動詞における弱形再帰代名詞は意味役割を持たないダミー要素であり、(13a)のタイプではないことになる。つまり、例えば再帰的心理動詞 sich freuen 'be happy/pleased' は意味的には外項のみを持つ自動詞であり、「自分を喜ばせる」という使役の意味は持たない。これは、sich legen 'lie down' が「横になる」という自動詞的な意味のみを持ち、「自分の身体を横にする」という使役の意味は持ちにくいということと並行的であり、したがって再帰的心理動詞と共起する再帰代名詞は change in body posture をあらわす動詞と共起する(13b)のタイプということになるかも知れない。しかし、再帰的心理動詞と共起する再帰代名詞は、(13b)の再帰代名

詞ともステータスが異なっている。

　5.3でも触れたことであるが、(17)にみるように、「立つ、位置につく」を意味し、(13b)と同様にchange in body postureをあらわす再帰動詞sich aufstellen 'place oneself では、再帰代名詞と他の名詞句を等位接続詞und 'and'を用いて並列することが(マージナルではあるが)可能である。つまり、(13b)のタイプの再帰代名詞は他の名詞句と並列することが可能ということである。これに対し、(18)に示すように、再帰的心理動詞の場合、再帰代名詞と他の名詞句を並列することは不可能である。

(17) ?Er stellte sich   und seine Mannschaft an der Seitenlinie auf.
　　　 He placed REFL and his   team   on the touch–line PRT
　　　　　　　　　　　　　　　　　　　　　　　　(Kaufmann 2004: 238)

(18) a. *Hans erheitert sich   und Jens   gerade an dem Hündchen.
　　　　Hans cheers–up REFL and Jens–ACC now at the dog
　　　　　　　　　　　　　　　　　　　　　　　　(Härtl 2001: 201)

　　b. *Maria amüsiert sich   und Peter.   (Härtl 2001: 201)
　　　　Maria amuses REFL and Peter–ACC

　　c. ??Ich langweile mich und meine Gäste   mit Videos aus
　　　　I bore   REFL and my   guests–ACC with videos of
　　　　dem Urlaub.　　　　　　　　　　　　(Kunze 1997: 148)
　　　　the holidays

　　d. ??Ich erinnere mich und meinen Nachbarn   daran, dass...
　　　　I remember REFL and my   neighbor–ACC for–it that...
　　　　　　　　　　　　　　　　　　　　　　　　(Bausewein 1990: 71)

　　e. *Ich freue mich und meine Gäste.
　　　　I please REFL and my   guests–ACC

　　f. *Peter wundert sich   und seine Gäste.
　　　　Peter surprises REFL and his guests–ACC

(17)の動詞には、(19)のような使役の意味を持つ他動詞用法もある。したがって再帰代名詞と他の名詞句の並列が(文体的には稚拙であるが)可能になる。このことは、「立つ、位置につく」を意味する再帰動詞 sich aufstellen 'place oneself' は使役の意味を持つ他動詞の延長上に位置づけられることを示している。

(19) Der Trainer stellte einen Ersatzspieler auf.
　　　The trainer put　a　substitute-player　PRT

これに対して、(18)の再帰的心理動詞は使役的な意味を持つ他動詞から派生された再帰動詞ではなく、したがって再帰代名詞と他の名詞句を並列することはできない。(17)と(18)の相違は、前者の再帰代名詞は統語的な環境に応じて意味役割の有無が微妙に変化しうるのに対して、後者の再帰代名詞は常に意味役割を持たないことを示している。

　結局、再帰的心理動詞と共起する弱形再帰代名詞には意味役割が全く付与されず、前節でもみたように、この再帰代名詞は(20)のような歴史的な変化の結果として存在していることになる。

(20) a.　mich　　wundert　　>　ich　　wundere mich über　　(= 12a)
　　　　me-ACC surprises　　　　I-NOM surprise REFL PREP
　　 b.　mich　　schämt　　 >　ich　　schäme mich　　　　(= 12c)
　　　　me-ACC shames　　　　 I-NOM shame REFL

意味役割を持たない再帰代名詞とのみ共起する動詞は内在的再帰動詞 (inherently reflexive verb) と呼ばれるが、再帰的心理動詞はドイツ語の sich beeilen 'hurry' や sich erkälten 'catch a cold' などと並んで内在的再帰動詞ということになる。

　再帰的心理動詞と共起する再帰代名詞は意味役割を持たないという主張に対する反論として、次の結果構文の存在が指摘されるかも知れない。

(21) a. Dieter ärgerte sich schwarz.
　　　　Dieter annoyed REFL black
　　b. Dieter ärgerte sich grün und blau.
　　　　Dieter annoyed REFL green and blue
　　c. Dieter langweilte sich zu Tode.
　　　　Dieter bored REFL to death

これらの文は、(22)の結果構文と同様、動詞であらわされる出来事の結果、再帰代名詞で表示されている人間がある状態に至るという意味を持つ。Goldberg(1995)やJackendoff(1997)によれば、結果構文において目的語として生起している名詞句は被動者(patient)という意味役割を持つ。

(22)　Dieter tanzte sich müde.
　　　　Dieter danced REFL tired

(21)を(22)と同様に分析するなら、再帰的心理動詞と共起する再帰代名詞も、(22)の再帰代名詞と同様に被動者という意味役割を持つことになる。実際にHärtl(2001: 202f.)は、(21)のような結果構文の存在を根拠として、再帰的心理動詞と用いられる弱形再帰代名詞は項であり、意味役割を持つと主張している。しかし、(21)の結果構文は、(23)の再帰的心理動詞に単純に結果句を付加するという操作によって形成されているのであろうか。

(23) a. Dieter ärgerte sich.
　　　　Dieter annoyed REFL
　　b. Dieter langweilte sich.
　　　　Dieter bored REFL

(21)と(23)には意味上の相違がある。すなわち、結果構文(21)は使役の意味を含むが、再帰動詞(23)はその意味を含まないという点である。すると、

(21)の結果構文においては、まず(23)の再帰代名詞が脱落し、その上で結果句が叙述する対象があらたに目的語の位置に生起していることになる。次のような結果構文の存在が、この主張を裏付けるであろう。

(24) a. Dieter ärgerte sich die Haare zu Berge.
    Dieter annoyed REFL–DAT the hairs–ACC to mountain
   b. Dieter schämte sich die Ohren weg.
    Dieter shamed REFL–DAT the ears–ACC away

(24)の再帰代名詞 sich は与格を持つが、この与格は対格名詞句 die Haare 'the hairs' ならびに die Ohren 'the ears' の所有者を表示する所有の与格(dativus possessives/possessor dative)である。これらの対格名詞句は(24)の動詞 ärgern 'annoy' ならびに schämen 'shame' に選択されているわけではなく、結果句 zu Berge 'to mountain' ならびに weg 'away' が叙述する対象として生起している。(24)のような結果構文が可能であることは、結果構文(21)における再帰代名詞が動詞によって選択されているものではなく、結果句によって選択されるという分析が妥当であることを示している。したがって、(21)の結果構文の存在は、再帰的心理動詞と共起する弱形再帰代名詞が意味役割を持つという主張の根拠にはならないことになる[3]。

以上、本節では再帰的心理動詞は内在的再帰動詞であり、これらの動詞と共起する再帰代名詞は意味役割を持たないことを指摘した。

7.3 ステージレベル述語としての再帰的心理動詞

ドイツ語には、経験者を主語に持つ心理動詞として、hassen 'hate', mögen 'like', schätzen 'estimate' などもある。本節では、これらの動詞と再帰的心理動詞の意味上の相違を論じる。

6.1でみたように、時間軸に位置づけられた出来事をあらわし、項構造に状況の変数(s)を含む述語はステージレベル述語(stage–level predicate)、また

主語の恒常的属性をあらわし、項構造に状況の変数(s)を含まない述語は個体レベル述語(individual-level predicate)と呼ばれている。これら2種類の述語の相違は、ドイツ語において統語的に顕在化する。例えばステージレベル述語である形容詞 verfügbar 'available' が裸複数の主語を持つ場合、この主語は表層において不変化詞 ja doch の左右両側に生起できるのに対し、個体レベル述語である形容詞 intelligent 'intelligent' の場合の裸複数の主語はこれらの不変化詞の左側にしか生起できない。

(25) a. weil Professoren ja doch verfügbar sind　　(Diesing 1992: 37)
　　　　 since professors 'indeed' available are
　　 b. weil ja doch Professoren verfügbar sind　　(Diesing 1992: 38)
　　　　 since 'indeed' professors available are
(26) a. weil Wildschweine ja doch intelligent sind　　(Diesing 1992: 38)
　　　　 since wild-boars 'indeed' intelligent are
　　 b. *? weil ja doch Wildschweine intelligent sind　　(Diesing 1992: 38)
　　　　 since 'indeed' wild-boars intelligent are

また、ステージレベル述語の主語が was für 'what kind of' という句を含んだ場合、(27a)のようにそれらを分割できるのに対して、個体レベル述語の場合には、(27b)のようにその分割は許されない。同様に、前者が例えば数量詞 viele 'many' を含む場合、(28a)に示すようにその修飾の対象である名詞のみを文頭に置くことができるが、後者の場合は(28b)に示すように許されない。

(27) a. Was sind für Leguane verfügbar?　　(Diesing 1992: 40)
　　　　 What are for iguanas available
　　 b. *Was sind für Leguane intelligent?　　(Diesing 1992: 40)
　　　　 What are for iguanas intelligent

(28) a. Wildschweine sind viele verfügbar.　　　(Diesing 1992: 40)
　　　　Wild-boars　are　many　available
　　b. *Wildschweine sind viele intelligent.　　　(Diesing 1992: 40)
　　　　Wild-boars　are　many　intelligent

さて、この統語テストを sich ärgern '(lit.)annoy oneself' のような再帰的心理動詞ならびに hassen 'hate' のような心理動詞に対して実施してみると、前者はステージレベル述語であり、後者は個体レベル述語であることが示される。

(29) a. weil　sich　ja doch　Deutsche　über die Mannschaft ärgern
　　　　since REFL 'indeed' German-people at　the team　　annoy
　　b. weil　sich　Deutsche　ja doch　über die Mannschaft ärgern
　　　　since REFL German-people 'indeed' at　the team　　annoy
　　c. ?Was　ärgern sich　für Deutsche　über die Mannschaft?
　　　　What annoy REFL for German-people at　the team
　　d. Deutsche　　ärgern sich　viele über die Mannschaft.
　　　　German-people annoy REFL many at　the team
(30) a. weil Deutsche　　ja doch die Mannschaft hassen
　　　　since German-people 'indeed' the team　　hate
　　b. ??weil ja doch Deutsche　　die Mannschaft hassen
　　　　since 'indeed' German-people the team　　hate
　　c. *Was　hassen für Deutsche　　die Mannschaft?
　　　　What hate　for German-people the team
　　d. *Deutsche　　hassen viele die Mannschaft.
　　　　German-people hate　many the team

母語話者の判断には揺れがみられるが、sich ärgern '(lit.)annoy oneself' という再帰的心理動詞の裸複数の主語は、(29a, b)に示すように不変化詞 ja doch

の左右両側に生起し、また(29c, d)に示すように was für 'what kind of' という句および数量詞と主語を分割した構文が可能である。このことは、再帰的心理動詞は形容詞 verfügbar 'available' と同様に、ステージレベル述語であることを示している。これに対して hassen 'hate' の裸複数の主語は、(30a, b)に示すように不変化詞 ja doch の左側にしか生起できず、また(30c, d)に示すように was für 'what kind of' という句および数量詞と主語を分割した構文は許されない。このことは、心理動詞 hassen 'hate' は形容詞 intelligent 'intelligent' と同様に、個体レベル述語であることを示している。

再帰的心理動詞がステージレベル述語であることは、これらの動詞が何の問題もなく gerade 'just now' のような時間の副詞と共起できることからも示される。これに対して hassen 'hate' は、(31b)のように時間の副詞となじまない。

(31) a.　Peter　ärgert/freut/wundert　sich　gerade　über　dieses　Bild.
　　　　 Peter　annoys/pleases/surprises　REFL　just-now　about　this　　picture
　　 b. ?? Peter　hasst　gerade　　dieses　Bild.　　　　　(Härtl 2001: 186)
　　　　 Peter　hates　just-now　this　　picture

これらのことから、hassen 'hate' や mögen 'like' などの心理動詞は個体レベル述語であり、再帰的心理動詞はステージレベル述語であることは明らかであろう。この主張は、前者の心理動詞は、時間軸には依存しない(少なくても一定の期間は継続する)心理状態をあらわしていると考えられるのに対して、後者の心理動詞は時間軸上に位置づけられる、ある感情的な出来事をあらわすという我々の日常的な直感と一致している。

7.4　本章のまとめ

本章では再帰的心理動詞について、次の点を主張した。
1) 再帰的心理動詞に非対格性を想定することはできない。この点は、ド

イツ語の再帰的心理動詞が受動化を許すことから明確に示される。したがって、再帰的心理動詞と共起する弱形再帰代名詞は、外項抑制を伴う構文に生起する再帰代名詞とは異なる性質を持つ。
2) もともと再帰的心理動詞は非人称構文から発達したが、再帰的心理動詞と共起する再帰代名詞は、非人称構文において経験者の意味役割を持っていた目的語が意味役割を失った状態で存在しているものである。したがって、再帰的心理動詞はドイツ語の sich beeilen 'hurry' や sich benehmen 'behave oneself' などと同様に内在的再帰動詞とみなすことができる。
3) 再帰的心理動詞は、同じように経験者を主語に持つ hassen 'hate' や mögen 'like' が個体レベル述語であるのに対して、ステージレベル述語である。

注

1 ただし Vater(1995) の調査によれば、18 名のインフォーマントのうち 11 名が erinnern 'remember' に前置詞句が共起している(i)を容認不可能と判断している。また Schachtl (1991) も、やはり erinnern 'remember' が前置詞句と共起している(ii)を非文と判断している。

(i)　Es wurde sich　　an das Versprechen erinnert.　　　　(Vater 1995: 189)
　　　it　was　REFL on the promise　　remembered
(ii)　*Daran konnte sich　nicht erinnert　werden.　(Schachtl 1991: 119)
　　　on-it　could　REFL　not　remembered be

(i)(ii)と(6h)の相違が何に起因するのかは必ずしも明確ではない。ただし、(6a)の「怒る、怒っている」(ないしその否定である「怒らない」)の受動文が容認され、また(i)(ii)の「思い出す」の受動文が容認されにくいことは、表現されている出来事が統御可能か否か、という点から扱えるように思われる。一般にドイツ語の非人称受動文は、抑制される外項によって統御可能(controllable)である出来事をあらわす場合に形成可能であるとされており(Wunderlich 1997: 6)、(i)(ii)の「思い出す、覚えている」の方が、例えば(6a)の「怒る、怒っている」(ないし「怒らない」)よりも統

御しにくいため、(i)(ii)は容認されにくいと考えられる。ちなみに Vater(1995: 190) は Es wurde sich geniert. 'We felt embarrassed.' の許容度が Es wurde sich amüsiert. 'We enjoyed ourselves.' の許容度に比べて極めて低いことを不可解に思っているが、Ágel (1997: 170) が指摘しているように、この点も統御(不)可能性という観点から扱えるように思われる。実際、sich genieren 'be embarrassed' と類似の意味を持つ再帰動詞 sich schämen '(lit.)shame oneself = be ashamed' に nicht 'not' が付加された受動文(6b)は許容されるし、筆者の調査によれば Es wurde sich geniert. に法助動詞 dürfen 'may' ならびに否定詞 nicht 'not' を付加すると許容度はかなりの程度上がる。この場合も、否定詞や助動詞が出来事の統御可能性を高めていると考えられる。

2 　単一の節における主語への昇格は一度しか許されないという、関係文法において提唱された法則(1-Advancement Exclusive Law)に基づく。再帰的心理動詞における主語が内項から派生した主語であるならば、この主語をさらに抑制することはできないことになる。この法則の妥当性については Washio(1995) に詳しい議論がある。

　　(i) 　1-Advancement Exclusive Law(first version)

　　　　The set of advancement to 1 in a single clause contains at most one member.

　　　　　　　　　　　　　　　　　　　　　　　　(Perlmutter and Postal 1984: 84)

3 　3.1.4 でも指摘したことであるが、Kratzer(2005)によれば、他動詞ならびに非対格動詞から結果構文を作ることはできない。再帰的心理動詞における再帰代名詞は意味役割を持たないが、統語的には直接目的語である。再帰的心理動詞における弱形再帰代名詞を脱落させた上で結果構文を形成できるのは、Müller(2002: 216, fn. 18)が指摘するように、語彙化されている場合に限られると思われる。意味役割を持たない再帰代名詞を含むすべての内在的再帰動詞から結果構文が形成できるというわけではなく、例えば sich erholen 'have a rest' から結果構文を作ることはできない。

　　(i) 　*Karl 　erholt 　　sich 　　ausgeruht/gesund. 　　　　(Oppenrieder 1991: 133)
　　　　Karl 　has-a-rest 　REFL 　rested/healthy

第 8 章　再帰代名詞の類型

本章では、まず 8.1 でこれまで扱ってきたドイツ語における再帰代名詞の用法を整理し、8.2 では弱形再帰代名詞の生起により外項、すなわち意味上の主語が抑制されるという Steinbach (2002) の主張を批判的に検討し、その上で外項抑制を含む文における再帰代名詞に対して新しい提案を行う。続いて 8.3 では、ドイツ語における内在的再帰動詞は項構造の観点から 2 種類に区別されることを指摘する。それまでの議論をふまえ、8.4 では英語、オランダ語、ドイツ語における再帰代名詞の類型化を論じ、8.5 では再帰構文を扱った最近の研究と本書における主張を比較する。8.6 は本章のまとめである。

8.1　再帰代名詞の用法

ドイツ語の再帰代名詞には (1) のような他動詞の目的語としての用法以外にもいくつかの用法があるが、前章までに、おもに (2) から (4) の用法について議論してきた。

(1) a.　Dieter　hasst　sich.
　　　　Dieter　hates　REFL
　　b.　Dieter　schlug　sich.
　　　　Dieter　hit　　 REFL

（2）a. Dieter wusch sich.
　　　 Dieter washed REFL
　　b. Dieter legte sich hin.
　　　 Dieter laid REFL down
　　　 'Dieter lay down.'
（3）a. Dieter benimmt sich gut.　　　　　　（内在的再帰動詞）
　　　 Dieter behaves REFL well
　　　 'Dieter behaves well.'
　　b. Dieter freut sich.　　　　　　　　　（再帰的心理動詞）
　　　 Dieter pleases REFL
　　　 'Dieter is happy.'
（4）a. Die Tür öffnete sich.　　　　　　　　（反使役化）
　　　 The door opened REFL
　　　 'The door opened.'
　　b. Das Buch liest sich leicht.　　　　　（中間構文）
　　　 The book reads REFL easily
　　　 'This book reads easily.'

　(2a)の再帰代名詞は第2章および第3章で扱った主語の身体を表示する弱形再帰代名詞であり、本書ではこの弱形再帰代名詞は意味役割を持つと主張している。また、(2b)の再帰動詞は(2a)の延長上に位置づけられるものであるが、ここでは他動詞が使役の意味を失い、自動詞的な意味を持つために(2b)の弱形再帰代名詞は意味役割を持たないと考えられる。(3a)の再帰代名詞はいわゆる内在的再帰動詞と共起しており、意味役割を持たない。また、(3b)の再帰的心理動詞と共起する再帰代名詞もこのタイプである。(4)の再帰代名詞も意味役割を持たないが、起動的事態をあらわす構文や中間構文のような外項抑制を伴う構文に生起している点で(3)の再帰代名詞とは異なる。
　(1)の再帰代名詞はオランダ語の強形再帰代名詞zichzelfに対応するため、強形の用法といってよい。また(2a)の再帰代名詞が弱形再帰代名詞であるこ

とは、(2a)の出来事をオランダ語で表現する際には通常、(5a)のように弱形再帰代名詞 zich が用いられ、強形再帰代名詞 zichzelf を用いた場合には対照の含意を伴うことから示される。(2b)の再帰代名詞が弱形再帰代名詞であることは、(5b)のようにこの再帰代名詞がアクセントを持てないこと、ならびに強調詞 selbst を付加できないことから示される[1]。また、(3)の再帰代名詞が弱形再帰代名詞であることは、やはりオランダ語で(3)の出来事を表現する場合には(5c, d)にみるように zich のみが可能であることから示される。さらに(4)の再帰代名詞が弱形であることは、(5e–g)のようにこれらの再帰代名詞がアクセントを持てないこと、ならびに強調詞 selbst を付加できないことから示される。

(5) a. Hij waste zich.
    He washed REFL
  b. *Dieter legte SICH/sich selbst hin.
    Dieter laid REFL INT down
  c. Hij gedraagt zich/*zichzelf goed.
    He behaves REFL well
  d. Hij verheugt zich/*zichzelf.
    He pleases REFL
  e. *Die Tür öffnete SICH.
    The door opened REFL
  f. *Das Buch liest SICH leicht.
    The book reads REFL easily
  g. *Das Buch liest sich selbst leicht.
    The book reads REFL INT easily

(6)のような「お互いに」を意味するいわゆる相互的用法を除くと、ドイツ語の弱形再帰代名詞には、1) (2a)のような内向的(introverted)な状況をあらわす動詞と共起し、意味役割を持つ項としての用法、2) (2b)のような内向

的な状況をあらわす動詞と共起するが、意味役割を持たず、ダミーとして生起する用法、3)(3)のような内在的再帰動詞と共起する用法、4)(4)のような外項抑制が生じている文に生起する用法、のあわせて4つの用法があることが確認される。ちなみに第5章で論じたように、オランダ語の弱形再帰代名詞 zich には 2)の用法は認めにくく、また 4)の用法は欠けているといってよい。また、英語の再帰代名詞 oneself は第2章でみたように基本的には強形であるが、(7)にみるような 3)の用法は持つ。

(6) Sie   schlagen/hassen   sich.
    They hit/hate   REFL
    'They hit/hate each other.'
(7) a. He behaves himself like a child.
    b. He bethought himself of miserable days.

これらの再帰代名詞の用法のうち、最も理解しくにいのは 4)の意味上の主語、すなわち外項が抑制された文に生起する用法であるといってよいだろう。なぜなら、外項抑制と「再帰」もしくは再帰代名詞の間にはどのような関係が成立しているのか必ずしも明らかではないからである。この問題に対して、例えば Hawkins(1986: 117)は、(8)にみられる英語とドイツ語の相違について、"An argument may often be absent from English surface structures which must be present in German." と指摘している。

(8) a. This book reads easily.
    b. Das Buch liest sich   leicht.   (Hawkins 1986: 118)
       The book reads REFL   easily

この見解によれば、(8)にみられる英独の相違は、(9)にみられる相違と同様のものである。英語においては(9a)のように、既知の事物を指示する目的語を脱落させることが可能であるのに対して、ドイツ語においては(9b)の

ように通常、不可能である。したがってドイツ語における他動詞は常に目的語を伴っていなければならず、その意味で「他動性」を保たなければならない。Hawkins によれば、(8)のような外項抑制が生じる場合も他動詞が持つ「他動性」を保持するために意味役割を持たない再帰代名詞が必要になるというわけである。

(9)a. I know that he has passed the exam, but he doesn't.
　b. Ich weiß, dass er das Examen bestanden hat, aber er weiß ＊(es)
　　 I　know that he the exam　 passed　 has but he knows　 it
　　 nicht.　　　　　　　　　　　　　　　　 (Hawkins 1986: 117)
　　 not

しかし、この説明ではドイツ語とオランダ語の相違が把握できない。

(10)a. I can not promise.
　 b. Ich kann ＊(es)　nicht versprechen.　　　 (German)
　 c. Ik　kan　＊(het) niet　beloven.　　　　　(Dutch)
　　　I　can　 it　 not　 promise
(11)a. How did you find out?
　 b. Wie haben Sie ＊(es)　entdeckt?　　　　　(German)
　 c. Hoe heb　jij　＊(het) ontdekt?　　　　　 (Dutch)
　　　how have　you　 it　 discovered

(10a)(11a)にみるように、英語の promise や find out という動詞では既知の事物を指示する目的語を脱落させることが可能であるが、ドイツ語やオランダ語ではそれは不可能である。ドイツ語とオランダ語には既知の事物を指示する目的語の省略について共通した性質がみられるのであるから、Hawkins の見解にしたがえば、オランダ語においてもドイツ語と同様、(8)のような外項抑制を伴う構文においては他動詞の「他動性」を満たすために弱形再帰

代名詞が生起することが期待される。しかし、5.3 でみたように、オランダ語における弱形再帰代名詞は外項抑制を伴う構文と馴染まない。(8)に対応するオランダ語の中間構文では弱形再帰代名詞は生起できず、また「ドアが開く」という起動的出来事は(12b)のような再帰構文ではなく、(12c)のような複合述語 gaan open 'go open' を用いて表現するのが普通である。

(12) a. Dit boek leest (*zich) gemakkelijk.
        This book reads REFL   easily
     b. *De deur opent zich.　　　　　　　　(ANS 1984: 187)
         The door opens REFL
     c. De deur gaat open.
        The door goes open

したがって、(8b)の弱形再帰代名詞は動詞の「他動性」を保持するために用いられるという Hawkins の見解は受け入れがたいことになる。次節では、外項抑制が生じている文に生起するドイツ語の弱形再帰代名詞について斬新な提案を行っている Steinbach(2002)を検討する。

8.2 Steinbach(2002)の検討

Steinbach(2002)は、ドイツ語における再帰構文について新しい提案を行っている。

(13) a. Dieter lobt   sich.　　　　　　　　(他動詞構文)
        Dieter praises REFL
     b. Die Tür öffnet sich.　　　　　　　(反使役化)
        The door opens   REFL
     c. Das Buch liest sich leicht.　　　　(中間構文)
        The book reads REFL easily

Steinbach は(13)におけるすべての再帰構文に、(14)の統語構造を想定する。彼の主張によれば、意味役割の有無にかかわらず、再帰代名詞はすべて VP 補部(= NP$_2$)に生成される。

(14)　　[$_{VP}$ NP$_1$ [$_{V'}$ NP$_2$ V^0]]

(13a)の再帰代名詞は意味役割を持つのに対し、(13b, c)の再帰代名詞は意味役割を持たないことから、既存の分析では(13a)と(13b, c)に異なる統語構造を想定することがある。すでに 2.5 でみたように、意味役割を持たない(13b, c)のような再帰代名詞は、1)他の名詞句と並列不可(15a)、2)文頭に立てない(15b)、3)強調詞 selbst が付加できない(15c)、4)焦点化を行う副詞 nur 'only' や sogar 'even'、また否定詞 nicht 'not' の作用域に生じない(15d)、5)他の名詞句と交換不可能(15e)、6)疑問文に対して単独で返答となり得ない(15f)、といった性質を持つことから、例えば Haider(1985)は、このタイプの再帰代名詞と意味役割を持つ再帰代名詞を統語的に区別し、前者をいわゆる A′要素として VP の付加詞の位置に生成することを提案している。

(15) a. *Die Tür öffnete sich und das Fenster.
　　　　 The door opened REFL and the window
　　 b. *Sich öffnete die Tür.
　　　　 REFL opened the door
　　 c. *Die Tür öffnete sich selbst.
　　　　 The door opened REFL INT
　　 d. *Die Tür öffnete nur/sogar/nicht sich.
　　　　 The door opened only/even/not REFL
　　 e. *Die Tür öffnete sich/das Fenster.
　　　　 The door opened REFL/the window
　　 f. *Was öffnete die Tür?　Sich!
　　　　 What opened the door　REFL

しかし、(13)における再帰代名詞はすべて対格を持つ。このため Haider (1985)の分析にしたがうならば、再帰代名詞に対格が付与される位置が構造的に2つ存在することになってしまうと Steinbach は指摘する。すなわち VP 補部と VP 付加詞の位置が構造的に対格を受け取る位置ということになるわけであるが、後者は(13b, c)を扱うためだけに想定されており、他の構文によって動機付けられているわけではない。また、Steinbach によれば、再帰代名詞の語順に関する制限も意味役割の有無によって異なることはなく、どちらの場合も主文であれば定形動詞の直後の位置が最も好まれる。例えば(16a)の再帰代名詞は意味役割を持ち、また(16c)の再帰代名詞は意味役割を持たないが、ともに副詞 sehr 'very much' や gut 'well' に後続することは許されない。

(16) a. Der Kanzler liebt sich sehr.
     The chancellor loves REFL very-much
   b. *Der Kanzler liebt sehr sich.
     The chancellor loves very-much REFL
   c. Dieser Käse schneidet sich gut.
     This cheese cuts REFL well
   d. *Dieser Käse schneidet gut sich.
     This cheese cuts well REFL

(Steinbach 2002: 131)

これらのことから、Steinbach はこれら2種類の再帰代名詞の相違を統語構造に還元することはしない。Steinbach(2002)は意味役割の有無に関わらず、(13)におけるすべての再帰代名詞を(14)のように VP 補部の位置に生成し、(15)にあげた意味役割を持たない再帰代名詞の性質を統語的にではなく、意味的に説明する。例えば、(15a)は、等位接続詞で連結される要素は同一の「解釈」を持たなければならないという一般的制約から説明され[2]、また(15c-f)にみられる制約は、概略、焦点(focus)となる要素は他の候補(alternatives)

の存在を前提としなければならないという焦点に関する一般理論から説明されるという。さらに、(15b)の制約は、再帰代名詞は話題(topic)もしくは焦点(focus)の機能を担っている場合にのみ文頭に生起するが、意味役割を持たない再帰代名詞はこのどちらの機能も持ち得ないという制約から扱われる。Steinbach は Haider が統語的に説明を試みたドイツ語における 2 種類の再帰代名詞の相違を意味的に説明した上で、(14)の統語構造とリンキング規則を用いて(13b, c)において外項抑制が生じるメカニズムを提案する。本書では、意味役割を持たない再帰代名詞が持つ(15)の性質を意味的に説明するという Steinbach の提案を支持するが[3]、彼が(14)の統語構造に基づいて行っているリンキングに関する提案にはいくつかの問題があるといわざるを得ない。

　まず Steinbach は Reinhart and Reuland(1993)の "General Condition on A-Chains"(17)を受け入れ、さらにドイツ語に関する(18)のようなリンキング規則を設定する。

(17)　General Condition on A-Chains:
　　　A maximal A-chain($\alpha_1, ..., \alpha_n$)contains exactly one link – α_1 – that is both +R and Case-marked[4].　　　(Reinhart and Reuland 1993: 696)
(18) a.　Spec of VP is linked to the first argument.
　　 b.　The complement position of V^0 is linked to the second argument.
　　　　　　　　　　　　　　　　　　　　　　　　(Steinbach 2002: 205)

(18a)の first argument とはいわゆる外項のことであり、(18b)の second argument とはいわゆる内項のことである。また彼は、Chomsky(1981)では固有の指示(intrinsic reference)を持つか否かにより規定された [R] という素性を、Reinhart and Reuland(1993)の指摘にしたがい、形態的・統語的な素性と捉え直す[5]。Reinhart and Reuland(1993)によれば、任意の名詞句はいわゆる φ 素性と構造格に対して完全に特定(specify)されていれば [+R] という素性を持つことになるが[6]、Steinbach(2002: 193)は、ドイツ語の再帰代

名詞は［R］に関して特定されていないと指摘する[7]。彼によれば、弱形再帰代名詞は統語環境により［＋R］であったり、［－R］であったりするというわけである。例えば(19a)の再帰代名詞は［＋R］であり、したがって(17)に基づき独自の連鎖を形成するという。さらに(18b)のリンキング規則により、(19a)の再帰代名詞は second argument、すなわち内項に連結され、結局、(19a)は(19b)の統語構造を持つことになる。(19b)には、外項 Dieter と内項 sich を先頭部(head)とする2つの連鎖が含まれている。

(19) a.　Dieter schlug sich. 'Dieter hit himself.'
　　 b.　[$_{AgrSP}$ Dieter$_1$ [$_{AgrOP}$ sich–[＋R]$_2$ [$_{VP}$ t$_1$ [$_{V'}$ t$_2$ schlug]]]]
　　　　　chain 1 ＝ Dieter$_1$ – t$_1$; chain 2 ＝ sich [＋R]$_2$ – t$_2$

また、Steinbach は(20a)の再帰代名詞は［－R］であると指摘する。したがって、(17)の条件に基づき、この再帰代名詞は独自に連鎖を形成することはできず、他の連鎖に含まれる必要がある。Steinbach によれば、その連鎖に外項の意味役割が与えられることはない。なぜなら、本来的に外項が連結される位置は(18b)に基づき［Spec, VP］であるが、この位置はその連鎖が［Spec, AgrSP］まで移動するための中間地点だからである。再帰代名詞が［－R］である場合、(17)を満たすためにはその連鎖に［＋R］が含まれなければならないが、その［＋R］を担うのは主語であるため、結局、この場合の再帰代名詞と主語は同一の連鎖を構成しなければならないことになる。さらに［＋R］を持つ主語名詞句には、(18b)に基づき、必然的に内項の意味役割が与えられることになる。このメカニズムにしたがうと、例えば反使役化により形成される再帰構文(20a)は(20b)の統語構造を持つことになる。

(20) a.　Die Tür öffnet sich. 'The door opens.'
　　 b.　[$_{AgrSP}$ die Tür$_1$ [$_{AgrOP}$ sich–[－R]$_1$ [$_{VP}$ t$_1$ [$_{V'}$ t$_1$ öffnet]]]]
　　　　　chain ＝ die Tür$_1$ – sich–[－R]$_1$ – t$_1$ – t$_1$

結局、(17)と(18)、ならびに「弱形再帰代名詞は［R］に関して不特定である」という想定から、(20a)では外項が統語構造にリンクできないことになる。つまり、Steinbach の提案によれば、［−R］という性質を持つ弱形再帰代名詞は統語的な主語と外項の意味役割の連結を阻む働きをしていることになり、弱形再帰代名詞が直接目的語の位置に生起することによって結果的に外項抑制が生じることになるわけである[8]。

　しかし、この Steinbach の分析にはいくつかの問題があるといわざるを得ない。まず、再帰代名詞は［R］について特定されておらず、統語環境により［+R］［−R］と変容するという想定である。Steinbach は(19a)における再帰代名詞は［+R］であると指摘するが、なぜそうなのかは明らかではない。おそらく彼は(19a)の再帰代名詞が意味役割を持つことから、この再帰代名詞は［+R］であると考えているのであろうが、本来的に数・人称・性・格に関して人称代名詞よりも特定されておらず、したがって Reinhart and Reuland(1993)に基づけば［−R］であるはずの再帰代名詞が統語環境により［+R］［−R］と変容することを論拠づける必要がある。

　Steinbach の提案にみられるより重要な問題は、［−R］という素性を持つ、もしくは意味役割を持たない再帰代名詞が含まれる連鎖には自動的に内項の意味役割が与えられるというシステムを受け入れた場合でも説明できない事実が存在することである。それは、第7章でみたように、sich ärgern 'be/get angry' のような再帰的心理動詞、ならびに sich beeilen 'hurry' のような内在的再帰動詞と共起する再帰代名詞は意味役割を持たないが、これらの再帰動詞は(21)のように受動化できるという点である。Steinbach(2002: 232f.)は内在的再帰動詞を sich öffnen 'open' のような反使役化が生じている再帰動詞と同様に扱っている。つまり彼にしたがえば、内在的再帰動詞と共起する再帰代名詞は常に［−R］という特性を持ち、その再帰代名詞が含まれる連鎖には必ず内項の意味役割が付与されることになる。一般に非人称受動文が形成されるためには、対応する能動文の主語が外項の意味役割を持つことが必要であるのだから、(21)のように内在的再帰動詞が受動化可能であることは、Steinbach の想定とは異なり、(21)の再帰代名詞が含まれる

連鎖には内項ではなく、外項の意味役割が付与されていたことを示している[9]。

(21) a. Jetzt wird sich nicht mehr geärgert! (Wunderlich 1997: 7)
Now is REFL no more annoyed
'Now, don't be angry anymore!'
b. Hier wird sich nicht geschämt! (Wunderlich 1985: 222)
Here is REFL not shamed
'Don't be ashamed here!'
c. Jetzt wird sich aber beeilt. (Pape–Müller 1980: 32)
Now is REFL but hurried
'You must hurry up now.'

3番目の問題は、Steinbachは英語においても見えない再帰代名詞が直接目的語の位置に生起することにより外項の統語的生起を阻んでいると提案している点である。同様にMassam(1992)も英語の中間構文にゼロ形の再帰代名詞の存在を想定し、その再帰代名詞により外項が抑制されると提案しているが、このような提案は第5章でみた弱形再帰代名詞の分布にみられる含意関係と矛盾してしまう。

(22)
	grooming action 'wash'	nontranslational motion 'turn' 'bow'	change in body posture 'sit down'	suppression of external argument 'The door opens.'
German	sich	sich	sich	sich
Dutch	zich	(zich)	(?zich)	
English	ø			

オランダ語では、grooming actionでは弱形再帰代名詞は必須となるが、「座る」「横になる」のようなchange in body postureの状況はgaan zitten 'go sit'

および gaan liggen 'go lie' という複合述語を用いて表現するのが普通である。また、英語でも「座る」という change in body posture の状況は通常、sit down のように自動詞を用いて表現する。このように、英語とオランダ語においては再帰代名詞が用いられる範囲は(22)に示すように限定されている。もし、英語とオランダ語において外項抑制をもたらすゼロ形の再帰代名詞の存在を仮定すると、これらの言語では再帰代名詞が用いられない change in body posture の状況を飛び越えて再帰代名詞が存在することを認めることになってしまう。

　結局、英語においてもゼロ形の弱形再帰代名詞の存在を仮定するという提案は別にしても、1)形態的な特性からすると［-R］であるはずの再帰代名詞が、なぜ［+R］に交替するかが明確ではない、2)再帰的心理動詞や一部の内在的再帰動詞にみられる連鎖にも内項の意味役割を与えてしまう、という点で、Steinbach(2002)が提案するシステムは不十分な点を含んでいるといわざるを得ない。

　では、外項抑制が生じている文に生起する弱形再帰代名詞はどのように扱うべきなのであろうか。ここではまず、受動文と異なり、中間構文などには動作主を導く前置詞句が生起しないことに着目する必要がある。

(23) a.　Das　Buch　wird　von　Peter　gelesen.
　　　　The　book　is　　by　Peter　read
　　b. *Das　Buch　liest　sich　von jedem　　leicht.
　　　　The　book　reads　REFL　by　everyone　easily
　　c. *Die　Tür　öffnete　sich　von　Peter.
　　　　The　door　opened　REFL　by　Peter

この事実は、統語的に外項ないし動作主が存在している受動文(23a)と異なり、(23b, c)では外項ないし動作主は統語上も存在していないことを示している。動作主と再帰代名詞は統語的に相補分布を示すのであるから、すでに大矢(1997)で指摘したように、(23b, c)における弱形再帰代名詞は動作主

の位置、すなわち vP の指定部に生成されていると考えるのが最も自然である。

(24) [_vP_ sich [_VP_ das Buch liest]]

しかし、(24)にはいくつかの問題があるように思われるかも知れない。まず、(24)の再帰代名詞は対格を持ち、VP 内の das Buch 'the book' が主格を持つという事実をどのように扱うか、という点である。ここでは、Haider (2000)が指摘している次の文に着目したい。

(25) Haben je Linguisten ODEN interessiert?
　　　Have ever linguists–ACC odes–NOM interested
　　　'Have linguists ever been interested in odes?'
(Haider 2000: 37)

6.2.2 でも触れたことであるが、比較的語順が自由であるドイツ語では、文全体が焦点となりうる語順を基本語順とするのが一般的である。Haider によれば、対格—主格の語順を持つ(25)は文全体が焦点となる解釈を持つため、動詞 interessieren 'interest' は対格—主格の語順が基本語順となる。さらに(25)が基本語順を示しているということは、ドイツ語では VP 内の名詞句が主格を持ち、さらに統語的により高い位置にある他の項が対格を持ちうることを示している。すると、(24)の VP 内の名詞句 das Buch 'the book' も主格を持つことには問題はないわけであるが、再帰代名詞 sich はどのように対格を付与されるのであろうか。特に(24)では外項の意味役割を持つ名詞句は存在しないのであるから、(24)の再帰代名詞が対格を持つことは、(26)のいわゆる「Burzio の一般化」に明らかに違反している。

(26) All and only the verbs that can assign θ–role to the subject can assign (accusative) case to an object. (Burzio 1986: 178)

しかし、Haider(2000)にしたがい、Burzio の一般化を格付与に関する一般的制約と捉えなおせば問題は生じないであろう。Haider によれば、Burzio の一般化に違反している受動文(27a)が許されないのは、名詞の対格と定動詞の φ 素性が別々に照合されなければならないからである。これに対して(27b)では、名詞が持つ主格と定動詞の φ 素性の照合は単一の操作で済むため、より経済的(economic)であり、したがって(27b)は適格な文となる。

(27) a. *Wurde   ihm   den   Fehler   vergeben?
        Was   him–DAT   the   mistake–ACC   forgiven
    b. Wurde   ihm   der   Fehler   vergeben?
        Was   him–DAT   the   mistake–NOM   forgiven

(Haider 2000: 31)

この考え方にしたがえば、任意の文は主格を持って初めて(意味役割に言及することなく)対格を持ちうることになる。(24)における再帰代名詞は主格を持つことはないため、内項である das Buch 'the book' が主格を持つことになる。(24)には主格を持つ名詞句が存在するため、再帰代名詞が対格を持つことに原理的な問題は生じないわけである。

また、(24)における再帰代名詞が意味役割を持たないことはどのように保証されるのであろうか。第 2 章でみたように、本書ではドイツ語の弱形再帰代名詞は意味役割を持つものと意味役割を持たないものが混在していると主張している。したがって、(24)の再帰代名詞が弱形であるという形態的理由から、この再帰代名詞は意味役割を持たないということはできない。しかし、(24)において再帰代名詞が生成される位置、すなわち vP 指定部は本来的には動作主が生成される位置である。この場合、能動文であれば動作主はもちろん主格を持つ。しかし、ドイツ語の再帰代名詞は主格を持つことはなく、したがって動作主の意味役割を持つこともない。また、いわゆる対象(theme)ないし被動者(patient)は、VP 内の名詞句に付与されるため、vP 指

定部にある再帰代名詞がこの意味役割を持つこともない。結局、(24)が統語的に適格となるのは再帰代名詞が意味役割を持たない対格の形態を持つ場合に限られることになる。Steinbach(2002)は、再帰代名詞が直接目的語の位置に生起することにより外項の統語的生起が阻まれると主張したが、(24)の分析は、本来は外項が生起する位置に再帰代名詞が生成されることにより、外項の統語的生起が阻まれると主張していることになる。

では、(24)のように再帰代名詞をvP指定部に生成するという提案を支持する経験的な根拠はあるだろうか。Steinbach(2002: 130)は再帰代名詞のタイプに関わりなく、その語順は同一の制約にしたがうと指摘するが、(24)のようにvP指定部に生成される再帰代名詞の場合、その語順には制約があるように思われる。まず(28)に示すように、疑問詞と同じ形態を持つ不定代名詞は「かき混ぜ」を受けることはできず、また否定の意味を持つ不定代名詞の語順も固定している。これをふまえて(29)から(31)を考察しよう。

(28) a. */?? Daß   mitunter   wen$_i$ jemand   e$_i$ beleidigt,
           That   sometimes   someone–ACC   someone–NOM   offends
           kommt vor.   (Haider 2002)
           happens PRT
     b. *Ich glaube, dass niemanden$_i$ der Hans   e$_i$ hasst.
         I   think   that nobody–ACC   the Hans–NOM   hates
(29) a. Ich glaube, dass sich   was   aufklärt.
         I   think   that REFL   something–NOM   up–clears
     b. ?? Ich glaube, dass was   sich   aufklärt.
            I   think   that something–NOM REFL   up–clears
     c. [$_{vP}$ sich [$_{VP}$ was aufklärt]]
(30) a. Ich glaube, dass sich   nichts   verbessert.
         I   think   that REFL   nothing–NOM   improves
     b. ?? Ich glaube, dass nichts   sich   verbessert.
            I   think   that nothing–NOM   REFL   improves

  c. [_{vP} sich [_{VP} nichts verbessert]]

(31) a. Ich glaube, dass niemand   sich wäscht.
    I think that nobody–NOM REFL washes
  b. Ich glaube, dass sich niemand   wäscht.
    I think that REFL nobody–NOM washes
  c. [_{vP} niemand [_{VP} sich wäscht]]

(29)では他動詞 aufklären 'clear up' から反使役化により形成された再帰動詞が用いられており、もちろんここでは外項抑制が生じている。(29a)は許されるが、(29b)はほとんど不可能である。これは前者では(29c)の基本語順を守っているのに対して、後者は不定代名詞 was 'something' がかき混ぜを受け、再帰代名詞に前置されているためであると考えられる。同様に(30)では、他動詞 verbessern 'improve' から反使役化により形成された再帰動詞が用いられているが、(30b)はほとんど許されない。やはり、(30a)は(30c)に示した基本語順を守っているのに対して、(30b)では不定代名詞 nichts 'nothing' をかき混ぜているためである。これに対して意味役割を持つ弱形再帰代名詞が用いられている(31)では、(31a, b)両方の語順が可能である。これは(31)の基本語順は(31c)であり、(31b)は再帰代名詞が前置されることにより派生されると考えられるためである[10]。さらに(32)をみよう。

(32) a. Einen Pudel   gerettet hat der Kanzler   gestern.
    A poodle–ACC rescued has the chancellor–NOM yesterday
    'Yesterday, the chancellor rescued a poodle.'
  b. Ein Fehler   unterlaufen ist dem Hans schon lange nicht mehr.
    A mistake–NOM happened is the Hans–DAT already long no more
    'For a long time now, Hans has not made a mistake.'
                          (Grewendorf 1989: 23)
  c. Türen   geöffnet haben sich hier noch nie.
    Doors–NOM opened have REFL here yet never

d. *Kinder　　　　gewaschen haben sich　hier　noch nie.
　　Children–NOM　washed　　have　REFL here　yet　never

　(32a)のように、ドイツ語では対格名詞句と過去分詞を共に文頭に置くことができる。つまり、動詞句の一部を話題化することができるわけである。(32b)では対格名詞句ではなく、主格名詞句が過去分詞と共に話題化されているが、ここでの動詞 unterlaufen 'happen' はいわゆる非対格動詞であり、その主語 ein Fehler 'a mistake' は(32a)の対格目的語 einen Pudel 'a poodle' と同じ位置に生成されているために(32b)は適格になる。外項抑制が生じている(32c)でも主格名詞 Türen 'doors' が過去分詞と共に話題化されているが、これは(32c)の主語が(32b)の主語と同様、動詞句内の直接目的語の位置に生成されていることを示している。ちなみに、動作主である主格名詞 Kinder 'children' と過去分詞を共に話題化した(32d)は許されない。これはもちろん、動作主は直接目的語の位置には生成されないからである。(29)から(32)にみられる語順の制約は、外項抑制が生じている文における再帰代名詞が主語よりも構造上高い位置、すなわち動作主と同様に vP 指定部に生成され、さらにその主語は VP 補部に生成されるというここでの主張を裏付ける[11]。

　本節では、Steinbach(2002)の提案を吟味し、その上で外項、すなわち意味上の主語が抑制されている構文に生起する弱形再帰代名詞の生起位置について議論した。直接目的語の位置に生起する弱形再帰代名詞が外項の統語的連結を阻むという Steinbach の主張にはいくつかの問題点があると言わざるを得ないが、意味役割を持たない再帰代名詞は、意味役割(ないし[+R])を持つ名詞句を持つ他の連鎖に必ず含まれる必要がある、という彼の観察は内在的再帰動詞の類型化に示唆を与えてくれる。次節では、ドイツ語には2種類の内在的再帰動詞が存在することを指摘する。

8.3　2種類の内在的再帰動詞

8.1および8.2でみたように、意味役割を持たない弱形再帰代名詞には、1)

外項、ないし動作主と同様の統語的位置に生成され、その結果として外項を抑制するものと、2)外項抑制に関与しないものの2種類に大別される。意味役割を持たない弱形再帰代名詞を含む連鎖は、必ず意味役割を持つ別の連鎖に含まれなければならないという前節における観察に基づくと、1)の外項抑制を引き起こす弱形再帰代名詞の場合、(33b)のように再帰代名詞を含む連鎖には内項の意味役割(<int>と表示する)が付与される。

(33) a.　Die　Tür　öffnet　sich.
　　　　The　door　opens　REFL
　　 b.　sich – die Tür<int>

また、(34a)の内在的再帰動詞 sich beeilen 'hurry' は(34b)にみるように受動化を許す。このことから、上に述べた2)の外項抑制に関与しない弱形再帰代名詞が含まれる連鎖には、(34c)のように外項の意味役割(<ext>と表示する)が付与されていることになる。つまり、(34a)の主語 Dieter は外項としてvP指定部に、また弱形再帰代名詞は内項すなわち直接目的語の位置(＝VP補部)に生成されている。このことは、(31)の sich waschen 'wash oneself' と同様、この内在的再帰動詞の主語が否定の意味を含む不定代名詞である場合、再帰代名詞の前後に生起できることからも示される。

(34) a.　Dieter　beeilt　sich.
　　　　Dieter　hurries　REFL
　　 b.　Jetzt　wird　sich　　aber　beeilt.
　　　　Now　is　　REFL　but　hurried
　　 c.　Dieter<ext> – sich
(35) a.　Ich　glaube, dass　niemand　　　　sich　　beeilt.
　　　　I　　think　that　nobody–NOM　REFL　hurries
　　 b.　Ich　glaube, dass　sich　　niemand　　　beeilt.
　　　　I　　think　that　REFL　nobody–NOM　hurries

(35a)の語順は基本語順であるために容認され、また(35b)は再帰代名詞が主語 niemand 'nobody' の前に配置されている。Kunze(1997: 122)によれば、beeilen 'hurry' という動詞は、もともと „Jemand beeilt y." 'Somebody makes y hurry.' のように使役の意味を持つ他動詞として用いられていた[12]。その後、再帰代名詞が y の位置に入る名詞句として固定され、さらに意味役割を失って内在的再帰動詞が形成されたと考えられる。Kunze(1997: 125f.)によれば、もともとは他動詞として用いられていたが、その後の歴史的な経過により再帰代名詞が目的語として固定された内在的再帰動詞として、他に sich vordrängen 'push [one's way] forward', sich auf etwas einrichten 'prepare for sth.', sich an etwas halten 'keep to or follow sth.', sich behelfen 'manage', sich einer Sache enthalten 'abstain from sth.', sich wehren 'defend oneself' などがある。これらの再帰動詞における主語が否定の意味を含む不定代名詞である場合、その主語は再帰代名詞の前後に生起可能であり、また不定の主語と過去分詞が共に話題化された文は容認されない。これらの内在的再帰動詞も、(34c)と同様の項構造を持つことになる。

(36) a. Ich glaube, dass niemand sich vordrängt.
   I think that nobody–NOM REFL forward–pushes
   b. Ich glaube, dass sich niemand vordrängt.
   I think that REFL nobody–NOM forward–pushes
   c. *Kinder vorgedrängt haben sich hier noch nie.
   Children–NOM forward–pushed have REFL here yet never

(37) a. Ich glaube, dass niemand sich behilft.
   I think that nobody–NOM REFL manages
   b. Ich glaube, dass sich niemand behilft.
   I think that REFL nobody–NOM manages
   c. *Kinder beholfen haben sich hier noch nie.
   Children–NOM managed have REFL here yet never

(38) a. Ich glaube, dass niemand   sich   wehrt.
          I   think that nobody–NOM REFL defends
     b. Ich glaube, dass sich   niemand   wehrt.
          I   think that REFL nobody–NOM defends
     c. *Kinder   gewehrt haben sich hier noch nie.
          Children–NOM defended have REFL here yet never

また、7.1で指摘したように、再帰的心理動詞は非人称構文から発達したものである。(39)の左側に示した非人称動詞はもともと外項を持たないのであるから、再帰的心理動詞は外項の意味役割を抑制して形成されたものではない。これらの動詞においては、主語が経験者の意味役割を獲得するにしたがい、もともと経験者を表示していた与格もしくは対格の名詞句が意味役割を失い、再帰代名詞が対格目的語の位置に固定されたと考えられる。

(39) a. mich   wundert   > ich   wundere mich über
        me–ACC   surprises   I–NOM   surprise REFL PREP
     b. mir/mich   ekelt   > ich   ekle   mich vor
        me–DAT/me–ACC   disgusts   I–NOM   disgust REFL PREP
     c. mich   schämt   > ich   schäme mich
        me–ACC   shames   I–NOM   shame   REFL
     d. mich   ängstigt   > ich   ängstige mich
        me–ACC   frightens   I–NOM   frighten REFL

(Seefranz–Montag 1983: 199)

このことから、再帰的心理動詞も sich beeilen 'hurry' と同様、(40b)の項構造を持つと考えてよいだろう。また、(41)に示すように、再帰的心理動詞の主語が否定の意味を含む不定代名詞である場合、その主語は再帰代名詞の前後に生起可能であり、また主語と過去分詞をあわせて話題化することもできない。これらの事実も(40b)と整合的である。

(40) a. Dieter ärgert sich.
   Dieter annoys REFL
   b. Dieter$_{<ext>}$ – sich
(41) a. Ich glaube, dass niemand sich ärgert.
   I think that nobody–NOM REFL annoys
   b. Ich glaube, dass sich niemand ärgert.
   I think that REFL nobody–NOM annoys
   c. *Kinder geärgert haben sich hier noch nie.
   Children–NOM annoyed have REFL here yet never

しかし、すべての内在的再帰動詞における主語が外項の意味役割を持つわけではない。Kunze(1997: 153)によれば、例えば sich erkälten 'catch a cold' という内在的再帰動詞における主語は、かつて存在していた他動詞の目的語に対応する[13]。すなわち、sich erkälten 'catch a cold' という内在的再帰動詞においては外項抑制が生じており、この再帰代名詞は(42)の再帰代名詞と同じタイプのものであることになる。したがって不定代名詞 niemand 'nobody' が再帰代名詞の前に位置している(43b)は(43a)よりも許容度が低くなる。これは、(43a)は(43c)の基本語順を遵守しているのに対して、(43b)ではかき混ぜを許さないはずの不定代名詞 niemand 'nobody' にその操作を加えているためである。

(42) Die Tür öffnete sich.
   The door opened REFL
(43) a. Ich glaube, dass sich niemand erkältet.
   I think that REFL nobody–NOM catches–a–cold
   b. ??Ich glaube, dass niemand sich erkältet.
   I think that nobody–NOM REFL catches–a–cold
   c. [$_{vP}$ sich [$_{VP}$ niemand erkältet]]

Kunze (1997: 153ff.) によれば、外項抑制を含む内在的再帰動詞として、さらに sich bewähren 'prove itself', sich ergeben 'arise', sich belauben 'come into leaf', sich bewölken 'cloud over' などがある。また、Haider (2002) は内在的再帰動詞 sich ereignen 'happen' における不定の主語と過去分詞が話題化された (44) を指摘している。

(44) Wunder   ereignet haben sich   hier   noch   nie.
     Miracles–NOM occurred have REFL here   yet   never

Kunze (1997: 155) によれば、sich erkälten 'catch a cold' などと異なり、sich ereignen 'happen' という内在的再帰動詞は歴史上他動詞形を持たない。しかし、(44) のような話題化が可能であることから、sich ereignen 'happen' における再帰代名詞も (42) の再帰代名詞と同じタイプであると考えてよいだろう。さらに、この再帰動詞における主語が不定代名詞 nichts 'nothing' である場合、その主語は再帰代名詞よりも後ろに位置しなければならないが、これはこの再帰動詞が (45c) の統語構造を持つことを示している。

(45) a. *Ich glaube, dass nichts   sich   ereignet.
       I   think   that nothing–NOM REFL   happens
   b. Ich glaube, dass sich   nichts   ereignet.
       I   think   that REFL   nothing–NOM happens
   c. [vP sich [VP nichts ereignet]]

結局、ドイツ語の内在的再帰動詞には、主語が外項の意味役割を持つものと、(かつて存在していた他動詞における) 内項の意味役割を持つものの2種類があることになる。Marantz (1984)、Pesetsky (1995)、Steinbach (2002) などのこれまでの再帰動詞の研究においては、内在的再帰動詞における主語はもっぱら内項の意味役割を持つと主張されてきたが、これは妥当ではないわけである。また、内在的再帰動詞における2種類の区別はオランダ語の対

応表現からも確認できる。5.3で論じたように、オランダ語の弱形再帰代名詞には外項抑制を伴う用法が欠けているのであるから、ドイツ語において外項の意味役割を持つ内在的再帰動詞はオランダ語においても再帰動詞となる可能性があり、またドイツ語において外項抑制に基づいて形成されたと考えられる内在的再帰動詞はオランダ語においては再帰動詞とならないことが予測される。(46)に sich beeilen 'hurry' のような主語が外項の意味役割を持つ内在的再帰動詞がオランダ語ではどのような動詞に対応するのか、また(47)には、sich erkälten 'catch a cold' のような外項抑制に基づいて形成された内在的再帰動詞がオランダ語ではどのような動詞に対応するのかを示すが、ここからこの予測はほぼ正しいといってよいだろう。

(46)　　German　　　　　　　　Dutch
　　a.　sich beeilen　　　　　　zich haasten　　　　　'hurry'
　　b.　sich vordrängen　　　　voordringen　　　　　'push forward'
　　c.　sich behelfen　　　　　zich behelpen　　　　'manage'
　　d.　sich an etwas halten　　zich houden (aan)　　'keep to sth.'
　　e.　sich einer Sache enthalten　zich onthouden (van)　'abstain from sth.'
　　f.　sich wehren　　　　　　zich (ver) weren　　　'defend oneself'

(47)　　German　　　　　　　　Dutch
　　a.　sich erkälten　　　　　verkouden worden　　'catch a cold'
　　b.　sich ereignen　　　　　gebeuren, voorvallen　'happen'
　　c.　sich bewähren　　　　　waar/goed blijkt te zijn　'prove itself'
　　　　　　　　　　　　　　　'(lit.) turn out to be true/good'
　　d.　sich ergeben　　　　　blijken, voortkomen, ontstaan　'arise'
　　e.　sich belauben　　　　　bladeren krijgen　　　'come into leaf'
　　　　　　　　　　　　　　　'(lit.) get leaves'
　　f.　sich bewölken　　　　　bewolken　　　　　　'cloud over'

例えば(47a)の「風邪をひく」はドイツ語では再帰動詞により表現できる

が、オランダ語では「風邪をひいている」を意味する形容詞 verkouden と「…になる」を意味する動詞 worden を用いて表現する。また、(47f)の「雲でおおわれる、曇る」はオランダ語では bewolken という自動詞により表現される。ドイツ語と異なり、オランダ語は「風邪をひく」や「曇る」をあらわす再帰動詞を持たないわけである。これらのことからも、ドイツ語におけるいわゆる内在的再帰動詞は2つのグループに分けられることが明らかである。(46)における主語は本来的にも主語であるのに対して、(47)における主語はもともと他動詞の直接目的語として用いられていたものである。オランダ語の弱形再帰代名詞には外項抑制を伴う用法が欠けているのであるから、オランダ語における内在的再帰動詞はもっぱら前者のタイプということになる。

　また、英語における内在的再帰動詞も前者のタイプであると考えられる。OED によれば、betake はまず 13 世紀に他動詞として使われ始め、16 世紀に再帰動詞として使われ始めている。bethink は、1000 年頃に 'think about' の意味を持つ他動詞として使われ始め、'occupy oneself in thought' の意味を持つ再帰動詞は 12 世紀初頭から用いられている[14]。

　本節では、ドイツ語の内在的再帰動詞には主語が外項の意味役割を持つものと、主語が内項の意味役割を持つものの2種類あることを指摘した。さらに英語とオランダ語の再帰代名詞には、外項抑制を引き起こす用法が欠けているため、これらの言語における内在的再帰動詞は前者のタイプであることを指摘した。

8.4　再帰代名詞の類型

意味役割を持たない再帰代名詞が含まれる連鎖に外項の意味役割が付与されるのか、あるいは内項の意味役割が付与されるのか、という観点を取り入れて再びドイツ語における再帰代名詞を眺めてみると、これらは改めて4種類に類型化されることになる。英語とオランダ語の対応表現も含めて(48)から(51)にまとめる。

(48) 強形：[＋意味役割] [動詞：外向的]
- a. Dieter hasst sich. (German)
- b. Dieter hates himself. (English)
- c. Dieter haat zichzelf. (Dutch)

(49) 弱形：[＋意味役割] [動詞：内向的]
- a. Dieter wusch sich. (German)
- b. Dieter washed. (English)
- c. Dieter waste zich. (Dutch)

(50) 弱形：[－意味役割] [連鎖：$\theta_{<ext>}$]
- a. Dieter legte sich hin. (German)
- b. Dieter lay down. (English)
- c. Dieter ging liggen. (Dutch)
- d. Dieter ärgert sich. (German)
- e. Dieter is angry. (English)
- f. Dieter ergert zich. (Dutch)
- g. Dieter benimmt sich gut. (German)
- h. Dieter behaves himself well. (English)
- i. Dieter gedraagt zich netjes. (Dutch)

(51) 弱形：[－意味役割] [連鎖：$\theta_{<int>}$]
- a. Das Buch liest sich leicht. (German)
- b. This book reads easily. (English)
- c. Dit boek leest gemakkelijk. (Dutch)
- d. Dieter erkältete sich. (German)
- e. Dieter caught a cold. (English)
- f. Dieter werd verkouden. (Dutch)

(48a)の再帰代名詞は、通常は他者へ向かう外向的(extroverted)な行為をあらわす他動詞の項として意味役割を持つ。英語の再帰代名詞はこの用法が中心となり、さらにオランダ語では強形再帰代名詞 zichzelf がこの用法

を持つ。(49a)の弱形再帰代名詞は、'wash', 'shave', 'dress' などの grooming action をあらわす動詞を典型とする、通常は自分へと向けられる内向的 (introverted) な行為をあらわす動詞と共起するものであり、(48a)の場合と同様、意味役割を持つ。英語の再帰代名詞 oneself はこの用法を持ちにくいが[15]、オランダ語の弱形再帰代名詞 zich はこの用法を持つ。また、(50a) (51a)の弱形再帰代名詞は意味役割を持たず、したがってこれらの再帰動詞は意味的には自動詞となる。(50a)の再帰代名詞が含まれる連鎖には外項の意味役割が付与されるが、これは、(50a)の再帰動詞が受動可能であることから裏付けられる。このクラスには(50a)のように change in body posture をあらわすもの、(50d)のような再帰的心理動詞、さらに(50g)のような内在的再帰動詞の一部が含まれる。(50a)の change in body posture をあらわす再帰動詞は、(49a)と同様に主語の身体領域に生じる出来事をあらわすが、(50a)では(49a)と異なり、身体に行為の影響が及んでいるとは考えにくく、オランダ語の対応する表現は再帰動詞にならないのが普通である。また、(50d)のような再帰的心理動詞は外項抑制を含んでおらず、オランダ語においても対応する表現は再帰動詞となる。さらに、(50g)のような内在的再帰動詞に対応する表現は、オランダ語のみならず、英語においても再帰動詞となることがある。最後のクラスである(51a, d)の再帰代名詞は外項抑制を引き起こすものであり、この再帰代名詞が含まれる連鎖には内項の意味役割が付与される。この用法は、オランダ語と英語の再帰代名詞には欠けている。そのため英語とオランダ語においては、中間構文は再帰代名詞を含まず、また、(51d)の sich erkälten 'catch a cold' のような外項抑制を伴う内在的再帰動詞に対応する表現は再帰動詞にならない。

　以上、本書で扱ってきたドイツ語の再帰代名詞は、1)「通常は他者へ向かう行為」をあらわす他動詞の項としての用法、2)「通常は自分へと向けられる行為」をあらわす動詞と生起する項としての用法、3)自身は意味役割を持たず、その連鎖には外項の意味役割が付与される用法、4)外項の代わりに生起し、それにより外項抑制をもたらす用法の4種類に類型化されることを指摘した。英語の再帰代名詞は1)と3)の用法を持ち、またオランダ語

の強形再帰代名詞 zichzelf は 1)の用法、弱形再帰代名詞 zich は 2)の用法、および 3)の用法を持つ。

8.5 最近の研究

この節では、最近の再帰構文、もしくは中動態(middle voice)を扱ったいくつかの研究を検討する。おもに本書で議論した問題について、これらの研究がどのような立場をとっているかについて検討しながら、本書における主張を明確にする。

8.5.1 Kemmer(1993)

Kemmer(1993)は類型論的観点から、さまざまな言語における中動態ないしそれに類する表現を扱っているが、ここでは第7章で扱った再帰的心理動詞に関する彼女の指摘を検討する。

　Kemmer(1993: 129)は心理的出来事における経験者は本来的に複合的(complex)な実体であると指摘している。彼女によれば、経験者は心理的出来事の始発者(initiator)であり、また同時に心理的出来事によって影響を受ける終着点(endpoint)でもある。しかし、その両者を概念的に明瞭に区別することは難しく、経験者はそれらが一体化した性質を内包しているという。このような Kemmer の指摘が正しいとすると、ドイツ語やオランダ語における再帰的心理動詞における主語は経験者の始発者としての側面を言語化したものであり、また再帰代名詞は経験者の終着点としての側面を言語化したものということになる[16]。しかし、第2章で議論した身体への行為の場合と異なり、再帰的心理動詞においては経験者が心理的な出来事により「影響を受けている」ことを立証することはかなり困難であると思われる。例えばドイツ語の sich langweilen '(lit.)bore oneself' という再帰的心理動詞は概略 'be bored'、また sich schämen '(lit.)shame oneself' という再帰的心理動詞は 'be ashamed' という意味であり、ここから主語が何らかの心理状態にあることは示されるが、弱形再帰代名詞がその心理的出来事の終着点であることは

示されない。唯一、再帰代名詞が心理的出来事により「影響を受けている」ことを示す可能性があるのが(52)の結果構文であろう。Goldberg(1995)やJackendoff(1997)の見解にしたがうならば、結果構文において目的語として生起している名詞句は被動者(patient)という意味役割を持つが、(52)の再帰代名詞もこの意味役割を担っていると考えられる。

(52) a. Dieter schämte sich zu Tode.　　(German)
　　　 Dieter shamed　REFL to　death
　　b. Jan schaamde zich　dood.　　　　(Dutch)
　　　 Jan shamed　REFL　dead

しかし、7.2でみたように、(52)の結果構文に生起している再帰代名詞は再帰的心理動詞そのものが選択している弱形再帰代名詞ではなく、(53)の結果構文と同様、まず再帰的心理動詞が選択する再帰代名詞が脱落し、その上で結果句が叙述する対象として付加された名詞句と分析することができる。つまり、(52)の結果構文は再帰的心理動詞に結果句を付加することにより形成されたのではなく、結果句が叙述する対象を指示する再帰代名詞をあらたに付加した構文である。この再帰代名詞の付加に伴い、(52)には再帰的心理動詞 sich schämen 'be ashamed' には含まれない使役の意味も付加されることになる。

(53) a. Dieter schämte sich　　　die Ohren　weg.　(German)
　　　 Dieter shamed　REFL–DAT　the ears–ACC　away
　　b. Jan schaamde zich　de ogen uit　het hoofd.　(Dutch)
　　　 Jan shamed　REFL the eyes out–of the head

結局、再帰的心理動詞と共起する弱形再帰代名詞が心理的出来事により「影響を受けている」ことを明示するのは困難であり、本書で主張しているように、この再帰代名詞は意味役割を持たず、再帰的心理動詞は内在的再帰

動詞とみなすことが妥当であると考えられる。

8.5.2　Reinhart(2002)およびReinhart and Siloni(2004)

例えばGrimshaw(1990)は、フランス語の(54)では外項が語彙的に抑制され、内項が主語として具現していると指摘している。この主張にしたがえば、(54)の再帰動詞は非対格動詞ということになる。この主張は、Kayne(1975)やMarantz(1984)、Bouchard(1995)などにもみられ、ロマンス語における再帰動詞は一律に非対格動詞であるという分析は一般的なものである。

(54)　Jean　se　lave.　　（French）
　　　Jean　REFL　washes

これに対してReinhart and Siloni(2004)は、(54)の再帰動詞を非対格動詞とみなす分析に異議を唱えている。彼女たちはChierchia(2004)にしたがい、他動詞を自動詞に変換するReductionという語彙的な操作を提案している。例えば2つの意味役割を持つ他動詞washにこの操作が適用されると、(55b)に示すように外項のみを持つ自動詞が形成される。また、この自動詞は(55c)に示すような「xはxを洗う」という意味解釈を持つことになる。

(55) a.　　wash <θ_1, θ_2>
　　　b.　　Reduction: R(wash) <θ_1>
　　　c.　　R(wash) (x) ⇔ λx [x wash x]

　　　　　　　　　　　　　　　　　　　（Reinhart and Siloni 2004: 164）

さらにReinhart and Siloni(2004)は、外項の意味役割を持つ自動詞を生み出すReduction以外に、内項の意味役割のみを持つ自動詞を生み出す別のタイプのReduction(56)も提案している。この操作は反使役化と等価のものであり、これにより例えばフランス語の他動詞casser 'break' から代名動詞se casser が形成される。

(56)　External Reduction: Expletivization: $R_E(V)(x) \Leftrightarrow \lambda x [V(x)]$

(Reinhart and Siloni 2004: 166)

(57)　La　　branche　s'est　　　cassée.
　　　The　　branch　　REFL is　broken

　さて、このような Reinhart and Siloni(2004)の主張に対して、本書における議論をもとに次の2つの点を指摘することができる。1つは、外項が抑制されない再帰動詞も存在するという彼女たちの指摘は妥当であるという点である。ロマンス語を扱っている研究では(54)では外項抑制が生じており、さらに、すべての再帰動詞ないし代名動詞は非対格動詞であると主張されることが多いが、すでに何度かみてきたように、ドイツ語においては主語の身体に対する行為をあらわす再帰動詞や再帰的心理動詞、また一部の内在的再帰動詞は(58)のように受動化可能である。この点は、(58)における受動文のもとになる能動文の主語には外項の意味役割が付与されていることを示している。

(58) a.　Jetzt　wird　sich　　　gewaschen!　　　(Drosdowski et al. 1995: 180)
　　　　Now　is　　REFL　washed
　　 b.　Jetzt　wird　sich　　　hingelegt!　　　(Drosdowski et al. 1995: 180)
　　　　Now　is　　REFL　down–laid
　　 c.　Hier　wird　sich　　nicht　geschämt!　　(Wunderlich 1985: 222)
　　　　Here　is　　REFL　not　　shamed
　　 d.　Jetzt　wird　sich　　aber　beeilt.　　　(Pape–Müller 1980: 32)
　　　　Now　is　　REFL　but　　hurried

　しかし他方、他動詞から非能格動詞を生み出す(55b)の Reduction という操作は、常に自動詞を形成してしまうという点で幾分強力すぎると言わなけれ

ばならないだろう。2.6 でみたように、本書では主語の身体に対する行為と共起する再帰代名詞は、意味役割を持つものから意味役割を持つとは認定できないものまでが混在していると主張している。少なくともドイツ語においては「自分の体を洗う」を意味する動詞と共起する再帰代名詞は意味役割を持つことを示す証拠があるのに対して、「座る」や「立つ」を意味する再帰動詞と共起する再帰代名詞は意味役割を持っているとは考えにくい。(55b) の Reduction により意味役割を持った項が消失し、自動詞が派生されるか否かは動詞によって異なると考えるのが妥当であると思われる[17]。

また、Reinhart(2002)は次のような心理動詞の交替についても議論している。

(59) a. The doctor $_{[+c]}$ worried Max $_{[-c+m]}$.
     b. Max $_{[-c+m]}$ worried[18].

(Reinhart 2002: 245)

彼女は、(56)に示した External Reduction を(59a)の他動詞 worry に適用することによって(59b)の worry が派生されると主張する。ただし、Reinhart は(59b)を非対格動詞であるとは考えていない。本書では、(60a)に示すように、ドイツ語の再帰的心理動詞が受動化できることから、(59b)は非対格動詞ではないという Reinhart の主張は支持するが、再帰的心理動詞は(60b)のようにもともと非人称構文から発達してきたものであるという史的事実から、(59a)と(59b)の動詞の間に派生関係は認めず、したがって両者は独立して存在すると主張している。

(60) a. Da   wird   sich   gewundert, dass...   (Hundt 2002: 161)
       There is   REFL   surprised   that
     b. mich   wundert   >   ich   wundere mich   über
       me–ACC surprises   I–NOM surprise   REFL   PREP

(Seefranz–Montag 1983: 199)

8.5.3　Kaufmann(2003, 2004)

Kaufmann(2004)は、おもにギリシア語や西アフリカで話されているフラ(Fula)語、さらにドイツ語を含めたいくつかのヨーロッパ言語における中動態ならびに再帰表現を扱い、また Kaufmann(2003)はもっぱらドイツ語の再帰構文を論じている。彼女は、概略、動作主が出来事を統御する「コントローラー」と解釈されることをブロックする点に弱形再帰代名詞の一般的な機能があると主張する。詳細な説明は省かざるを得ないが、Kaufmann によれば、(61b)のように表示される(61a)において、再帰代名詞は動作主 x_i が出来事をコントロールする参与者として統語構造にマッピングされることをブロックしている[19]。また、(62b)のように表示される起動的事態をあらわす(62a)においても、(例えばドアが)「閉まる」という結果的出来事を引き起こす出来事 $MANIP_{ACT}$ の主語 x が、出来事全体をコントロールする参与者として統語構造にマッピングされることを弱形再帰代名詞が阻んでいる[20]。

(61) a.　sich waschen　'wash'
　　 b.　$\lambda y^{<+cntr>} \lambda s \{WASH_{ACT}(x_i, y^{pk}_i)\}(s)$
　　　　 CNTR

(Kaufmann 2003: 143)

(62) a.　sich schließen　'close'
　　 b.　$\lambda y^{<-cntr>} \lambda s \exists s' \exists x \{MANIP_{ACT}(x, y)\}(s') \& \{schliess(y)\}(s)$
　　　　 CNTR

(Kaufmann 2003: 143)

つまり、Kaufmann は統語構造と意味構造の対応にミスマッチを生み出すという点こそが(すべての)弱形再帰代名詞にみられる機能と考えているわけである。この主張は確かにエレガントであり、また理論的枠組みの相違を別にすれば 8.3 で検討した Steinbach(2002)の主張と類似点を持つ。両者の分析において、弱形再帰代名詞は外項ないし意味上の主語が統語構造に投射さ

れるのをブロックする機能を持つ。しかし、前節で指摘したように、本書では弱形再帰代名詞にも意味役割を持つものから持たないものまでが混在すると主張しており、さらに例えば sich waschen '(lit.)wash oneself' は (58a) のように受動化可能であるため、その主語は外項の意味役割を持つと分析している。ただし、8.2 で論じたように、意味役割を持たない弱形再帰代名詞が主語の位置に生起した場合のみ、意味上の主語が抑制される。つまり、Kaufmann とは異なり、本書では弱形再帰代名詞が常に同一の機能を持つとは考えていないわけである。

また、Kaufmann(2003) は、ドイツ語における弱形再帰構文の歴史的な発達として (63) を想定している。direkt–reflexiv とは (64a) にみるように、'wash' などの grooming action をあらわす動詞であり、agentiv dekausativ とは (64b) のような change in body posture をあらわす動詞である。また nicht–agentiv dekausativ とは本書では反使役化と呼んでいる操作が生じている (64c) のような動詞であり、inhärent reflexiv とは (64d) のような内在的再帰動詞のことであり、最後の modal は (64e) の中間構文のことである。

(63)　　direkt–reflexiv < agentiv dekausativ < nicht–agentiv dekausativ / inhärent reflexiv < modal　　　　　　　　　　　　　（Kaufmann 2003: 145）

(64) a.　direkt–reflexiv 'direct–reflexive':
　　　　 sich waschen 'wash', sich rasieren 'shave'　　（grooming action）
　　 b.　agentiv dekausativ 'agentive decausative':
　　　　 sich legen 'lie down', sich setzen 'sit down'　　（change in body posture）
　　 c.　nicht–agentiv dekausativ 'not–agentive decausative':
　　　　 sich öffnen 'open', sich schließen 'close'　　（反使役化）
　　 d.　inhärent reflexiv 'inherently reflexive':
　　　　 sich schämen 'be ashamed', sich beeilen 'hurry', sich erkälten 'catch a cold'　　　　　　　　　　　　　　　　　　　　（内在的再帰動詞）

e.　modal:
　　　　Das Buch liest sich leicht.
　　　　'This book reads easily.'　　　　　　　　　　（中間構文）

　要するに、弱形再帰代名詞を含む再帰構文は、身体に対する行為をあらわすものを基本とし、そこから反使役化が生じる再帰構文、ならびに内在的再帰動詞が発達し、さらに中間構文が発達するという図式になっているというわけであるが、ここでは内在的再帰動詞に注目したい。Kaufmann(2003: 145)によれば、反使役化を伴う(64c)の再帰代名詞の用法が確立されると(64d)の内在的再帰動詞の数も増すという。これ自体は正しい記述であるとは思われるが、注意も必要である。本書では8.3でみたように、内在的再帰動詞にも2種類あると主張している。1つは主語が外項の意味役割を持つもの、またもう1つは再帰代名詞が外項抑制をもたらすものである。オランダ語や英語の内在的再帰動詞、ドイツ語の sich beeilen 'hurry' や sich schämen 'be ashamed' は前者のタイプであり、またドイツ語における sich erkälten 'catch a cold' や sich ereignen 'happen' は後者のタイプである。Kaufmann は、反使役化により生じる再帰代名詞の確立によって内在的再帰動詞の「数」が増すと指摘しているわけであるが、これは2種類の内在的再帰動詞のうちの後者のタイプが増えることを意味するのであり、前者のタイプについては当てはまらない。つまり、外項抑制をもたらす再帰代名詞の存在と内在的再帰動詞の存在そのものが密接な関係にあるわけではない[21]。

8.5.4　Lekakou(2005)

　いわゆる中動態(middle voice)を総称性(genericity)という観点から分析し、総称性を具現する未完了形態素(imperfective morphology)を持つギリシア語やフランス語における中間構文は受動文に類似した性質を備えるのに対して、未完了形態素を持たない英語、オランダ語、ドイツ語の中間構文は非能格性を持つ(Ackema and Schoorlemmer 1994, 1995)という主張を展開するLekakou(2005)は、ドイツ語とオランダ語における再帰代名詞の相違につい

ても論じている。まず問題にしたいのは、(65)と(66)の対立にみるような、ドイツ語の再帰動詞は受動化可能であるのに対して、オランダ語の再帰動詞は受動化できないという点に対する彼女の見解である。

(65) a.　Es　wurde　sich　　geschämt.
　　　　It　was　　REFL　shamed
　　　　'People were ashamed.'
　　b.　Hier　wird　sich　　täglich　gewaschen.
　　　　Here　is　　REFL　daily　　washed
　　　　'One washes daily here.'

(Lekakou 2005: 209)

(66) a.　*Er　wordt　zich　　geschaamd.　　　(Lekakou 2005: 223)
　　　　It　is　　REFL　shamed
　　b.　*Er　moet　zich　　gewassen　worden.　(Sells et al. 1987: 183)
　　　　It　must　REFL　washed　　be

Lekakou は、(65b)と(66b)の動詞 waschen/wassen 'wash' を内在的再帰動詞とみなしている。彼女によれば、内在的再帰動詞は常に 2 つの項を含む(67)の意味構造を持ち、これらの項は必然的に同一指示となる。

(67)　V(θ_i, θ_i)　　　　　　　　　　　　　　(Lekakou 2005: 222)

しかし、Lekakou によれば、ドイツ語とオランダ語では(67)の意味構造を統語的に実現するメカニズムが異なる。すなわち、ドイツ語とオランダ語の弱形再帰代名詞には(68)の相違があり、ドイツ語の内在的再帰動詞では(68a)にしたがって外項抑制が生じ、その主語には内項の意味役割が付与されるという。

(68) a.　*Sich* can be an argument or a marker of valency reduction.
　　 b.　*Zich* can only be an argument.

(Lekakou 2005: 198)

　この見解にしたがえば、ドイツ語の内在的再帰動詞においては(67)の内項θ_iのみが実現するのに対して、オランダ語の弱形再帰代名詞は常に意味役割を持つ項なのであるから、オランダ語の内在的再帰動詞では(67)におけるθ_iとθ_iの両方が統語的に実現するという。つまり、waschen 'wash' のようなドイツ語の内在的再帰動詞は概略、(69a)のような投射を示し、またオランダ語の内在的再帰動詞は(69b)のような投射を示すというわけである。

(69) a.　German:

$$[_{VP} \text{NP} [_{V'} \text{sich V}]]$$
$$[\underline{\theta}_i,\ \theta_i]$$

　　 b.　Dutch:

$$[_{VP} \text{NP} [_{V'} \text{zich V}]]$$
$$[\underline{\theta}_i,\ \theta_i]$$

Lekakou によれば、ドイツ語の内在的再帰動詞は内項の意味役割を持つ項が主語位置に基底生成される「非能格動詞」であるために、(65)のように受動化が可能になる。これに対して、オランダ語の弱形再帰代名詞 zich は常に意味役割を持った項であるために、オランダ語における内在的再帰動詞は(67)における2つの項を実現した他動詞となり、したがって(66)のように再帰動詞は受動化できないという。つまり、(66)が許されないのは、オランダ語では目的語を残したままの非人称受動文(70)が許されないのと同じ理由によるということになる。

(70) *Er werd hem gewassen.
　　　It was him washed

　このような Lekakou の見解に対して、ここでは次の 2 点を指摘したい。まず、8.5.3 でも指摘したことであるが、本書ではドイツ語の sich waschen 'wash oneself' の主語には内項ではなく、外項の意味役割が付与されていると主張している点である。さらに本書では、内在的再帰動詞には、1)もともとの他動詞における目的語が再帰代名詞に固定され、その後、目的語が意味役割を失ったものと、2)他動詞から外項抑制により派生され、その後、対応する他動詞を失ったもの、という 2 種類が存在することを主張している。前者のタイプはドイツ語とオランダ語に存在するが、後者のタイプはドイツ語にのみ存在する。つまり、内在的再帰動詞は意味的には常に自動詞なのであり、Lekakou が主張するように、オランダ語の内在的再帰動詞を 2 つの意味役割が実現されている「他動詞」であるとは考えない。また、ドイツ語における内在的再帰動詞も、Lekakou の主張とは異なり、(67)における $\underline{\theta_i}$ と θ_i のどちらも実現し得る可能性を持つと主張している。そのように考える根拠の 1 つは、(71b)と(72b)の対立である。

(71) a.　Ein Wunder ereignete sich.
　　　　A　 miracle　 happened　REFL
　　 b.　Ein Wunder ereignet hat sich　hier noch nie.　（Haider 2002）
　　　　A　 miracle　 happened has REFL here yet　 never
(72) a.　Ein Kind beeilte sich.
　　　　A　 child　hurried　REFL
　　 b.　*Ein Kind beeilt hat sich　hier noch nie.
　　　　A　 child　hurried has REFL here yet　 never

　8.2 で指摘したように、主語と過去分詞をあわせて話題化できるのは、その主語が直接目的語の位置に生成される非対格動詞が用いられている場合に

限られる。ともに内在的再帰動詞でありながら、sich ereignen 'happen' の場合は主語と過去分詞の話題化を許すが、sich beeilen 'hurry' の場合は主語と過去分詞の話題化を許さない。つまり、Lekakou の想定とは異なり、内在的再帰動詞 sich beeilen 'hurry' の主語は、(67)における内項 θ_i ではなく、外項 θ_i に対応していることになる。結局、ドイツ語の内在的再帰動詞の主語には、sich ereignen 'happen' のように(67)の内項 θ_i が投射されたものと、sich beeilen 'hurry' のように(67)の外項 θ_i が投射されたものの2種類が存在し、さらに(73)のような受動文は、Lekakou が主張するように、内項 θ_i の意味役割を持つ名詞句が主語位置に基底生成されているために可能になるのではなく、(73)の受動文のもととなる能動文の主語に外項の意味役割 θ_i が付与されているためであるということになる。

(73) a.　Es　wurde　sich　　geschämt.　　　　　(= 65a)
　　　　 It　 was　 REFL　shamed
　　 b.　Hier　wird　sich　　täglich gewaschen.　(= 65b)
　　　　 Here is　 REFL　 daily　 washed

また Lekakou は、Ackema and Schoorlemmer(1994, 1995)に依拠しつつ、英語、オランダ語、ドイツ語の中間構文は非能格性を持つと主張している。この主張は、(74)に示すように、これらの言語における中間構文では、外項 θ_i が語彙的に抑制された後、内項 θ_i、すなわち意味上の目的語が主語位置に投射されるというものである。

(74)　　[$_{VP}$ NP [$_{V'}$ V]]

　　　　　　[θ_i, θ_i]

しかし、この主張と(75)は整合しない。(75)では、A が「この本はとても難しい」と発話した後、「いや、この本より簡単に読める本はない」という

中間構文が発話される。この場合、内項である不定代名詞 nichts 'nothing' が再帰代名詞よりも後ろに生起する C がより適切である。(74)のように内項が主語位置に生成されるのであれば、B が適切であることを予測するはずである。

(75) A: Das Buch ist sehr schwer   zu lesen.
       The book is very difficult to read
    B: ??Nein, ich glaube, dass nichts sich   LEICHTER liest als
       No   I   think   that nothing REFL more–easily reads than
       dieses Buch.
       this   book
    C: Nein, ich glaube, dass sich   nichts LEICHTER liest   als
       No   I   think   that REFL nothing more–easily reads than
       dieses Buch.
       this   book

8.5.5　Hasegawa(2004)

Hasegawa(2004)は日本語の心理動詞や(76b)のような "self–change reflexives" と呼んでいる構文に対して大変興味深い分析を行っている。

(76) a.　ドルの値が戦争で上がった。
　　 b.　ドルが戦争で値を上げた。

(Hasegawa 2004: 310)

Hasegawa(2004)によれば、(76b)の他動詞主語「ドル」は(76a)における非対格動詞の主語「ドルの値」から移動してきたものである。したがって(76b)における目的語「値」の所有者(possessor)と主語「ドル」は必然的に照応関係にある。Hasegawa(2004)は、(77)のようなロマンス語の再帰代名詞についても類似の分析を行っている。すなわち、目的語が主語位置に移動

し、その痕跡が対格を伴って実現したものが(77)の再帰代名詞であるという。

(77) a. La puerta se abrio. (Spanish)
　　　 The door REFL opened
　　　 'The door opened.'
　　b. Marie s'est vue. (French)
　　　 Marie REFL is seen
　　　 'Marie saw herself.'

(Hasegawa 2004: 312)

Hasegawa は完了形ないし複合過去を形成する際に be を選択する動詞はすべて非対格動詞であると想定している。したがって(77a)のみならず、(77b)においても外項抑制が生じており、(77b)における接語 se も目的語が主語位置に移動する際の痕跡の音声的実現であると指摘する。これに対して本書では、(77a)では外項抑制は生じているが、(77b)では外項抑制は生じていないと考えることになる。さらに、(77a)の再帰代名詞を移動の痕跡の音声的実現とみなすのではなく、この再帰代名詞は動作主と同じ位置、すなわちもともと vP 指定部に生成され、これにより外項が統語的に実現できないという分析を行っている。ドイツ語においては、移動の痕跡が再帰代名詞として実現するという分析に対して根拠を提示することは困難であるように思われる。

8.6　本章のまとめ

この章では、以下の点を指摘した。
1) 意味役割を持たない弱形再帰代名詞が外項抑制をもたらすという Steinbach(2002)の提案は注目に値するが、このシステムではドイツ語における再帰的心理動詞や内在的再帰動詞の一部が受動化できること

を扱えない。むしろ、動作主が生起する位置、すなわちvPの指定部に再帰代名詞が生起することにより、外項の統語的実現が阻まれると分析するべきである。

2) 本書でこれまで扱ってきたドイツ語の再帰代名詞は、a)意味役割を持つ強形再帰代名詞、b)意味役割を持つ弱形再帰代名詞、c)意味役割を持たないが、主語ないし連鎖に外項の意味役割が付与されている弱形再帰代名詞、d)意味役割を持たず、主語ないし連鎖に内項の意味役割が付与されている弱形再帰代名詞、の4種類に類型化されることになる。a)は他動詞の項として用いられる用法であり、b)は waschen 'wash' や rasieren 'shave' のような主語の身体に対する行為をあらわす動詞と共起する用法である。c)は再帰的心理動詞や一部の内在的再帰動詞と共起する再帰代名詞の用法であり、また d)は外項の統語的生起を阻む用法である。英語の再帰代名詞は a)と c)の用法を持ち、オランダ語の弱形再帰代名詞 zich は b)と c)の用法を持つ。

注

1 また、オランダ語には(2b)の再帰動詞に対応する zich leggen という弱形再帰代名詞を含む再帰動詞があるが、2.6でみたように「横になる」という出来事は gaan liggen 'go lie' という複合動詞で表現することが多い。

2 例えば(i)と(ii)が許されないのは、等位接続詞で連結された動詞の解釈が異なるためである。

(i) * Peter loaded sand on the wagon and ＿＿＿＿＿ the truck (with hay).

(ii) * Der Wagen brummt und ＿＿＿＿＿ um die Ecke.
　　　 The car drones and ＿＿＿＿＿ around the corner　(Steinbach 2002: 147)

3 ドイツ語では、(i)のような対格目的語を残したままの非人称受動は許されないため、Lekakou(2005: 209)は、ドイツ語におけるすべての再帰構文に(14)のような「他動的」な統語構造を想定してしまうと(ii)の非人称受動文が説明できなくなると指摘する。

(i) *Es wird den Mann geschlagen.
　　It is　　the man-ACC hit
(ii) Hier wird sich　　täglich gewaschen.　　　　　　　　(Lekakou 2005: 209)
　　Here is　REFL daily　washed

しかし、(ii) の再帰代名詞 sich が対格を持っている明確な証拠はない。Hoeing(1995: 166) や Sabel(2002: 238) が指摘するように、(ii) の再帰代名詞は格を持たないとみなす方が適切であるように思われる。

4　この場合の「格」はいわゆる構造格である。第6章で論じたように、ドイツ語における与格は内在格であり、したがってここでの連鎖には関与しない。

5　Reinhart and Reuland(1993: 697) は [R] について次のように指摘している。
(i)　Having this property [= [R]] is a necessary condition for an expression to function as an independent argument, but R itself does not have anything to do with reference.

6　この点に関して Reinhart and Reuland(1993: 697) は次のように指摘している。
(i)　An NP is +R iff it carries a full specification for ϕ-features and structural Case.

7　これは再帰代名詞はいわゆる ϕ 素性に関して他の代名詞類よりも特定されていないという意味である。例えばドイツ語における男性対格の人称代名詞は ihn という形態を示すが、この代名詞 ihn は 1)「数」に関して単数、2)「人称」に関して3人称、3)「性」に関して男性、4)「格」に関して対格、のように4つの次元に関して「特定」されている。これに対して男性対格の再帰代名詞は sich であるが、この sich という再帰代名詞の形態そのものは、1) 主語が複数の場合にも用いられるのだから、「数」に関して特定されていない。また、2)「人称」に関しては3人称と特定されているが、3)「性」に関しても先行詞が女性名詞や中性名詞の場合にも用いられるために特定されておらず、4)「格」に関しても与格の場合にも sich という形態になるのだから特定されていないことになる。

8　抑制された外項は、Reinhart(1996) にならい、完全に消去されるか、または総称量化子により束縛される。前者の場合には起動的解釈が生じ、後者の場合には中間構文の解釈となる。

9　Steinbach(2002: 232) は内在的再帰動詞の例として、sich erkälten 'catch a cold' をあげている。後でみるように、この内在的再帰動詞の主語が含まれる連鎖には内項の意味役割が付与されると考えてよいが、この想定は (21) の動詞には妥当しない。

10　6.2.2 でも触れたように、いわゆるかき混ぜと代名詞の前置は同じ現象ではなく、両者には異なる制約がみられる。

11　再帰代名詞が vP 指定部に存在する場合、もちろんいわゆる束縛原理に違反する。意

味役割を持たない再帰代名詞が束縛原理にしたがわなくてもよい理由については更に考察が必要である。

12 Grimm の Deutsches Wörterbuch には、かつて存在していた他動詞 beeilen 'hurry' の目的語の例として den Feldzug 'campaign', die Hinrichtung 'execution' が掲載されている。

13 Grimm の Deutsches Wörterbuch には、例えば Menschen, die der Schmerz oft erkältet hat '(lit.)those people whom the pain often made catch a cold' という他動詞の例がある。

14 ただし、OED によれば behave はまず、"bear, comport, or conduct oneself" の意味を持つ再帰動詞として 14 世紀中頃に使われ始め、他動詞用法はそれより遅い 16 世紀に出現している。

15 ただし、3.4 でみたように、She cried herself sore. のような結果構文においては英語の再帰代名詞 oneself は内向的な状況と整合する。

16 スペイン語の再帰代名詞 se を扱っている Maldonado(1992: 68) も、再帰的心理動詞においては "The experiencer remains the goal of an action and simultaneously it is active." と指摘し、Kemmer とほぼ同様の見解を示している。

17 Reinhart and Siloni(2005)では、(55b)の操作は Reflexivization と呼ばれるものに修正されている。この操作が他動詞に適用されると、統語的には自動詞を生み出すが、意味的には(i)に示すような複合的な意味役割(complex θ-role)が生じるとされている。

   (i) Reflexivization bundling
       $[\theta_i][\theta_j] \rightarrow [\theta_i - \theta_j]$, where θ_i is an external θ-role.

                                                          (Reinhart and Siloni 2005: 400)

Reinhart and Siloni(2004, 2005)は、(55b)の Reduction ならびに(i)の Reflexivization を論じる際にロマンス語のみを議論している。ドイツ語をはじめとするゲルマン語では、これらの操作が他動詞に適用された場合、統語的にも他動詞のままである。

18 彼女が提案する意味役割のシステムでは、いわゆる「原因」は [+c]、いわゆる「経験者」は [-c+m] の素性を持つ。[c] は原因(cause)に関する素性であり、[m] は経験者(mentality)に関する素性である。

19 (61b)の表示について詳しく論じる余裕はないが、ここでλ演算子を含む部分がいわゆる項構造に相当することに注意したい。ここには WASH$_{ACT}$ の主語 x が含まれておらず、その x と同一指示である y が、出来事を引き起こすことができる(=<+cntr> という指標により示されている)項として生起している。つまり、Kaufmann は(61a)の再帰動詞においても動作主 x は統語構造に投射されないと考えているわ

けである。この点は、Reinhart(2002)で展開されている "Theta System" についてコメントを加えている "In contrast to Reinhart, I assume that reflexive verbs like *shave* and *wash* do not realize the agent argument syntactically, but rather the (controlling) patient." (Kaufmann 2002: 354)という記述からも明らかである。

20　(62b)の表示では、「ドアが閉まる」という出来事を引き起こしているMANIP_{ACT}という出来事ならびにその主語は「存在」すると示されているのみであり、またドアyは出来事を引き起こすことができない (= <-cntr> という指標により示されている) 項として生起している。

21　実際、Kaufmann(2003, 2004)はそのような対応関係を想定している。Kaufmann(2004: 229)では、ゴート語では(64a)と(64b)の2つのタイプの再帰構文のみが観察され、また再帰的心理動詞も散見される程度(vereinzelt)にしか存在していなかったが、古高ドイツ語になると無生物を主語に持つ(64c)タイプの再帰構文が増大し、あわせて再帰的心理動詞の数も増えたと指摘されている。本書では、外項抑制を伴う(64c)タイプの再帰動詞をほとんど持たないオランダ語においても、内在的再帰動詞の下位クラスをなす再帰的心理動詞は数多く存在することを7.2で確認している。内在的再帰動詞の多くは、外項抑制とは独立して存在していることは疑い得ない。

第 9 章　結論

本書での議論を要約すると、次のようになる。

　第 2 章ではまず、強形再帰代名詞と弱形再帰代名詞の区別を導入し、その使い分けは当該の文が外向的(extroverted)な状況をあらわすのか、あるいは内向的(introverted)な状況をあらわすのかにより決定されることを指摘した。通常は他者へ向かう外向的な行為がたまたま主語自らに向かっている場合には強形再帰代名詞が用いられ、主語の身体に対する行為など、他者へ向かうことなく、内向的な出来事をあらわす場合には弱形再帰代名詞が用いられる。また、この外向的と内向的という対立により、比較構文や動名詞の解釈、ドイツ語における非人称受動文の解釈、さらに英語における場所の前置詞を含む構文にみられる代名詞の分布も説明される。英語の再帰代名詞 oneself は基本的には強形の再帰代名詞であり、オランダ語では強形再帰代名詞 zichzelf と弱形再帰代名詞 zich を形態的に区別する。ドイツ語は、オランダ語と異なり、強形再帰代名詞と弱形再帰代名詞を形態的に区別しない。また、意味役割の有無という観点から再帰代名詞を分析してみると、外向的な状況をあらわす動詞と共起する強形再帰代名詞は明らかに意味役割を持つが、主語の領域内で留まる内向的な出来事においても、例えば「自分の体を洗う」のように身体が影響を受けている場合から、「座る」のように身体が影響を受けているとは考えにくい場合があり、これに応じて弱形再帰代名詞は意味役割を持つ場合と持たない場合が存在することになる。また、いわゆる内在的再帰動詞と共起する再帰代名詞と、外項抑制を含む文に生起する再帰代名詞は意味役割を持たない。

続く第3章では、英語にみられる She danced free of her captors. のような結果構文に再帰代名詞が生起しない理由を考察した。いわゆる非能格動詞が用いられているにもかかわらず、この結果構文に再帰代名詞が生起しないのは、英語の再帰代名詞 oneself は主語の身体領域に生じる出来事をあらわす場合には生起しなくてもよいという性質に起因する。また、ドイツ語の再帰代名詞は、他者へ向かうことなく主語の身体的領域内で生じる出来事と整合的であり、かつオランダ語の弱形再帰代名詞と異なり、身体が比較的強い影響を被るという条件も課せられないので、liegen 'lie', stehen 'stand', sitzen 'sit' のような状態動詞を用いた結果構文にも生起できる。
　いわゆる移動様態動詞を扱った第4章では、これらの動詞を使役の意味を含む再帰動詞と分析する先行研究を批判し、これらの動詞を行為性という意味を含む移動動詞と分析した。また、英語にみられる勧誘行為交替を、自動詞の使役化により扱うことを提案し、さらに他動詞として用いられた移動様態動詞にみられるいくつかの性質は語彙的使役動詞に課せられる制約から扱えることを指摘した。さらに、Talmy(1985)の移動動詞の類型論を再検討し、ドイツ語・英語とロマンス語・日本語にみられる重要な相違は、移動動詞と共起する前置詞句が独立した出来事をあらわしうるか否かという点にみられることを指摘した。
　第5章と第6章では、いわゆる外項抑制を含む再帰構文を扱っている。Die Tür öffnet sich. 'The door opens.' のように反使役化が生じている再帰構文を扱った第5章では、まず、このタイプの再帰動詞と同様に起動的事態をあらわす自動詞を比較している。ドイツ語における起動的出来事をあらわす自動詞を意味的に分類し、さらにいくつかの動詞については、なぜ再帰動詞ではなく自動詞が他動詞と交替するのかについて個別的な説明を与えることは可能であるが、フランス語を対象とした研究で主張されているような自動詞と再帰動詞の使い分けをドイツ語にも見出すのは困難であることを指摘した。さらに、Levin and Rappaport Hovav(1995)は使役交替を示す自動詞にも使役の意味を想定しているが、それには十分な証拠がなく、また、ドイツ語においては再帰動詞と自動詞に異なる意味構造を想定することは妥当では

ないことを論じた。続いて、オランダ語の弱形再帰代名詞は外項抑制という操作とは馴染まない点を指摘し、そのことから、弱形再帰代名詞の分布は、身体に対する行為から反使役化に至るまで含意関係にあることをみた。すなわち、反使役化ないし外項抑制に伴い弱形再帰代名詞が生起する言語であれば、「自分の身体を洗う」という出来事をあらわす際にも弱形再帰代名詞が用いられるという関係が認められ、また「座る」を再帰動詞により表現しない言語においては、外項抑制に伴って生起する弱形再帰代名詞も持たない、という関係になる。

　やはり外項抑制を伴う中間構文を扱った第6章では、まず、先行研究における主張とは異なり、中間構文はいわゆるステージレベル述語とみなさなければならない点を指摘した。続いて、英語とオランダ語においてはいわゆる二重目的語構文を持つ動詞から中間構文を形成できず、ドイツ語では与格と対格を選択する動詞から中間構文を形成できる理由を検討した。この相違は、goalを表示する間接目的語ないし与格を導入する主要部を認可するシステムの相違に起因する。中間構文は動作主ないし外項の抑制によって形成されるが、英語とオランダ語においては間接目的語を導入する主要部は動作主が統語的に存在している場合にのみ認可されると考えられるため、英語とオランダ語においては間接目的語を持つ動詞から中間構文を形成できない。これに対してドイツ語では、形態的な「格」の存在により与格を導入する主要部が統語的に認可されると考えられる。したがってドイツ語においては、動作主の統語的存在と与格名詞句の存在は相関関係にない。

　続く第7章では、いわゆる再帰的心理動詞を扱っている。まず、ドイツ語における再帰心理動詞は受動化可能であるため、既存の分析とは異なり、これらの再帰動詞を対応する他動詞から反使役化により派生させる分析は妥当ではないことを主張した。すなわち、例えば再帰的心理動詞 sich freuen'(lit.) please oneself' と使役の意味を持つ他動詞 freuen 'please' は派生関係になく、これらの動詞は独立して存在している。さらに、再帰的心理動詞と共起する弱形再帰代名詞について議論し、再帰的心理動詞はいわゆる内在的再帰動詞とみなすべきことを指摘した。続いて、やはり経験者を主語に持つ hassen 'hate' や mögen 'like' などの心理動詞が個体レベル述語であるのに対し、再帰的心理動詞はステージレベル述語であることをみた。

　最後の第8章では、まず、直接目的語の位置に生起する弱形再帰代名詞が外項抑制をもたらすという見解を批判し、外項抑制は弱形再帰代名詞が動作主の位置に生起することによってもたらされるという提案を行った。この提案は、語順ならびに話題化というすぐれて統語的な現象から裏付けられる。続いて、それまでの議論をふまえ、再帰代名詞が意味役割を持つか否か、ならびに再帰代名詞が意味役割を持たない場合、再帰代名詞が含まれる連鎖には外項と内項のどちらの意味役割が付与されているか、という2つの観点からドイツ語の再帰代名詞を類型化した。本書でこれまで扱ってきたドイツ語の再帰代名詞は、1) 意味役割を持ち、さらに外向的な状況をあらわす動詞と共起する強形再帰代名詞 (ex. Dieter hasst sich. 'Dieter hates himself.')、2) 意味役割を持ち、さらに内向的な状況をあらわす動詞と共起する弱形再帰代名詞 (ex. Dieter wusch sich. 'Dieter washed.')、3) 意味役割を持たないが、先行詞となる主語に外項の意味役割が付与されている弱形再帰代名詞 (ex. Dieter setzt sich. 'Dieter sits down.' Dieter ärgert sich. 'Dieter is angry.' Dieter beeilt sich. 'Dieter is hurring.')、4) 外項抑制をもたらす弱形再帰代名詞 (ex. Die Tür öffnet sich. 'The door opens.' Das Buch liest sich leicht. 'This book reads easily.' Dieter erkältete sich. 'Dieter caught a cold.') の4種類に類型化される。あわせて、英語の再帰代名詞 oneself は1) と3) の用法を持ち、オランダ語の弱形再帰代名詞 zich は2) の用法と3) の用法の一部を持つことをみた。その後、再帰構文ないし中動態を扱った最近の研究と、本書におけるおもな主張を比較検討し、特に弱形再帰代名詞に単一の機能を付与することは妥当ではないことを主張した。

参 考 文 献

Abraham, Werner. (1986) Unaccusatives in German. *Groninger Arbeiten zur germanistischen Linguistik* 28: pp.1–72.
Abraham, Werner. (1993) Review of the Syntax and Semantics of Middle Constructions, by Sarah Fagan. *Language* 69: pp.817–825.
Ackema, Peter. (1999) *Issues in Morphosyntax*. Amsterdam: Benjamins.
Ackema, Peter and Maaike Schoorlemmer. (1994) The Middle Construction and the Syntax–Semantics Interface. *Lingua* 93: pp.59–90.
Ackema, Peter and Maaike Schoorlemmer. (1995) Middles and Nonmovement. *Linguistic Inquiry* 26: pp.173–197.
Ackema, Peter and Maaike Schoorlemmer. (2003) Review: Middle Voice. *Journal of Germanic Linguistics* 15: pp.372–384.
Ágel, Vilmos. (1997) Reflexiv–Passiv, das (im Deutschen) keines ist. Überlegungen zur Reflexivität, Medialität, Passiv und Subjekt. Dürscheid, Christa, Karl Heinz Ramers and Monika Schwarz. (eds.) *Sprache im Fokus: Festschrift für Heinz Vater zum 65. Geburtstag*, pp.147–187. Tübingen: Niemeyer.
Anagnostopoulou, Elena. (2004) *The Syntax of Ditransitives. Evidence from Clitics*. Berlin: de Gruyter.
ANS (1984) = Geerts, G. et al. *Algemene Nederlandse Spraakkunst*. Groningen: Wolters.
ANS (1997) = Haeseryn, W. et al. *Algemene Nederlandse Spraakkunst*. Groningen: Wolters.
Aske, Jon. (1989) Path Predicates in English and Spanish: A Closer Look. *Berkeley Linguistics Society* 15: pp.1–14.
Åfarli, Tor A. (1985) Norwegian Verb Particle Constructions as Causative Constructions. *Nordic Journal of Linguistics* 8: pp.75–98.
Barss, Andrew and Howard Lasnik. (1986) A Note on Anaphora and Double Objects. *Linguistic Inquiry* 17: pp.347–354.
Bausewein, Karin. (1990) *Akkusativobjekt, Akkusativobjektsätze und Objektprädikate im Deutschen. Untersuchungen zu ihrer Syntax und Semantik*. Tübingen: Niemeyer.
Belletti, Adriana and Luigi Rizzi. (1988) Psych–verbs and Theta–Theory. *Natural Language and Linguistic Theory* 6: pp.291–352.

Bergeton, Uffe. (2004) *The Independence of Binding and Intensification*. Doctoral Dissertation. University of Southern California.

Boas, Hans C. (2003) *A Constructional Approach to Resultatives*. Stanford: CSLI Publications.

Bolinger, Dwight. (1971) *The Phrasal Verb in English*. Cambridge, Mass.: Harvard University Press.

Bouchard, Denis. (1995) *The Semantics of Syntax*. Chicago: University of Chicago Press.

Broekhuis, Hans. (1994) *The Distribution and Interpretation of the Reflexive, Reciprocal, Personal and Possessive Pronouns*. (MGD Occasional papers 1) Tilburg: University of Tilburg.

Brousseau, Anne–Marie and Elizabeth Ritter. (1991) A Non–Unified Analysis of Agentive Verbs. *WCCFL* 10: pp.53–64.

Burzio, Luigi. (1986) *Italian Syntax. A Government–Binding Approach*. Dordrecht: Reidel.

Cantrall, William R. (1974) *Viewpoint, Reflexives, and the Nature of Noun Phrases*. The Hague: Mouton.

Chierchia, Gennaro. (2004) A Semantics for Unaccusatives and its Syntactic Consequences. Alexiadou, Artemis, Elena Anagnostopoulou and Martin Everaert. (eds.) *The Unaccusativity Puzzle: Explorations of the Syntax–Lexicon Interface*, pp.22–59. Oxford: University Press.

Chomsky, Noam. (1981) *Lectures on Government and Binding*. Dordrecht: Foris.

Collins, Chris. (1997) *Local Economy*. Cambridge, Mass.: MIT Press.

Condoravdi, Cleo. (1989) The Middle: Where Semantics and Morphology Meet. *MIT Working Papers in Linguistics* 11: pp.16–30.

Cornips, Leonie and Aafke Hulk. (1996) Ergative Reflexives in Heerlen Dutch and French. *Studia Linguistica* 50: pp.1–21.

Deane, Paul. (1993) *At*, *by*, *to*, and *past*: An Essay in Multimodal Image Theory. *Berkeley Linguistics Society* 19: pp.112–124.

den Besten, Hans. (1981) A Case Filter for Passive. Belletti, Adriana, Luciana Brandi and Luigi Rizzi. (eds.) *Theory of Markedness in Generative Grammar. Proceedings of the 1979 Glow Conference*, pp.65–122. Pisa: Scuola normale superiore di Pisa.

den Dikken, Marcel. (1995) *Particles. On the Syntax of Verb–Particle, Triadic, and Causative Constructions*. Oxford: University Press.

Diesing, Molly. (1992) *Indefinites*. Cambridge, Mass.: MIT Press.

Dixon, Robert M.W. (1991) *A New Approach to English Grammar, on Semantic Principles*. Oxford: Clarendon Press.

Donaldson, Bruce. (1997) *Dutch: A Comprehensive Grammar*. London: Routledge.

Drosdowski, Günter et al. (1995) *Duden. Grammatik der deutschen Gegenwartssprache*. Mannheim: Dudenverlag.

Eisenberg, Peter. (1999) *Grundriss der deutschen Grammatik*. Band 2: *Der Satz*. Stuttgart: Metzler.

Engelberg, Stefan. (2000) *Verben, Ereignisse und das Lexikon*. Tübingen: Niemeyer.

Everaert, Martin. (1986) *The Syntax of Reflexivization*. Dordrecht: Foris.

Everaert, Martin. (1990) NP–Movement 'across' Secondary Objects. Mascaró, Joan and Marina Nespor. (eds.) *Grammar in Progress. Glow Essays for Henk van Riemsdijk*, pp.126–136. Dordrecht: Foris.

Fagan, Sarah M.B. (1991) The Unaccusative Hypothesis and a Reflexive Construction in German and Dutch. Antonsen, Elmer H. and Hans Henrich Hock. (eds.) *STÆFCRÆFT: Studies in Germanic Linguistics*, pp.39–54. Amsterdam: Benjamins.

Fagan, Sarah M.B. (1992) *The Syntax and Semantics of Middle Constructions*. Cambridge: Cambridge University Press.

Fanselow, Gisbert. (1992) „Ergative" Verben und die Struktur des deutschen Mittelfelds. Hoffman, Ludger. (ed.) *Deutsche Syntax: Ansichten und Aussichten*, pp.276–303. Berlin: de Gruyter.

Featherston, Sam and Wolfgang Sternefeld. (2003) The Interaction of Factors in Judgements of Reflexive Structures: Data from Object Coreference in German. Gunkel, Lutz, Gereon Müller and Gisela Zifonun. (eds.) *Arbeiten zur Reflexivierung*, pp.25–50. Tübingen: Niemeyer.

Felser, Claudia and Laura Rupp. (2001) Expletives as Arguments: Germanic Existential Sentences Revisited. *Linguistische Berichte* 187: pp.289–324.

Folli, Raffaella and Heidi Harley. (2006) On the Licensing of Causatives of Directed Motion: Waltzing Matilda all over. *Studia Linguistica* 60: pp.121–155.

Geniušienė, Emma. (1987) *The Typology of Reflexives*. Berlin: de Gruyter.

Goldberg, Adele E. (1995) *Constructions: A Construction Grammar Approach to Argument Structure*. Chicago: University of Chicago Press.

Goldberg, Adele E. and Ray Jackendoff. (2004) The English Resultatives as a Family of Constructions. *Language* 80: pp.532–568.

Grewendorf, Günther. (1985) Anaphern bei Objekt–Koreferenz im Deutschen: Ein Problem für die Rektions–Bindungs–Theorie. Abraham, Werner. (ed.) *Erklärende Syntax des Deutschen*, pp.137–171. Tübingen: Narr.

Grewendorf, Günther. (1989) *Ergativity in German*. Dordrecht: Foris.

Grimshaw, Jane. (1990) *Argument Structure*. Cambridge: MIT Press.

Härtl, Holden. (2001) *CAUSE und CHANGE: Thematische Relationen und Ereignisstrukturen in Konzeptualisierung und Grammatikalisierung*. Akademie Verlag: Berlin.

Härtl, Holden. (2003) Conceptual and Grammatical Characteristics of Argument Alternations: The Case of Decausative Verbs. *Linguistics* 41: pp.883–916.

Härtl, Holden. (2007) *Implizite Informationen: Sprachliche Ökonomie und interpretative Komplexität bei Verben*. Habilitationsschrift. Humboldt–Universität zu Berlin.

Haider, Hubert. (1985) Von *sein* oder nicht *sein*: zur Grammatik des Pronomens *sich*. Abraham, Werner. (ed.) *Erklärende Syntax des Deutschen*, pp.223–254. Tübingen: Narr.

Haider, Hubert. (1986) Fehlende Argumente: vom Passiv zu kohärenten Infinitiven. *Linguistische Berichte* 101: pp.3–33.

Haider, Hubert. (2000) The License to License. Reuland, Eric. (ed.) *Arguments and Case: Explaining Burzio's Generalization*, pp.31–55. Amsterdam: Benjamins.

Haider, Hubert. (2002) Mittelfeldphenomena. van Riemsdijk, Henk and Martin Everaert (eds.) *Syncom— The Syntax Companion* (case: #64: http://www–uilots.let.uu.nl/syncom/)

Haider, Hubert and Inger Rosengren. (2003) Scrambling: Non-triggered Chain Formation in OV Languages. *Journal of Germanic Linguistics* 15: pp.203–267.

Haiman, John. (1983) Iconic and Economic Motivation. *Language* 59: pp.781–819.

Hasegawa, Nobuko. (2004) 'Unaccusative Transitives' and Burzio's Generalization: Reflexive Constructions in Japanese. *MIT Working Papers in Linguistics* 46: pp.300–314.

Hawkins, John A. (1986) *A Comparative Typology of English and German: Unifying the Contrasts*. London: Helm.

Helbig, Gerhard and Joachim Buscha. (1984) *Deutsche Grammatik. Ein Handbuch für den Ausländerunterricht*. Leipzig: VEB Verlag.

Hellan, Lars. (1988) *Anaphora in Norwegian and the Theory of Grammar*. Dordrecht: Foris.

Hirose, Yukio. (2002) Viewpoint and the Nature of the Japanese Reflexive *zibun*. *Cognitive Linguistics* 13: pp.357–401.

廣瀬幸生(1997)「人を表すことばと照応」廣瀬幸生・加賀信広著『指示と照応と否定』pp.1–89. 研究社.

Hoeing, Robert G. (1995) Subject *sich* and Expletive *pro*: Impersonal Reflexive Passives in German. Rauch, Irmengard and Gerald F. Carr. (eds.) *Insights in Germanic Linguistics* I: *Methodology in Transition*, pp.161–167. Berlin: de Gruyter.

Huddleston, Rodney and Geoffrey K. Pullum. (2002) *The Cambridge Grammar of the English Language*. Cambridge: University Press.

Hundt, Markus. (2002) Formen und Funktionen des Reflexivpassivs im Deutschen. *Deutsche*

Sprache 30: pp. 124–166.

Iwata, Seiji. (1995) On Backward Anaphora of Psych-Verbs. *Tsukuba English Studies* 14: pp.41–74.

Iwata, Seiji. (1999) On the Status of Implicit Arguments in Middles. *Journal of Linguistics* 35: pp. 527–553.

Jackendoff, Ray. (1990) *Semantic Structures*. Cambridge, Mass.: MIT Press.

Jackendoff, Ray. (1997) Twistin' the Night Away. *Language* 73: pp.534–559.

Jordens, Peter and Günter Rohdenburg. (1972) Sekundäre Subjektivierungen des Niederländischen und Deutschen in Aktivsätzen. Nickel, Gerhard. (ed.) *Reader zur kontrastiven Linguistik*, pp.106–121. Frankfurt a. M.: Athenäum.

Kaga, Nobuhiro. (2007) *Thematic Structure: A Theory of Argument Linking and Comparative Syntax*. Tokyo: Kaitakusha.

加賀信広(2001)「意味役割と英語の構文」米山三明・加賀信広著『語の意味と意味役割』pp.87–181. 研究社.

Kageyama, Taro. (2006) Property Description as a Voice Phenomenon. Tsunoda, Tasaku and Kageyama Taro. (eds.) *Voice and Grammatical Relations*, pp.85–114. Amsterdam: Benjamins.

影山太郎(2000)「自他交替の意味的メカニズム」丸田忠雄・須賀一好編『日英語の自他の交替』pp.33–70. ひつじ書房.

影山太郎編(2001)『日英対照　動詞の意味と構文』大修館書店.

影山太郎・由本陽子(1997)『語形成と概念構造』研究社.

Kallulli, Dalina. (2006) Argument Demotion as Feature Suppression. Lyngfelt, Benjamin and Torgrim Solstad. (eds.) *Demoting the Agent*, pp.143–166. Amsterdam: Benjamins.

Kang, Minkyeong. (2002) Einige Probleme der kausativ-inchoativen Alternationen bei den Zustandsveränderungen der deutschen Sprache. *Der Keim* 26: pp.41–54.

Kaufmann, Ingrid. (2002) Exploring the Semantic Expressivity of a 2-feature System. *Theoretical Linguistics* 28: pp.341–356.

Kaufmann, Ingrid. (2003) Reflexive Verben im Deutschen. Gunkel, Lutz, Gereon Müller and Gisela Zifonun. (eds.) *Arbeiten zur Reflexivierung*, pp.135–155. Tübingen: Niemeyer.

Kaufmann, Ingrid. (2004) *Medium und Reflexiv. Eine Studie zur Verbsemantik*. Tübingen: Niemeyer.

Kayne, Richard. (1975) *French Syntax: The Transformational Cycle*. Cambridge, Mass.: MIT Press.

Kemmer, Suzanne. (1993) *The Middle Voice*. Amsterdam: Benjamins.

Keyser, Samuel J. and Thomas Roeper. (1984) On the Middle and Ergative Constructions in

English. *Linguistic Inquiry* 15: pp.381–416.

Keyser, Samuel J. and Thomas Roeper. (1992) Re: The Abstract Clitic Hypothesis. *Linguistic Inquiry* 23: pp.89–125.

Kiparsky, Paul. (2002) Disjoint Reference and the Typology of Pronouns. Kaufmann, Ingrid and Barbara Stiebels. (eds.) *More than Words. A Festschrift for Dieter Wunderlich*, pp.179–226. Berlin: Akademie Verlag.

König, Ekkehard and Peter Siemund. (2000) Intensifiers and Reflexives: A Typological Perspective. Frajzyngier, Zygmunt and Traci S. Curl. (eds.) *Reflexives. Form and Function*, pp.41–74. Amsterdam: Benjamins.

Kratzer, Angelika. (1995) Stage–Level and Individual–Level Predicates. Carlson, Gregory N. and Francis Jeffry Pelletier. (eds.) *The Generic Book*, pp.125–175. Chicago: University of Chicago Press.

Kratzer, Angelika. (2005) Building Resultatives. Maienborn, Claudia and Angelika Wöllstein-Leisten. (eds.) *Event Arguments: Foundations and Applications*, pp.177–212. Tübingen: Niemeyer.

Kuno, Susumu. (1987) *Functional Syntax. Anaphora, Discourse and Empathy*. Chicago: University of Chicago Press.

Kunze, Jürgen. (1995) Reflexive Konstruktionen im Deutschen. *Zeitschrift für Sprachwissenschaft* 14: pp.3–53.

Kunze, Jürgen. (1997) Typen der reflexiven Verbverwendung im Deutschen und ihre Herkunft. *Zeitschrift für Sprachwissenschaft* 16: pp.83–180.

Labelle, Marie. (1992) Change of State and Valency. *Journal of Linguistics* 28: pp.375–414.

Larson, Richard. (1988) On the Double Object Construction. *Linguistic Inquiry* 19: pp.335–391.

Lee–Schoenfeld, Vera. (2005) *Beyond Coherence: The Syntax of Opacity in German*. Doctoral Dissertation. University of California.

Lekakou, Marika. (2005) *In the Middle, Somewhat Elevated. The Semantics of Middles and its Crosslinguistic Realization*. Doctoral Dissertation. University College London.

Lenerz, Jürgen. (1977) *Zur Abfolge nominaler Satzglieder im Deutschen*. Tübingen: Narr.

Levin, Beth. (1993) *English Verb Classes and Alternations: A Preliminary Investigation*. Chicago, Ill.: University of Chicago Press.

Levin, Beth and Malka Rappaport Hovav. (1992) The Lexical Semantics of Verbs of Motion: The Perspective from Unaccusativity. Roca, Iggy M. (ed.) *Thematic Structure: Its Role in Grammar*, pp.247–269. Berlin: de Gruyter.

Levin, Beth and Malka Rappaport Hovav. (1995) *Unaccusativity: At the Syntax–Lexical Semantics*

Interface. Cambridge, Mass.: MIT Press.
Levin, Beth and Malka Rappaport Hovav. (1999) Two Structures for Compositionally Derived Events. Matthews, Tanya and Devon Strolovitch. (eds.) *Proceedings of SALT* 9: pp.199–223. Cornell University.
Lødrup, Helge. (1999) Inalienables in Norwegian and Binding Theory. *Linguistics* 37: pp.365–388.
Maldonado Soto, Ricardo. (1992) *Middle Voice: The Case of Spanish* se. Dissertation. University of California, San Diego.
Marantz, Alec. (1984) *On the Nature of Grammatical Relations*. Cambridge, Mass.: MIT Press.
Marantz, Alec. (1993) Implications of Asymmetries in Double Object Constructions. Mchombo, Sam. (ed.) *Theoretical Aspects of Bantu Grammar*, pp.113–150. Stanford: CSLI Publications.
丸田忠雄 (1998)『使役動詞のアナトミー』松柏社.
Massam, Diane. (1992) Null Objects and Non-Thematic Subjects. *Journal of Linguistics* 28: pp.115–137.
Matsumoto, Masumi and Fujita Koji. (1995) The English Middle as an Individual-Level Predicate. 『英文學研究』72: pp.95–111.
松本曜 (1997)「空間移動の言語表現とその拡張」田中茂範・松本曜著『空間と移動の表現』pp.125–230. 研究社.
松本曜 (2003)「タルミーによる移動表現の類型をめぐる問題―移動の意味論Ｉ―」『明治学院論叢』747: pp.51–82.
McFadden, Thomas. (2004) *The Position of Morphological Case in the Derivation: A Study on the Syntax-Morphology Interface*. Dissertation. University of Pennsylvania.
McGinnis, Martha. (1998) Locality and Inert Case. *NELS* 28: pp.267–281.
McIntyre, Andrew. (2001) Argument Blockages Induced by Verb Particles in English and German. Dehé, Nicole and Anja Wanner. (eds.) *Structural Aspects of Semantically Complex Verbs*, pp.131–164. Frankfurt a. M.: Lang.
McIntyre, Andrew. (2004) German High Datives and Morphemes meaning HAVE. MS. Universität Leipzig. [http://www.uni-leipzig.de/~angling/mcintyre/]
McIntyre, Andrew. (2006) The Interpretation of German Datives and English *have*. Hole, Daniel, André Meinunger and Werner Abraham. (eds.) *Datives and Other Cases*, pp.185–212. Amsterdam: Benjamins.
Miyagawa, Shigeru and Tsujioka Takae. (2004) Argument Structure and Ditransitive Verbs in Japanese. *Journal of East Asian Linguistics* 13: pp.1–38.

Müller, Gereon. (1999) Optimality, Markedness, and Word Order in German. *Linguistics* 37: pp.777–818.

Müller, Stefan. (2002) *Complex Predicates: Verbal Complexes, Resultative Constructions, and Particle Verbs in German*. Stanford: CSLI Publications.

Neeleman, Ad and Fred Weerman. (1999) *Flexible Syntax: A Theory of Case and Arguments*. Dordrecht: Kluwer.

Oppenrieder, Wilhelm. (1991) *Von Subjekten, Sätzen und Subjektsätzen*. Tübingen: Niemeyer.

Oya, Toshiaki. (1996) Über die kausativ-inchoativen Alternationen im Deutschen. *Sprachtheorie und germanistische Linguistik* 3: pp.7–16.

Oya, Toshiaki. (1999) Er bettelt sich durchs Land—Eine *one's way* Konstruktion im Deutschen? *Deutsche Sprache* 27: pp.356–369.

Oya, Toshiaki. (2002) Reflexives and Resultatives: Some Differences between English and German. *Linguistics* 40: pp.961–986.

Oya, Toshiaki. (2003) Überlegungen zu zwei Unterschieden zwischen der Mittelkonstruktion des Deutschen, Englischen und Niederländischen. *Zeitschrift für Sprachwissenschaft* 22: pp.213–242.

大矢俊明(1997)「ドイツ語における使役交替と非対格性」筑波大学現代言語学研究会編『ヴォイスに関する比較言語学的研究』pp.67–95. 三修社.

Pape–Müller, Sabine. (1980) *Textfunktionen des Passivs*. Tübingen: Niemeyer.

Paul, Hermann. (1968) *Deutsche Grammatik*. Bd. 3. Tübingen: Niemeyer.

Perlmutter, David. (1978) Impersonal Passives and the Unaccusative Hypothesis. *Berkeley Linguistics Society* 4: pp.157–189.

Perlmutter, David and Paul M. Postal. (1984) The 1-Advancement Exclusiveness Law. Perlmutter, David and Carol Rosen. (eds.) *Studies in Relational Grammar*. Vol. 2, pp.81–125. Chicago: University of Chicago Press.

Pesetsky, David. (1995) *Zero Syntax: Experiencers and Cascades*. Cambridge, Mass.: MIT Press.

Pinker, Steven. (1989) *Learnability and Cognition: The Acquisition of Argument Structure*. Cambridge, Mass.: MIT Press.

Plank, Frans. (1987) Direkte indirekte Objekte, oder: Was uns *lehren* lehrt? *Leuvense Bijdragen* 76: pp.37–61.

Plank, Frans. (1993) Peculiarities of Passives of Reflexives in German. *Studies in Language* 17: pp.135–167.

Poutsma, Hendrik. (1970) *A Grammar of Late Modern English*. Part II: IB. Tokyo: Senjo Publisher.

Quirk, Randolph, Sidney Greenbaum, Geoffry Leech and Jan Svartvik. (1985) *A Comprehensive Grammar of the English Language*. London: Longman.
Rapp, Irene. (1997) *Partizipien und semantische Struktur: Zu passivischen Konstruktionen mit dem 3. Status*. Tübingen: Stauffenburg.
Rappaport Hovav, Malka and Beth Levin. (1998) Building Verb Meanings. Butt, Miriam and Wilhelm Geuder. (eds.) *The Projection of Arguments: Lexical and Compositional Factors*, pp.97–134. Stanford: CSLI Publications.
Rappaport Hovav, Malka and Beth Levin. (2001) An Event Structure Account of English Resultatives. *Languages* 77: pp.766–797.
Reinhart, Tanya. (1996) Syntactic Effects of Lexical Operations: Reflexives and Unaccusatives. *OTS Working Papers in Linguistics*.
[http://www.tau.ac.il/~reinhart/ling_dl/download.htm]
Reinhart, Tanya. (2002) The Theta System. An Overview. *Theoretical Linguistics* 28: pp.229–290.
Reinhart, Tanya and Eric Reuland. (1993) Reflexivity. *Linguistic Inquiry* 24: pp.657–720.
Reinhart, Tanya and Tal Siloni. (2004) Against an Unaccusative Analysis of Reflexives. Alexiadou, Artemis, Elena Anagnostopoulou and Martin Everaert. (eds.) *The Unaccusativity Puzzle. Explorations of the Syntax–Lexicon Interface*, pp.159–180. Oxford: University Press.
Reinhart, Tanya and Tal Siloni. (2005) The Lexicon–Syntax Parameter: Reflexivization and Other Arity Operations. *Linguistic Inquiry* 36: pp.389–436.
Reis, Marga. (1985) Mona Lisa kriegt zuviel—Vom sogenannten ‚Rezipientenpassiv' im Deutschen. *Linguistische Berichte* 96: pp.140–155.
Rivero, Luisa María. (2003) Reflexive Clitic Constructions with Datives: Syntax and Semantics. *Formal Approaches to Slavic Linguistics: The Amherst Meeting 2002*, pp.469–494. Michigan Slavic Publications.
Roberts, Ian. (1987) *The Representation of Implicit and Dethematized Subjects*. Dordrecht: Foris.
Ruwet, Nicolas. (1976) *Problems in French Syntax*. London: Longman.
Sabel, Joachim. (2002) Die Doppelobjekt–Konstruktion im Deutschen. *Linguistische Berichte* 190: pp.229–243.
Schachtl, Stefanie. (1991) Der Akkusativ in den Medialkonstruktionen des Deutschen. Fanselow, Gisbert and Sascha W. Felix. (eds.) *Strukturen und Merkmale syntaktischer Kategorien*, pp.104–120. Tübingen: Narr.
Seefranz–Montag, Ariane von. (1983) *Syntaktische Funktionen und Wortstellungsveränderung: Die Entwicklung „subjektloser" Konstruktionen in einigen Sprachen*. München: Fink.

関口存男 (1994)「ドイツ語学講話」『関口存男生誕100周年記念著作集　ドイツ語学篇3』三修社.

Sells, Peter, Annie Zaenen and Draga Zec. (1987) Reflexivization Variation: Relations between Syntax, Semantics, and Lexical Structure. Iida, Masayo, Stephen Wechsler and Draga Zec. (eds.) *Working Papers in Grammatical Theory and Discourse Structure*, pp.169–238. Stanford: CSLI Publications.

Shibatani, Masayoshi. (1998) Voice Parameters. Kulikov, Leonid and Heinz Vater. (eds.) *Typology of Verbal Categories*, pp.117–138. Tübingen: Niemeyer.

Smith, Mark. (2004) Light and Heavy Reflexives. *Linguistics* 42: pp.573–615.

Steinbach, Markus. (2002) *Middle Voice. A Comparative Study in the Syntax–Semantics Interface of German*. Amsterdam: Benjamins.

Stroik, Thomas. (1992) Middles and Movement. *Linguistic Inquiry* 23: pp.127–137.

Stroik, Thomas. (1999) Middles and Reflexivity. *Linguistic Inquiry* 30: pp.119–131.

Talmy, Leonard. (1985) Lexicalization Patterns: Semantic Structure in Lexical Forms. Shopen, Timothy. (ed.) *Language Typology and Syntactic Description* 3: *Grammatical Categories and the Lexicon*, pp.57–149. Cambridge: Cambridge University Press.

Tenny, Carol L. (1995) Modularity in Thematic versus Aspectual Licensing: Paths and Moved Objects in Motion Verbs. *Canadian Journal of Linguistics* 40: pp.201–234.

Van Belle, William and Willy Van Langendonck. (1992) The Indirect Object in Dutch. *Leuvense Bijdragen* 81: pp.17–43.

Van Valin, Robert D. and Randy J. LaPolla. (1997) *Syntax: Structure, Meaning and Function*. Cambridge: Cambridge University Press.

Vater, Heinz. (1995) Zum Reflexiv–Passiv im Deutschen. Popp, Heidrun. (ed.) *Deutsch als Fremdsprache: An den Qullen eines Faches. Festschrift für Gerhard Helbig zum 65. Geburtstag*, pp.185–192. München: Iudicium.

Veraart, Fleur. (1996) *On the Distribution of Dutch Reflexives*. (MIT Occasional Papers in Linguistics 10) Cambridge, Mass.: MIT.

Verspoor, Cornelia M. (1997) *Contextually–Dependent Lexical Semantics*. Doctoral Dissertation. University of Edinburgh.

Vogel, Ralf and Markus Steinbach. (1998) The Dative—An Oblique Case. *Linguistische Berichte* 173: pp.65–90.

Washio, Ryuichi. (1995) *Interpreting Voice. A Case Study in Lexical Semantics*. Tokyo: Kaitakusha.

鷲尾龍一 (1997)「他動性とヴォイスの体系」鷲尾龍一・三原健一著『ヴォイスとアスペクト』pp.1–106. 研究社.

Wechsler, Stefan. (1997) Resultative Predicates and Control. *Texas Linguistic Forum* 38: pp.307–321.

Wegener, Heide. (1985) *Der Dativ im heutigen Deutsch*. Tübingen: Narr.

Wienold, Götz. (1999) Konzepte der Art und Weise und deutsche Bewegungsverben. Mit einem typologischen Vergleich zum Japanischen. Nitta, Haruo et al. (eds.) *Kontrastive Studien zur Beschreibung des Japanischen und des Deutschen*, pp.169–188. München: Iudicium.

Wierzbicka, Anna. (1988) *The Semantics of Grammar*. Amsterdam: Benjamins.

Wright, Saundra K. (2002) Transitivity and Change of State Verbs. *Berkeley Linguistics Society* 28: pp.339–350.

Wunderlich, Dieter. (1985) Über die Argumente des Verbs. *Linguistische Berichte* 97: pp.183–227.

Wunderlich, Dieter. (1996) Dem Freund die Hand auf die Schulter legen. Harras, Gisela and Manfred Bierwisch. (eds.) *Wenn die Semantik arbeitet*, pp.331–360. Tübingen: Niemeyer.

Wunderlich, Dieter. (1997) *Participle, Perfect and Passive in German*. (Working Papers „Theorie des Lexikons" 99) University of Düsseldorf.

Wunderlich, Dieter. (2003) Optimal Case Patterns: German and Icelandic Compared. Brandner, Ellen and Heike Zinsmeister. (eds.) *New Perspectives on Case Theory*, pp.331–367. Stanford: CSLI Publications.

Zifonun, Gisela. (2001) *Grammatik des Deutschen im europäischen Vergleich: Das Pronomen. Teil* I: *Überblick und Personalpronomen*. (Arbeitspapiere und Materialien zur deutschen Sprache 4/01) Mannheim: Institut für deutsche Sprache.

Zifonun, Gisela, Ludger Hoffman and Bruno Strecker. (1997) *Grammatik der deutschen Sprache*. 3 Bde. Berlin: de Gruyter.

Zwart, Jan-Wouter. (1998) Nonargument Middles in Dutch. *Groninger Arbeiten zur germanistischen Linguistik* 42: pp.109–128.

辞書・コーパス類

The Brown Corpus and the Lancaster–Oslo–Bergen Corpus on ICAME CD–ROM. 1991. Norwegian Computing Centre for the Humanities.

Cambridge International Dictionary of English. 1995. Cambridge University Press.

Collins COBUILD English Dictionary for Advanced Learners. 3rd Edition. 2001. Collins.

Deutsches Wörterbuch von Jakob und Wilhelm Grimm auf dem CD–ROM. (Der Digitale

Grimm) 2004. Zweitausendeins.

Duden Das große Wörterbuch der deutschen Sprache. 10 Bände auf CD-ROM. 2000. Dudenverlag.

Duden Deutsches Universalwörterbuch. 3. Auflage. 1996. Dudenverlag.

Duden Stilwörterbuch. 1988. Dudenverlag.

Hermann Paul: Deutsches Wörterbuch. 9. Auflage. (CD-ROM) 1992. Niemeyer.

Longman Dictionary of Contemporary English. 3rd Edition. 1995. Longman.

Oxford English Dictionary 2nd Edition on CD-ROM. Version 3.1. 2004. Oxford University Press.

索引

N
nontranslational motion　28–30, 38, 70, 136

S
sloppy な読み　13
strict な読み　13

V
vAPPL　156, 158, 170, 174, 175, 177–180
vP 指定部　221, 222, 224, 225
VP 補部　213, 214, 224, 225

い
意識主体照応的　17, 18
移動の局所性　157, 159, 164, 169, 185
移動様態動詞　42, 44, 45, 71, 72, 78, 79, 84, 90, 92–94, 97, 100

お
音声放出動詞　48

か
外項　2, 11, 42, 43, 45, 192, 217, 231, 233
外向的動詞　9, 14, 15, 24
外項抑制　25, 125, 129, 130, 132–134, 136, 156, 189, 195, 211, 215, 217, 219, 224, 225, 228
かき混ぜ　159, 160, 162, 169, 222, 223, 249
勧誘行為交替　45, 72–74, 76, 82

き
基本語順　162, 163, 166, 168, 220
強形再帰代名詞　7, 10, 22, 24, 27, 65, 208, 209, 232
強調された弱形再帰代名詞　21, 38, 65

け
経験者　18, 178, 189, 194, 201, 234
結果構文　42, 48, 53–55, 57, 59, 63, 67, 68, 71, 78, 199–201, 206, 235

こ
語彙的使役動詞　83–86, 88
構造格　249
項連結規則　43, 67
個体レベル述語　143, 146, 202, 203

さ
再帰的心理動詞　189, 190, 192, 193, 195, 197–199, 204, 227, 233–235, 238, 251

し
使役起動交替　103
使役の意味構造　54, 76,

数字
1-Advancement Exclusive Law　206

B
bare XP 結果構文　48, 49
bekommen 受動　170, 171, 185
Burzio の一般化　220, 221

C
change in body posture　28–32, 38, 54, 70, 136, 233, 240
C 統御　158, 159, 165

D
dance free 構文　41, 42, 48, 53, 62, 69

G
grooming action　28, 30–34, 38, 39, 51, 136, 233, 240

79–81, 100, 116, 117
弱形再帰代名詞 7, 10, 11, 24, 27, 28, 30, 31, 34, 57, 75, 104, 125, 134, 136, 197, 208, 209, 217, 219, 221, 233
主語の(身体的)領域 16, 17, 63–65
状態受動 32
状態動詞 55, 61
助動詞選択 43
所有の与格 60, 61, 201

す

随伴 82, 87, 89, 100
ステージレベル述語 144, 147, 201, 203, 204

せ

責任の与格 117–119, 124

そ

相互代名詞 3, 15, 52

た

代名動詞 110–112, 237

ち

中間構文 140, 141, 145, 146, 148, 149, 233, 240, 241, 245
中相 11, 28
中動態 11, 16, 241
中立構文 190
直接目的語制約 42, 67, 69

て

提示文 38, 39
出来事構造 48, 49
出来事の一体化 49, 97
出来事の合成 50

と

道具 82, 86, 131, 142
動作主 30, 32, 58, 83, 88, 133, 221

な

内項 43, 216, 231, 233, 245
内向的動詞 9, 14, 15, 24
内在格 160, 161, 169, 173, 249
内在的な再帰動詞 5, 23, 26, 32, 34, 52, 199, 206, 226, 228–231, 233, 240–244

に

二重目的語 149
二重目的語構文 156, 166, 168

は

反使役化 105, 106, 114, 125, 128, 129, 193, 240

ひ

被害の与格 117, 118
比較構文 13
低い与格目的語 184
非対格動詞 43, 44, 112, 115, 141, 142, 178, 180, 224, 236, 237, 244, 246
被動者 30, 32, 57–60, 133, 200, 221, 235
非人称構文 194
非人称受動文 14, 44, 47, 52, 67, 84, 191, 192, 217, 248
非能格動詞 42, 81, 83, 111, 243

ふ

不定代名詞 222, 223, 225–229
不変化詞動詞 68

ほ

本来的な移動動詞 71, 97, 100

み

見えない再帰代名詞 218
見えない前置詞 151

ゆ

有界 8
融合 72, 90, 91

わ

話題化 224, 226, 227, 229, 244, 245

あとがき

本書は、平成18年度に筑波大学人文社会科学研究科に受理された学位論文に部分的な修正を施したものである。学位論文の提出にあたっては、筑波大学の伊藤眞、鷲尾龍一、廣瀬幸生、加賀信広、森芳樹の各氏に大変お世話になった。伊藤眞氏は、煩雑な事務上の手続きを進めつつ、最初の原稿に目を通し、細部にわたって助言をくださった。鷲尾龍一氏、廣瀬幸生氏、加賀信広氏からは、それぞれの立場から鋭いご指摘ならびに建設的なご意見をいただいた。森芳樹氏からは、ドイツ語の分析や方法論について貴重な助言を頂戴した。それぞれの分野において日本を代表する研究者の方々から忌憚のないご意見を頂戴したことは光栄の至りである。本書が学位論文よりもブラッシュアップされているとすれば、論文の審査に携わってくださったこれらの方々からの助言の賜物である。また、ドイツ語の分析はネイティブスピーカーの協力なくしては成り立たない。とりわけ Teja Ostheider 氏と Markus Rude 氏は、嫌な表情ひとつ示さず、長時間にわたる筆者の執拗な質問に答えてくれた。週末に研究室に押しかけるにとどまらず、メールでも質問をする筆者に対し、詳細かつ示唆に富む返答を送ってくれた彼らの友情に心から感謝している。オランダ語についてはおもに筆者の稚拙な発音をいつも笑顔で直してくれる Ruth Vanbaelen さんの協力を仰いでいる。また、論文として提出する前の原稿を読んでくれた友人の鈴村直樹氏にも感謝したい。

　筆者は、以前はいわゆる談話文法に興味を抱いていた。その後、筑波大学に勤務することとなり、同僚諸氏のレベルの高い対照研究を目の当たりにし、ミクロな観点から、英語やオランダ語と比較した上でのドイツ語のオモシロさを扱ってみたいと思うようになった。おもに英語学の同僚と項構造の交替現象について議論しながら浮かび上がってきたトピックが再帰構文で

あったというわけである。

　ひつじ書房の松本功社長と田中哲哉氏にも心から御礼申し上げたい。学術振興会研究成果公開促進費の応募締め切り直前に出版の問い合わせを行ったにもかかわらず、松本社長は時間を割いて対応してくださり、その後も出版に向けて度重なるご指導を仰ぐことができた。田中哲哉氏からいただいた何十通というメールはすべて懇切丁寧かつ配慮に満ちた的確なものであり、怠惰な筆者を常に鼓舞してくれた。田中氏の細部にわたる指示がなければ、原稿の提出は大幅に遅れてしまったに違いない。優れた出版社と優れた編集者に支援していただいたことは本当に幸せであった。

　なお、本書は、日本学術振興会科学研究費補助金(基盤C課題番号16520228 および基盤B課題番号 16320061)に基づく研究内容を含み、出版にあたっては平成19年度科学研究費補助金(研究成果公開促進費課題番号195050)の助成を受けている。

2007年秋

大矢俊明

【著者紹介】

大矢 俊明（おおや　としあき）

〈略歴〉仙台市出身。1987年東京外国語大学大学院外国語学研究科ゲルマン系言語専攻修了。大阪府立大学総合科学部、中央大学文学部等を経て、現在、筑波大学人文社会科学研究科文芸・言語専攻准教授。

〈主な著書・論文〉Er bettelt sich durchs Land – Eine *one's way*-Konstruktion im Deutschen? *Deutsche Sprache* 27 (1999), Reflexives and Resultatives: Some Differences between English and German. *Linguistics* 40 (2002), Überlegungen zu zwei Unterschieden zwischen der Mittelkonstruktion des Deutschen, Englischen und Niederländischen. *Zeitschrift für Sprachwissenschaft* 22 (2003) など。

ひつじ研究叢書〈言語編〉第60巻
ドイツ語再帰構文の対照言語学的研究

発行	2008年2月14日　初版1刷
定価	8000円＋税
著者	© 大矢俊明
発行者	松本　功
本文フォーマット	向井裕一 (glyph)
印刷所	三美印刷株式会社
製本所	田中製本印刷株式会社
発行所	株式会社 ひつじ書房
	〒112-0011 東京都文京区千石2-1-2 大和ビル2階
	Tel.03-5319-4916　Fax.03-5319-4917
	郵便振替 00120-8-142852
	toiawase@hituzi.co.jp　http://www.hituzi.co.jp

ISBN978-4-89476-355-5

造本には充分注意しておりますが、落丁・乱丁などがございましたら、小社かお買上げ書店にておとりかえいたします。ご意見、ご感想など、小社までお寄せ下されば幸いです。

ひつじ研究叢書〈言語編〉第46巻
日本語における空間表現と移動表現の概念意味論的研究
上野誠司 著　8,500円＋税

ひつじ研究叢書〈言語編〉第56巻
日本語の主文現象－統語構造とモダリティ
長谷川信子 編　7,600円＋税

ひつじ研究叢書〈言語編〉第62巻
結果構文研究の新視点
小野尚之 編　6,200円＋税